Marcus S. Kleiner

STREAMLAND

Wie Netflix, Amazon Prime & Co. unsere Demokratie bedrohen

Besuchen Sie uns im Internet:
www.droemer.de

Aus Verantwortung für die Umwelt hat sich die Verlagsgruppe
Droemer Knaur zu einer nachhaltigen Buchproduktion verpflichtet.
Der bewusste Umgang mit unseren Ressourcen, der Schutz unseres Klimas
und der Natur gehören zu unseren obersten Unternehmenszielen.
Gemeinsam mit unseren Partnern und Lieferanten setzen wir uns für
eine klimaneutrale Buchproduktion ein, die den Erwerb von Klimazertifikaten
zur Kompensation des CO2-Ausstoßes einschließt.
Weitere Informationen finden Sie unter:
www.klimaneutralerverlag.de

Originalausgabe Oktober 2020
© 2020 Droemer Verlag
Ein Imprint der Verlagsgruppe
Droemer Knaur GmbH & Co. KG, München
Alle Rechte vorbehalten. Das Werk darf – auch teilweise – nur mit
Genehmigung des Verlags wiedergegeben werden.
Covergestaltung: Isabella Materne, München
Coverabbildung: Shutterstock / Claudio Divizia
Satz: Adobe InDesign im Verlag
Druck und Bindung: CPI books GmbH, Lecl
ISBN 978-3-426-27831-4

2 4 5 3 1

INHALT

Einleitung
7

Bildung
19

Fernsehen
46

Streaming
82

Kritik
157

Dystopie
249

Dank
265

Anmerkungen
267

Literatur
298

EINLEITUNG

»Hurra, die Welt geht unter«[1]:
Aber Hauptsache, in HD!

Die Corona-Pandemie ist die bestimmende globale Krise im Jahr 2020. Dahinter treten alle anderen Krisen – Klima, Politik, Geflüchtete, Wirtschaft oder Rechtsextremismus – in den Hintergrund.[2] Diese Krisen werden mit Blick auf die Auswirkungen der Pandemie neu bewertet. Sie verlieren nicht etwa an Bedeutung, sondern erscheinen uns als noch dramatischer, weil während der Corona-Bewältigung anderes unbewältigt bleibt. Krisen, so weit das Auge reicht. Und dabei sind persönliche Krisen noch nicht einmal berücksichtigt.

Ist diese Situation wirklich neu? Haben Sie nicht auch das Gefühl, dass Sie sowieso alltäglich mit Krisen konfrontiert werden und diese zwangsläufig immer wieder von Neuem managen müssen? Versetzt Sie das nicht in eine konstante und diffuse Unruhe? Als lauerten die anderen Krisen wie der Corona-Virus immer und überall unsichtbar auf Sie?

Krisen sind also, so paradox das klingt, immer und kein Ausnahmezustand mehr.[3] Das widerspricht zwar der Definition des Begriffs, aber nicht der Logik der Medien. Von den meisten Krisen erfahren wir ja überhaupt erst aus den Medien – ebenso wie unser gesamtes Selbst- und Weltwissen medial vermittelt ist, ich komme darauf noch zurück. Krisen gehören daher zum festen Programm der Medien und zur »Mediennahrung unseres Alltagslebens«[4].

Es sind drei Strategien, mit denen uns die Medien solche Krisen erfolgreich präsentieren: erstens durch Sensationalisierung und zweitens durch eine Skandalisierung der Wirk-

lichkeit, die drittens zumeist mit einer drastischen Angst-Rhe-
torik einhergeht. Ein Beispiel dazu kommt gleich. Es sind
unsere Medien, die bestimmte Ängste schüren und versuchen, Kollektiv-Ängste zu erwecken und miteinander in Verbindung zu bringen. Die große Kulturleistung der Medien
besteht darin, diese Angstbereitschaft einzuüben, dazu das
Wissen von der Anfälligkeit der Gesellschaft und die Erkenntnis der Zufallsabhängigkeit allen individuellen Lebens.

Das ist der eigentliche Bildungsbeitrag der modernen Medien, wenn es um Krisen geht. Sie versorgen uns nicht nur mit
Informationen, die irritieren, erregen und ängstigen, sondern
auch mit speziellen Ordnungs-, Sicherheits- und Moralsche-
mata, die stabilisieren, orientieren und beruhigen sollen.

So erschien kurz vor dem eigentlichen Bewusstwerden der
globalen Ausbreitung der Corona-Pandemie im Januar 2020
eine Netflix-Dokumentarserie ausgerechnet mit dem Thema
Virenbekämpfung: »Pandemie. Wie man den Ausbruch verhindert«[5]. Bei Netflix wird die Serie anschließend monatelang
in der Rubrik »Derzeit beliebt« präsentiert. Schon der Begriff
»beliebt« deutet hier an, dass das Thema Pandemie bei Netflix
nicht nur Angst und Panik erzeugen soll, sondern auch als
Unterhaltungsangebot lustvoll konsumierbar ist. In der Serie
geht es vor allem um verschiedene Grippe-Viren und Ebola;
Corona spielt noch keine Rolle. Aus der allgegenwärtigen und
diffusen Angst vor der Ansteckung mit Viren im Alltag wird
beim Anschauen der Serie ein spannungsvolles Abtauchen in
die durchaus als faszinierend dargestellte Welt der Viren. Diese Strategie, Angstlust zu erzeugen, verspricht immer wieder
verlässlich mehr Zuschauer*innen. Netflix ist Profitsteigerung wichtiger als Bildung, Unterhaltung steht im Zentrum.
Genauso wie bei allen anderen Streaming-Diensten, die ich
Ihnen vorstellen werde.

Aber nicht nur das. Die Serie vollführt einen Balanceakt
zwischen Panikmache und Aufklärung. Sie versorgt uns mit

Bildern von globalen Krankheitsausbrüchen und gleichzeitig von Menschen, die das verhindern wollen und an vorderster Front gegen Viren oder Seuchen kämpfen. Und genau das ist von zentraler Bedeutung: Auch Krisen brauchen Protagonist*innen, damit diese emotional zugänglich werden. Die Zuschauer*innen können sich somit leichter, wie bei Filmen, mit bestimmten handelnden Personen identifizieren und sich gegen andere positionieren.[6]

Viren wissenschaftlich und ausschließlich sachlich zu betrachten, um die Zuschauer*innen mit allen wichtigen bisher bekannten Fakten zu versorgen und ihnen ein gewisses Handlungswissen für den Alltag zu vermitteln, taugt allein nicht zur Unterhaltung. Und passt nicht zum Programmauftrag des Streaming-Giganten Netflix. Wichtiger als die Information ist die Identifikation. Diese folgt auf die Sensation, den Skandal und die Angst. Die Zuschauer*innen der Dokumentarserie »Pandemie« fiebern mit den gezeigten Menschen mit – den Ärzt*innen, Pflegekräften, Kranken, Forscher*innen. Deren individuelle Schicksale berühren unmittelbar und fordern Empathie. Das engagierte und selbstlose Handeln der Menschen, die gegen Viren und Seuchen kämpfen, soll dabei Hoffnung geben, dass jede Krise zu bewältigen ist – und sei sie noch so schlimm –, weil wir Menschen gerade wegen unserer Solidarität stärker sind. Es geht hier grundsätzlich um die ganz großen Gefühle. Der Glaube soll die berühmten Berge versetzen. Die konkrete Vermittlung von Wissen, durch das die Zuschauer*innen unterstützt würden, sich eine eigene Meinung zu bilden, steht hingegen nicht im Vordergrund.[7] In der fünften Folge dieser Serie mit dem Titel »Gebete können helfen« liest man entsprechend im Beschreibungstext:

> »Dank der Gemeinschaft, ihrer Familien und ihres Glaubens geben Ärzte und Aktivisten trotz langer Arbeitszeiten und resistenter Viren die Hoffnung nicht auf.«

Dennoch lebt jede Serie von der Fortsetzung. Der Spannungsbogen darf nicht abreißen. Im Fall von »Pandemie« ist es das Bedrohungsszenario durch Viren. Im Beschreibungstext der vorerst sechsten und letzten Folge mit dem sprechenden Titel »Jetzt bloß nicht aufhören« wird angekündigt:

> »Erfolge und Rückschläge halten sich die Waage. Ausbrüche viraler Infektionen fordern weltweit weiterhin zahlreiche Leben. Es droht eine globale Pandemie.«[8]

Und dass die Produzent*innen der Serie damit recht behalten, wissen wir heute. Also: Bleiben Sie gespannt und angespannt. Hoffen Sie, dass es bald die zweite Staffel gibt und dort im großen Umfang auch über die Corona-Pandemie gesprochen und unser aller eigentlich individuelle Angst vor einer Pandemie als globale Angst inszeniert wird. Ein weltgesellschaftliches Wir der Angst. Spannungsvoll verpackt in mehrere Folgen. Denn bei Serien ist die Fortsetzung immer wichtiger als der konkrete Serieninhalt. Und die Gefühle sind wichtiger als der Verstand, auch wenn gerade Dokumentarserien wie »Pandemie« einen anderen Anschein erwecken wollen.

Diese Netflix-Strategie werde ich im 4. Kapitel eingehend analysieren – mit Blick auf die international erfolgreiche und preisgekrönte deutsche Mystery-Serie »Dark«. Die Dokumentarserie »Pandemie« veranschaulicht bereits mustergültig, was zum Erfolg für Netflix beiträgt. So wechseln zum Beispiel Orte, Personen, Geschichten, Viren oder Unterthemen beständig. Den Zuschauer*innen wird eine Vielzahl an Themen präsentiert, allerdings ohne einen erkennbaren roten Faden. Nichts wird vertieft. Nichts wird wirklich sinnvoll miteinander in Beziehung gesetzt. Das erzeugt große Hektik, Anstrengung und Unruhe beim Zuschauen. Man kann sich auf kein Thema und kein Schicksal einlassen, sondern wird von der einen spektakulären und angsteinflößenden Sensation zur nächsten emotionalen Situation gejagt. Am Ende bleibt höchstens eine Form von Halbbildung, also das Gefühl, bei den gezeigten Themen irgendwie mitreden zu können, wenn auch zunächst gebunden an die sensationellen, skandalösen und angsteinflößenden Vorfälle. Einen Beitrag zu einer faktenbasierten Meinungsbildung leistet diese Netflix-Dokumentarserie jedenfalls nicht. Genauso wenig wie sie eine möglichst objektive Hilfestellung bei der persönlichen Entscheidungsfindung im Umgang mit dem Thema Pandemie anbietet, die alltagstauglich wäre. Und so dominiert der schaurig-schöne Schein. In HD[9] kann also auch die Krise sexy sein.[10]

In Zeiten der Corona-Pandemie produziert aber nicht nur Netflix für die Krise. Zahlreiche Internetseiten empfehlen ihre Top 5 oder Top 10 der besten Filme über Pandemien – und verweisen dabei häufig auf Netflix, wie etwa das New Yorker Nachrichtenunternehmen Business Insider, das im März 2020 diese Top 5 kürte – mit dem aussagekräftigen Hinweis:

»Die besten Filme über Pandemien, die ihr laut Kritikern auf Netflix sehen solltet.«[11]

Wer diese Kritiker sind und nach welchen Maßstäben ausgesucht wurde, erfährt man nicht. Hauptsache, die Unterhaltung stimmt. Sie sind jetzt aber bestimmt erst mal neugierig geworden und möchten endlich wissen, welche Filme es in diese Top 5 geschafft haben, oder? Auf dem ersten Platz landete »12 Monkeys«[12]. Eine Pandemie hat mehr als fünf Milliarden Menschen ausgelöscht. Die letzten Überlebenden verschanzen sich unter der Erde. Der Film dreht sich dann hauptsächlich um eine Zeitreise in die Vergangenheit, auf die die Figur James Cole, gespielt von Bruce Willis, geschickt wird, um den Urheber des Virus ausfindig zu machen. Den zweiten Platz belegte der Seuchen- und Zombiefilm »28 Tage später«[13]. Hier wird die Menschheit von dem Virus »Wut« ausgelöscht. Dieses Virus verwandelt alle Menschen, die davon infiziert werden, in Zombies, die wiederum alle Nichtinfizierten sofort angreifen und zerfleischen. Die Filmhandlung dreht sich hauptsächlich um die hoffnungslose Reise des Hauptdarstellers Jim (Cillian Murphy) durch ein verwüstetes England der Gegenwart. Er ist nach 28 Tagen aus dem Koma aufgewacht, findet sich allein im Krankenhaus wieder und muss sich beim Verlassen des Krankenhauses die neue Situation selbst erschließen. Ein Virus, das aus einem Heilmittel gegen Krebs mutiert ist und dessen Symptome mit der Tollwut vergleichbar sind, hat in »I Am Legend«[14], dem drittplatzierten Film, einen Großteil der Menschheit ausgelöscht. Und wieder ist es, wie bei den beiden anderen Filmen auch, ein Einzelner, hier der Virologe Lt. Colonel Dr. Robert Neville, gespielt von Will Smith, der den Kampf gegen das Virus und die Suche nach einem Hoffnung verheißenden Heilmittel nicht aufgibt. Am Ende opfert er sich, nachdem er anscheinend ein wirkungsvolles Gegenmittel entdeckt hat, welches die Figuren Anna (Alice Braga) und ihr Sohn Ethan (Charlie Tahan), die er bei sich aufgenommen hat, zu einem sicheren Lager mit Überlebenden bringen soll. In »Resident Evil«[15], der es auf Platz 4 schaffte, ist es abermals ein außer Kontrolle geratenes Virus, das sogenannte T-Virus, durch das die Auslöschung der Menschheit bevorsteht. Das Virus wurde von dem Großkonzern »Umbrella Cooperation« entwickelt. Nur das entschiedene und selbstlose Handeln der Protagonistin Alice, gespielt von Milla Jovovich, kann die Ausbreitung möglicherweise noch verhindern. Der fünftplatzierte Film ist »Cargo«[16]. Wir befinden uns in Australien. Eine verheerende Pandemie breitet sich sehr schnell in der australischen Wildnis aus. Der Familienvater Andy, gespielt von Martin Freeman, versucht ihr zusammen mit seiner Frau und Tochter zu entfliehen. Die daraus resultierenden lebensbedrohlichen Herausforderungen enden für die beiden Eltern tödlich.

Was alle fünf Filme miteinander verbindet, ist, dass ein Virus die Welt, wie wir sie kennen, fast vollständig auslöscht und die Menschen zumeist in Zombies verwandelt hat. Als Ausweg bleibt entweder die Suche nach einem Gegenmittel oder die Flucht von einem kurzzeitig sicheren Ort zu einem anderen kurzzeitig sicheren Ort, ohne dabei jemals zur Ruhe zu kommen und die Situation wieder umkehren zu können.

Warum ist es mir wichtig, die Top 5 an dieser Stelle zu erwähnen – gerade auch im direkten Anschluss an meine Kritik der Netflix-Serie »Pandemie«? Es wird an den Beispielfilmen deutlich, dass sich die Darstellung von Fakten in dieser Dokumentarserie auf bekannte erzählerische Merkmale und Figurenkonstellationen aus fiktionalen Filmen zu vergleichbaren Themen bezieht. An den fünf genannten Filmen kann man das nachvollziehen. Das gewährleistet, dass sich auch möglichst viele Zuschauer*innen der emotional erschütternden und bedrohlichen Angstunterhaltung, um die es in »Pandemie« geht, zuwenden. Wie bei den Spielfilmen vergrößert sich durch die Serie nicht das eigene Wissen über Pandemie oder Viren. Was bleibt, ist ein diffuses Gefühl, keine rationale Haltung. Die Zuschauer*innen müssen sich auch nicht entscheiden, welchen Faktenpräsentationen sie vertrauen. Vielmehr reicht es aus, sich in den Stoff einzufühlen und mit den Protagonist*innen emotional mitzugehen. Wissenszuwachs oder eine Entscheidungshilfe für eigenes Handeln in gefährdeten Situationen sind nicht beabsichtigt. Wer aber die Fähigkeit verliert, selbst zu entscheiden, ist nur noch eingeschränkt ein mündiger Bürger. Meine These, die ich hier im Buch noch ausführlich belegen werde: Mit ihrem Programm sind Netflix, Amazon Prime & Co. potenziell demokratiegefährdend, weil sie unsere Selbstentmündigung und Selbstausbeutung fördern.

Filme über Pandemien gibt es schon lange, wie die fünf Beispiele aus den letzten 25 Jahren zeigen. Doch durch die momentan reale Bedrohung, die von der weltweiten Ausbreitung des Corona-Virus ausgeht, erleben sie ein neues Hoch und werden millionenfach auf Plattformen wie Netflix angesehen. Denn das Thema, so angstauslösend es auch ist, übt zugleich eine große Faszination aus. Unterhaltung, Faszination, nicht aber Wissen oder Bildung – und keinesfalls Entscheidungshilfen für uns Zuschauer*innen – liefern uns die Streaming-Dienste wie Netflix, Amazon Prime & Co. Dies verdeutlich die Gegenüberstellung der Dokumentarserie »Pandemie« und der Top 5 der »Pandemie-Filme«: Streaming-Dienste sind die neuen Leitmedien, sie dominieren die Medienlandschaft. Netflix, Amazon Prime & Co. lösen dabei die öffentlich-rechtlichen und die privaten Fernsehsender ab. Doch dort findet nur Krisenunterhaltung statt.

Das aber macht die Gefahr für die Demokratie, die ich sehe, aus: Denn genau dadurch entsteht ein demokratiegefährdender Kreislauf, den die deutschen Soziologen und Philosophen Max Horkheimer und Theodor W. Adorno mit Blick auf die Entwicklung der US-amerikanischen Unterhaltungsindustrie in den 1930er- und 1940er-Jahren so beschrieben haben: Die »Massenkultur unterm Monopol«, das wäre in meinem Beispiel Netflix, erzeugt den »Zirkel von Manipulation und rückwirkendem Bedürfnis«.[17]

Wir haben uns, um diesen Gedanken von Horkheimer und Adorno gleich aufzugreifen, an die spezifische Form der Wirklichkeitsunterhaltung von Netflix mittlerweile gewöhnt, die uns in Serien, Filmen und Dokumentationen präsentiert wird. Wir sind also von Netflix – und andere Streaming-Dienste machen es genauso – manipuliert worden, die Welt anders, das heißt mit den Augen von Netflix, Amazon Prime & Co. wahrzunehmen. Je tiefer wir dabei in diese alternative Streaming-Welt abtauchen, desto mehr beeinflusst uns das, was wir dort sehen, beim Beurteilen der realen Welt um uns herum. Wir reagieren daher positiv auf die Manipulation von Netflix. Damit geht einher, dass wir verlernen zu entscheiden. Wir lassen für uns entscheiden, sind selbstentmündigt. Das mag hier hastig erscheinen. Zombie-Filme, was soll da schon Positives entstehen, werden Sie einwenden, aber das ist doch keine reale Gefahr. Ich halte dem entgegen: Unser Zugang zur Gesellschaft verengt sich, und mit der Selbstwahrnehmung verändert sich unsere Wahrnehmung der Welt. Ich werde im 4. Kapitel auf Horkheimer und Adorno zurückkommen und durch die zeitgemäße Weiterentwicklung ihrer Kritik an der Unterhaltungsindustrie meine Kritik am demokratiegefährdenden Potenzial von Streaming-Diensten eingehender begründen. Und Sie werden sehen, nicht nur Zombies gefährden die Zukunft.[18]

Eine andere wichtige Begründung, warum uns in Zeiten der Krise die Krisenunterhaltung so wichtig ist, bietet der französische Philosoph Jacques Derrida an.[19] Er hat bereits Mitte der 1980er-Jahre vor dem Hintergrund der Bedrohung durch eine mögliche atomare Apokalypse[20] betont, dass wir uns gerade nicht in einem apokalyptischen Zeitalter befinden, sondern in einem postapokalyptischen. Die Apokalypse, also der Weltuntergang, hat in ihrer sinnlich-anschaulichen Präsenz in Texten, Bildern und Filmen schon stattgefunden, aber gerade nicht in der Wirklichkeit. Der Tag nach der Katastrophe und dem Weltuntergang wird immer wiederholbar für uns, die Postapokalypse wird uns vor Augen geführt, der *Tag danach* wird medienalltäglich. An die Stelle der konkreten Erfahrung treten die Sensation und der Skandal, das Besondere verliert sich im Allgemeinen. Und wir erwarten gar nichts anderes mehr – geschweige denn eine Zukunft, auf die wir selbst mit unseren Entscheidungen Einfluss nehmen könnten.

So viele Krisen und wirklich kein Ende? Leider nicht, liebe Leser*innen. Denn auch mein Buch ist eine Krisenerzählung.

Die Protagonisten hierbei sind die großen Streaming-Dienste wie Netflix, Amazon Prime, Disney+, Apple TV+ & Co. Sie bestimmen heute, was und vor allem wie man sehen muss. Die Nutzerdaten sprechen eine klare Sprache: Der Streaming-Boom ist da. Das Nutzungsverhältnis verschiebt sich vom analogen Fernsehen und Kino hin zu den Streaming-Diensten. Der Einfluss von Netflix, Amazon Prime & Co. auf die Selbstwahrnehmung wird größer. Der mündige Bürger wird hierbei Kund*in und König*in zugleich, die Erwartungshaltung ändert sich nicht nur gegenüber der Unterhaltung im Allgemeinen, sondern gegenüber Information schlechthin: »Ich will nur noch das sehen, was mich unterhält.« Streaming-Dienste stellen zunehmend eine nicht zu unterschätzende Macht dar, was deutlich wird, wenn wir aufzeigen, wie sie uns die Welt zeigen, in der wir leben. Sie werden zu unseren Wirklichkeitsbrillen, die die Welt für uns filtern und neu aufbereiten. Wir vertrauen blind den Streaming-Algorithmen und verlieren die Fähigkeit, uns auf Inhalte einzulassen, die nicht speziell auf uns zugeschnitten sind. Wir sind in der On-Demand-Gesellschaft angekommen.

Warum diese Entwicklung zu einer Bedrohung für uns als mündige Bürger*innen und überhaupt für unsere Demokratie führt, wird Thema in den kommenden Kapiteln sein. Denn über die Streaming-Dienste sprechen wir in der Regel nicht, wir abonnieren und nützen sie. Wir diskutieren über die Inhalte, die uns präsentiert werden. Also über die Serien und Filme. Und über Zahlen: Wie viele Abonnent*innen haben die unterschiedlichen Streaming-Anbieter? Welche Unternehmen verdienen am meisten? Wer sind die Macher*innen? Tiefer geht es kaum. Dabei gerät die Bedeutung von Netflix, Amazon Prime & Co. als digitale Unterhaltungsindustrie und damit als Förderer des Überwachungskapitalismus aus dem Blick. Aus dieser Perspektive betrachtet, sind die Streaming-Dienste demokratiegefährdend. Aber nicht nur aus dieser Perspektive. Und genau das ist Thema meines Buches, auch wenn ich zur Veranschaulichung meiner Argumentation hin und wieder über konkrete Serien und Filme spreche. Das ist die Perspektive, die bisher in der Auseinandersetzung mit den On-Demand-Video-Streaming-Diensten gefehlt hat.

Ich muss hierbei aber auch viel über Sie, liebe Leser*innen, sprechen und respektvoll Kritik an Ihnen üben. Das wird nicht immer angenehm zu lesen sein. Denn Sie tragen als Abonnent*innen der Streaming-Dienste nicht nur zu deren Macht und Einfluss bei. Vielmehr fördern sie gerade mit Ihrer Nutzung die Bedrohung unserer Demokratie, die von den Streaming-Unternehmen ausgeht. Nicht nur von diesen, versteht sich, sondern von der gesamten Digitalwirtschaft, in der aber die Streaming-Anbieter eine immer wichtigere Rolle spielen. Daran wird sich auch in Zukunft nichts ändern. Im Gegenteil, die gesellschaftliche und politische Bedeutung der Streaming-Dienste wird sich weiter steigern, und dadurch wird auch die Bedrohung für unsere Demokratie wachsen. Mein Buch stellt daher eine alternative und kritische Perspektive auf etwas für Sie sehr Vertrautes dar: Netflix, Amazon Prime & Co.

BILDUNG

»Es waren einmal die Medien, sie waren böse«:[1]
Auf der Suche nach den Schuldigen

Ich beginne nicht sofort mit meiner Kritik an den Streaming-Diensten, also mit meinem eigentlichen Thema. Das wird Sie vielleicht verwundern. Mein Ausgangspunkt ist in diesem ersten Kapitel der historische Zusammenhang von Medien und Bildung. Hierbei steht, in aller Kürze und Verkürzung, die Frage im Mittelpunkt, wie die Medien immer schon unser Selbst- und Weltbild beeinflussen. Ich möchte damit, liebe Leser*innen, nicht Ihre knappe Zeit verschwenden. Sie möchten etwas über On-Demand-Video-Streaming erfahren. Ich möchte Sie aber noch um ein wenig Geduld bitten. Ich brauche jetzt zuerst Ihre Aufmerksamkeit, mich auf meinem kurzen Weg von der Antike in die Gegenwart zu begleiten. Ich möchte, dass Sie dadurch besser nachvollziehen können, warum die Themen Bildung, Mündigkeit und Selbstbestimmung so wichtig für meine anschließende Kritik an den Streaming-Diensten sind. Dieser Weg trägt bei zur digitalen Medienbildung durch die Auseinandersetzung mit den Streaming-Diensten. Denn, so viel möchte ich jetzt schon verraten: Die Streaming-Dienste verhindern gerade, dass wir zu mündigen Bürger*innen werden oder mündig bleiben. Aus der unternehmerischen Perspektive der Streaming-Anbieter müssen wir zu reinen Konsum-Subjekten werden, die ihre Unterhaltungsbedürfnisse über alles stellen und sich zu deren permanenten Befriedigung vertrauensvoll, das heißt für mich naiv und blind, von den Streaming-Diensten führen, entmündigen und bevormunden lassen. Darin besteht unter anderem das demokratiegefährdende Potenzial der Streaming-Dienste. Anteasern ist schließlich in Ordnung, Spoilern dagegen nicht, das wissen wir Serien-Fans doch.

Ich möchte, weil mir der Zusammenhang von Medien und Bildung persönlich so wichtig ist, von den Medien immer faktenbasiert und umfassend informiert werden. Mit Esprit und Engagement, kenntnisreich und kommunikationsstark. Ich möchte zum Beispiel wissen, welche politischen Entscheidungen national oder international getroffen werden und wie sich diese Entscheidungen auf mein Leben auswirken. Das soll mir eine Grundlage liefern, vor deren Hintergrund ich mich selbstbestimmt entscheiden kann.

Als Mediennutzer wünsche ich mir, dass die Medien, die ich als Informationsquelle auswähle, meine Meinungsbildungsprozesse produktiv und vorurteilsfrei unterstützen. Medien sollen mich dadurch befähigen, die Welt aufgeklärt(er) zu betrachten. So weit meine Idealvorstellung – als Bürger, Bildungsarbeiter und eben auch als Medienproduzent.

Das ist natürlich nicht nur meine persönliche Idealvorstellung. Das nach dem Ende des Zweiten Weltkrieges in Deutschland neu entstandene öffentlich-rechtliche Rundfunksystem, auf das ich im 2. Kapitel ausführlich zu sprechen komme, hat sich unter anderem zur Aufgabe gemacht, die Bürger*innen objektiv und vielfältig mit allen gesellschaftlich relevanten Informationen zu versorgen und gleichzeitig eine permanente Kontrollinstanz für die staatliche Machtausübung darzustellen. Die Bürger*innen sollten durch die Medien aufgeklärt und gebildet werden. Der Staat sollte die Medien nie wieder zu Propagandazwecken missbrauchen, wie es im Dritten Reich der Fall war. Das Vorbild für die Einführung und Entwicklung dieses demokratischen Mediensystems in Deutschland war die öffentlich-rechtliche britische Medienanstalt BBC (British Broadcasting Corporation).

Medien stehen allerdings schon immer in dem Verdacht,

»Es waren einmal die Medien, sie waren böse.«

die Wirklichkeit nur aus bestimmten Perspektiven und daher tendenziös darzustellen. Neutralität, Objektivität und Wahrheit sind häufig nicht die Maßstäbe, mit denen man Medien sofort in Verbindung bringt. Genau das ist aber problematisch, weil unser Wissen über die Welt zum größten Teil medienvermittelt und damit unabhängig ist von unseren persönlichen Alltagserfahrungen. Die mediale Darstellung der Wirklichkeit hat somit einen erheblichen Einfluss auf unsere Wirklichkeitswahrnehmung. Daraus entsteht eine paradoxe Situation: Wir misstrauen den Medien, obwohl wir ihnen eigentlich vertrauen wollen. Und wir ziehen daraus nicht die nötigen Konsequenzen.[2]

Dieses grundlegende Misstrauen den Medien gegenüber reicht von der Schriftkritik im antiken Griechenland, auf die ich gleich noch zurückkomme, bis zur aktuellen Kritik an den sogenannten Fake News. Darunter versteht man Falschnachrichten, die manipulativ eingesetzt werden und starke Gefühlsreaktionen auslösen sollen. Fake News werden überwiegend im Internet und in sozialen Netzwerken wie zum Beispiel Facebook verbreitet.

Mit den gefühlten Wahrheiten, die der Konsument durch die Auseinandersetzung mit diesen Fake News für sich übernehmen soll, ist unter anderem eine Emotionalisierung der Welt beabsichtigt, also das Gegenteil der öffentlich-rechtlich angestrebten rationalen Argumentation. Wer Fake News verbreitet, dem geht es nur um das Erzeugen von persönlichen Stimmungen, Befindlichkeiten, Gefühlen und Geschmacksvorlieben. Als müssten sich Informationen nur gut und richtig anfühlen, damit wir sie glauben. Sie müssen zu mir und meiner Weltsicht passen, diese Meinung üben wir ein. Die Frage, ob News auch faktenbasiert und damit möglichst objektiv sind, gerät dabei schnell aus dem Blick. Wenn sich eine Nachricht gut anfühlt, dann wird sie schon stimmen, denken wohl die meisten Menschen. Diskussion überflüssig. Gefühle erzeugen einen Wirklichkeitsglauben, der das eigene Denken und Handeln anleitet.

Die Netflix-Serie »Pandemie«, die ich in der Einleitung kritisiert habe, ist ein gutes Beispiel für meine These. Erlauben Sie mir, dass ich darauf noch näher eingehe, denn auch wenn wir meist über die Streaming-Dienste keine Nachrichten empfangen, so wird an diesem Beispiel deutlich, wie wir allmählich einüben, uns gut zu fühlen, wenn wir etwas auswählen, etwas nach unserem Geschmack für uns abrufen. Und vielleicht kann ich Ihnen so auch zeigen, wie sehr wir uns damit selbst beschränken auf »unsere« Wirklichkeit. Das geht vielleicht am besten am Beispiel eines Mannes, der schon in einer eigenen Wirklichkeit angekommen ist.

Der amerikanische Präsident Donald Trump benutzt jedenfalls den Begriff Fake News bereits wie eine Allzweckwaffe gegen kritische Journalist*innen und politische Gegner*innen. Seine Politik der Empörung und Erregung, der Beleidigung und Beschimpfung, der Gesten und Gefühle möchte vor allem eins bewirken: Durch immer neue Tabubrüche soll eine weltweite, ununterbrochene Unterhaltung über seine Person und Politik sichergestellt werden. Dieses globale Gespräch soll zudem immer auch sehr unterhaltsam sein. Ein Beispiel hierfür sind die zahllosen Trump-Karikaturen, bei denen die Frisur von Trump genauso lächerlich gemacht wird wie seine Politik. Die kritisierte Einseitigkeit seiner Politik verbindet sich erstaunlich häufig mit der Einseitigkeit der Kritik an Trump sowie der Berichterstattung über Trump in den Medien. Auch die Medien begehen – und sei es als Reaktion darauf – regelmäßig die gleichen Fehler, die sie Trump vorwerfen. Fakten und Unterhaltung, Gefühle und Haltungen, alles gehört anscheinend untrennbar zusammen. Das Persönliche ist wichtiger als die Politik, und Trump ist prominenter als seine politischen Positionen.

Spricht Trump von Fake News, begründet er niemals, warum die Kritik an ihm oder seiner Politik tatsächlich falsch ist. Es geht ihm allein um die Emotionalisierung von politischen Debatten und um eine Image-Politik, nicht aber um den rationalen Austausch von Argumenten, der auf einer für alle nachvollziehbaren und überprüfbaren Faktenbasis beruht. Die Gegner von Trump müssen unmittelbar und selbstverständlich die Gegner*innen seiner Anhänger*innen sein. Darüber muss nicht diskutiert werden. Hauptsache, die Reaktionen sind sehr emotional.

Wer wie Trump immer recht hat, der muss nicht argumentieren. Die Welt von Trump ist ganz klar in Schwarz und Weiß eingeteilt: Entweder man teilt seine Perspektiven und ist Trump-Anhänger*in – oder man kritisiert diese und ist Trump-Gegner*in. Zwischenräume und Mehrdeutigkeiten gibt es nicht. Genau das ist also eine mögliche Strategie von Trump. Er vereinfacht politische Sachverhalte so, dass wir sie emotional akzeptieren oder ablehnen. Dabei ist Politik eigentlich ausgesprochen komplex. Die persönlichen Sichtweisen ganz verschiedener Menschen müssen bei politischen Entscheidungen berücksichtigt werden. Und vor allem: Es gibt keine einfachen Antworten auf schwierige Fragen. Für Trump ist das genau umgekehrt, und diesen Eindruck vermittelt er dauernd öffentlich, sodass jede/r seine Positionen unmittelbar nachvollziehen kann, ohne darüber nachdenken zu müssen. Wir sollen entscheiden, ohne darüber nachdenken zu müssen.

Der Fall Trump ist aktuell ein sehr hervorstechendes Beispiel. Seit Medien über zeitliche und räumliche Grenzen hinweg uns Menschen die Welt vermitteln, wird diese Vermittlungsfunktion mit Skepsis betrachtet. Besonders stark ist die Medienkritik stets bei der Einführung historisch neuer Medien gewesen, die eine Bedrohung der alten und bereits etablierten darstellten.

Der antike griechische Philosoph Platon hat als einer der

Ersten seine medienkritische Haltung mit der vorhin erwähnten antiken Schriftkritik formuliert.[3] Gegen den Gebrauch der Schrift als einem damals neuen Medium brachte Platon vor, dass sie das Gedächtnis schwäche. Ihm zufolge führe sie aber auch zu Vermittlungsproblemen, weil der in der Thematik Unkundige zwar einen Text lesen, jedoch aufgrund mangelnder Sachkenntnis oder wegen unterschiedlicher Lebenserfahrungen dessen Sinn und das vom Autor Gemeinte kaum erfassen könne. Zu Platons Zeiten forderte das neue Medium Schrift das Mündliche beziehungsweise die für authentisch gehaltene dialogische Rede als altes Leitmedium heraus. Lehrer und Schüler hatten sich zu unterhalten – der eine sprach, der andere hörte zu und versuchte, seine Erkenntnisse zu formulieren. Dieser Mündlichkeit wurde im Unterschied zur Schriftlichkeit eine Unmittelbarkeit und damit große Wahrhaftigkeit zugetraut. Im Gegensatz dazu wurden der Schrift und dem Text nicht nur überfordernde, sondern vor allem auch manipulative Tendenzen unterstellt.[4] Erkennen Sie moderne Medienkritik in diesen Worten?

Die Schriftkritik von Platon ist bis heute präsent. Das Internet und die sozialen Medien rufen dieselbe Angst vor der Beeinträchtigung des Gedächtnisses und der authentischen dialogischen Rede zwischen Anwesenden hervor. Wir verlassen uns heute in allen relevanten Fragen unseres Lebens auf die Suchmaschine Google. Das erleichtert mir wie Ihnen das Leben. Aber: Wenn ich weiß, dass Google alles weiß, warum soll ich mir irgendetwas merken – außer der Google-Seite, die aber sowieso zumeist als Startseite unserer Webbrowser installiert ist? Neben Google helfen uns unzählige Apps, die uns zum Beispiel mit Tipps zum Ausgehen versorgen, beim Shoppen helfen, durch die Welt navigieren oder Dates vermitteln. Nicht zu vergessen, um einen treffenden Begriff des Musikwissenschaftlers Holger Schulze zu verwenden, das »Maschinengeflüster«[5] der immer hilfsbereiten digitalen Sprach-

»Es waren einmal die Medien, sie waren böse.« 25

assistentinnen Alexa, Siri & Co., durch die sogar die manuelle Eingabe, also das Schreiben, überflüssig wird – genauso wie durch die Voicemail-Funktion bei Instant-Messaging-Diensten wie WhatsApp.

Diese Möglichkeiten, mit digitalen Sprachassistenzsystemen in einen Dialog zu treten, vermitteln uns darüber hinaus ein Gefühl von persönlicher, fast menschlicher Intimität zwischen uns selbst und der Technik, die wir zum Kommunizieren verwenden. Die Technik rückt näher an uns heran und ist nicht nur unsere ständig anwesende Umgebung. Zumeist verbringen wir tatsächlich mehr Zeit am Tag damit, per WhatsApp, SMS, E-Mail oder mit unterschiedlichen Chatprogrammen zu kommunizieren, als wir die Menschen, mit denen wir uns austauschen, persönlich treffen beziehungsweise überhaupt treffen können. An diesen Geräten üben wir uns darin, wichtige Entscheidungen der Technik zu überlassen. Unsere Welt wird jedoch nur vorgeblich einfacher und komfortabler, weil uns immer mehr alltägliche Entscheidungen technisch und medial abgenommen sowie für uns vorgedacht werden. Und dieses Verhalten machen sich dann die Streaming-Dienste zunutze, wie ich noch zeigen werde.

Von Platon bis in unsere Tage gibt es dieses Misstrauen gegenüber den Medien. Heute aber kommt ein weiterer Faktor hinzu, den es zu berücksichtigen gilt: das Unterhaltungsangebot der Medien. Der konservative amerikanische Medienkritiker Neil Postman[6] hat dafür schon 1985 eine bis heute viel zitierte Formulierung gefunden: »Wir amüsieren uns zu Tode.« Seine Kritik richtete sich vor allem gegen das Fernsehen. Postman forderte ganz traditionell Medienbildung durch Bücher, den Dialog und die Diskussion. Unsere Welt hatte sich 1985 – jedenfalls laut Postman – von einer Schrift- hin zu einer Bildschirmkultur entwickelt. Damals ließen wir das »Zeitalter der Erörterung« hinter uns, das ein Produkt der Buchkultur war. Und wir begaben uns in ein »Zeitalter des

Showbusiness«[7], das er als Produkt der Bildschirmmedien verstand, damals vor allem des Fernsehens und des Videos. Was genau den Unterschied ausmacht zum Streaming, darauf komme ich noch ausführlich zurück. Für Postman war eine selbstbestimmte und aufgeklärte Urteilsbildung durch Fernsehen nicht möglich. Die Denk- und Kommunikationsfähigkeiten des Menschen überhaupt werden, wie Postman behauptet, durch die Fernsehnutzung und Fernsehunterhaltung massiv eingeschränkt. Wenn Sie jetzt einwenden, dass meine Kritik am Streaming dann ja nicht neu ist, verkennen Sie das wahre Gefahrenpotenzial der modernen Streaming-Dienste.

Zunächst einmal sollten wir festhalten, dass Fernsehen laut Postman unabhängige Meinungsbildungsprozesse unmöglich macht. Der Grund dafür: Das Fernsehen ist kein Bildungsmedium, weil im Fernsehen jedes Thema und jedes Format als Unterhaltung präsentiert wird. Unterhaltung geht über alles – auch bei der Information.

Ich komme gerne noch einmal auf unser Weltbild zurück, das sich verändert hat. Wenn auch Information eine Form von Unterhaltung ist, die unsere Emotionen ansprechen soll – und zwar in positiver Weise: Wie können wir als Konsumenten im Zeitalter des Fernsehens kritikfähig bleiben? Für Deutschland hatten wir da stets einen Trumpf in der Hand: Das öffentlich-rechtliche Fernsehen ließ uns durch seinen Bildungsauftrag immer als wohlinformiert dastehen. Selbst bei verstärktem Fernsehkonsum konnten wir uns selbst als gut gebildete und informierte Bürger begreifen.

Postman bezog seine Überlegungen schließlich auf die Entwicklung des Fernsehens in Amerika in den 1970er- und frühen 1980er-Jahren. In dieser Zeit war das Fernsehen dort das zentrale Medium für die gesellschaftliche und kulturelle Selbstverständigung. Es diente als Meinungs- und Weltbildner – wie heute das Internet, die sozialen Medien und Streaming-Dienste. Postman ging in seiner Argumentation sogar

»Es waren einmal die Medien, sie waren böse.« **27**

so weit zu behaupten, dass die Unterhaltungsorientierung des Fernsehens auch die Wirklichkeitswahrnehmung bestimme: Alles, was nicht unterhaltsam ist, langweilt uns schnell und trägt zum Entzug unserer Aufmerksamkeit bei. Unsere Geduld für die Auseinandersetzung mit komplexen Zusammenhängen geht dabei ebenso verloren wie unsere Bereitschaft, uns auf Themen einzulassen, die uns nicht unmittelbar interessieren. Er hinterfragt unsere Mündigkeit dort, wo wir anfangen, vor komplexen Zusammenhängen zurückzuscheuen. Trump könnte bei ihm gelernt haben.

Die damalige Fernsehwelt beschreibt Postman entsprechend mit einer Anhäufung von negativen Bewertungen. Das Fernsehen ist immer unvollständig in dem, was es darstellt und wie es informiert; es kommt ohne einen übergeordneten Bezugsrahmen aus, durch den die einzelnen Themen in einen größeren Zusammenhang gebracht werden; es geht vor allem um Sensationen und Skandale, also um alles Negative in der Welt, aber auch um das Wachrufen von negativen Gefühlen beziehungsweise Ängsten bei den Zuschauer*innen; verbindliche moralische Wertmaßstäbe oder ein glaubhaftes Verantwortungsgefühl sucht man so vergebens; alles ist oberflächlich, widersprüchlich, unlogisch, unvernünftig und desinformierend.

Das einzige ordnende Element aller Fernsehprogramme war damals laut Postman die Unterhaltungsorientierung. Begriffe wie Wahrheit und Information waren selbst mit Nachrichtensendungen nicht zu erfüllen. Postman kam daher zu dem Schluss, dass die Amerikaner wahrscheinlich die am besten unterhaltenen und die zugleich am schlechtesten informierten Menschen der westlichen Welt wären. Als Fazit seiner Überlegungen formulierte Postman daher diesen berühmten Schlusssatz:

»Die Menschen [...] leiden nicht daran, dass sie lachen, statt nachzudenken, sondern daran, dass sie nicht wissen, worüber sie lachen und warum sie aufgehört haben, nachzudenken.«[8]

Heutige Fernsehkonsumenten und wir, die wir digitale Medien nutzen, sehen das anders. Wir wissen, dass in den populären Medien durchaus eine ganze eigene, neue Bildungskultur entstehen kann. Denken Sie etwa an Bild(schirm)medien wie YouTube, an Lehrfilme, abrufbar über das Internet, an die zahlreichen wertvollen Dokumentationen. Für Postman stellen Medien im Vergleich zu Schulen oder Universitäten keine alternativen Lehr- und Lernszenarien dar.[9] Ich sehe das differenzierter als er. Für mich ist populäre Medienbildung heute ein wertvolles Element jeder Bildungspolitik, nicht zuletzt, weil sie viel näher an den Mediennutzungsgewohnheiten der jungen Generationen ist als die traditionellen Bildungskulturen, auf die sich Postman bezieht. Postman konnte nicht ahnen, dass Fernsehen heute kaum noch eine Rolle für die jüngere Generation spielt. Wie die neue Medienwahrnehmung aussieht, dazu jetzt mehr.[10]

Generation Judith: Bildung als Geschmacksbildung

Kann unser Medienverhalten den Zugang zur Wirklichkeit tatsächlich verändern? Ich bin Professor für Kommunikations- und Medienwissenschaft und unterrichte seit 1999 an verschiedenen Hochschulen. Mit einem Beispiel aus meinem Arbeitsalltag möchte ich daher diese Frage beantworten. Stellen Sie sich bitte folgende Diskussion vor, die in einem Seminar von mir zum Thema »Digitale Kommunikation und Gesellschaft« in Berlin stattfand. Natürlich habe ich die Namen

Generation Judith: Bildung als Geschmacksbildung

der Teilnehmer*innen verfremdet, meine Dialogpartnerin bei der Diskussion, um die es geht, soll hier Judith heißen. Ein Raum mit vielleicht zwanzig Anwesenden, wie immer herrscht eine gewisse Unruhe.

Gleich nach meiner Begrüßung und Einleitung zum Seminar schaute mich eine junge Studentin wütend an. Judith sagte:

»Ich verstehe nicht, warum wir immer Aufsätze und Bücher lesen müssen. Jede Woche. Ich schaue lieber Serien, Filme und Dokumentationen oder lese Blogs zu Themen, die mich interessieren. Manchmal auch Ratgeberliteratur. Wenn ich Bücher lese, dann Romane. Hörbücher sind mir eigentlich lieber. Mit Theorie-Schinken kann ich gar nichts anfangen. Serien, Filme und Dokumentationen sind mir am liebsten. Das hat viel mehr mit mir und meinem Alltag zu tun. Damit, wie ich die Wirklichkeit jeden Tag erfahre. Mein Zugang zur Wirklichkeit ist erlebnisorientiert und pragmatisch. Und ich glaube nicht, dass ich dabei dumm werde oder weniger über die Themen erfahre, die mich betreffen und bewegen. Ganz im Gegenteil. Alle in meinem Umfeld machen das so. Wir, also meine Generation, machen das so. Warum sollen wir also dauernd etwas machen, was nicht zu uns passt und nichts mit uns zu tun hat?«

Nach dieser Rede an ihre Generation blickte Judith in die Runde und forderte eine unmittelbare Bestätigung von ihren Generationsgenoss*innen. Sie appellierte schließlich an einen Generationszusammenhang und entfesselte zugleich als Stellvertreterin ihrer Generation einen Generationskonflikt. Im Raum waren schließlich alle außer mir zwischen Anfang und Ende zwanzig. Judith ging davon aus, dass sie alle durch ihre Generationszugehörigkeit die gleichen Wertvorstellungen teilten und sich ähnlich verhielten.

Ich mag das, wenn eine Diskussion lebhaft wird. Und Ju-

dith wirkte ungeduldig und kämpferisch zugleich. Ihre Feind-
bilder waren eindeutig: einerseits die klassische literaturver-
mittelte Bildung. Dieser Bildung stellte sie »ihre« Bildung gegenüber, die durch populäre, vor allem audiovisuelle Medien
vermittelt wurde. Zum Glück neige ich nicht dazu, mich als
alten weißen Mann zu betrachten, und ich teile auch nicht
viele der Ansichten, die man damit landläufig verbindet. Eigentlich hätte sie ahnen können, dass es mir nicht darum
ging, mein Fach nur durch Fachliteratur zu vermitteln. Allerdings bedeutet für mich Bildungsvermittlung auch nicht, immer nur die Leitmedien der Zeit dafür einzusetzen und die
Bildungsarbeit ausschließlich am Geschmack der Studierenden zu orientieren. Die Form sollte nicht den Inhalt schlagen.

Für mich ist der Zeitgeist nun wahrlich nicht der Feind der
Bildung, aber auch nicht seine einzige Richtschnur. Ich halte
es für falsch, sich ausschließlich am Zeitgeist zu orientieren,
schließlich will ich nicht Student*innen als Konsument*innen vor mir sitzen haben, die sich nur an den eigenen Bedürfnissen orientieren. Universitäre Bildung hat immer noch etwas mit – ja, genau – mit Bildung zu tun, damit, dass man
sich fremden Gedanken aussetzt, diese reflektiert. Im 3. und
4. Kapitel werde ich zeigen, warum aus Konsum keine Bildung resultiert. Aber ich wusste auch, dass Judith sich durchaus richtig als repräsentativ für ihre Generation einschätzte.
Soweit ich sie bis dahin kennengelernt hatte, gestaltete sie ihr
Leben pragmatisch. Und sie ließ ihren Alltag stark von Medien (mit)bestimmen. Das Smartphone, das vor ihr auf dem
Tisch lag wie bei so vielen Studenten, zeigte das – und ich
hatte noch einige Bemerkungen von ihr im Ohr, mit denen
sie deutlich gemacht hatte, dass sie sehr viel Wert auf Selbstverwirklichung sowie Lebensgenuss lege. Ihr Ausbruch gerade aber zeigte mir eins: Sie wollte stärker gefragt und einbezogen werden, um eigenverantwortlicher und unabhängiger zu
handeln.[11]

Das klang doch nach einer souveränen und selbstbestimmten Vertreterin ihrer Generation, oder nicht? Eigentlich war das, was Judith gesagt hatte, also gar nicht weit weg von meinem eigenen Generationsgefühl in den 1990ern, als ich so alt war wie Judith. Doch eines war grundlegend anders, und das hatte ich selbst nun schon unzählige Male in Seminaren erlebt. Trotz des Verlangens nach Souveränität fällt es Judiths Generation bei allen Forderungen nach Selbstbestimmung gleichzeitig unwahrscheinlich schwer, souveräne und selbstbestimmte Entscheidungen zu treffen. Diese Erfahrung hatte ich schon oft gemacht. Sobald es etwa um schriftliche oder praktische Arbeiten für die Hochschule ging, war für die Studierenden klar, dass wir Dozent*innen die Arbeitsthemen zumeist vorgeben und alles servicegerecht aufbereiten mussten.

Bildung muss, so habe ich gelernt, für diese Generation zum Tagesrhythmus passen und ein To-go-Erlebnis sein. Der Service ist mittlerweile bedeutsamer als das Wissen. Bildung ist schön, aber nicht das Wichtigste. Die Studierenden haben hohe Erwartungen an die Hochschulen, denn sie sehen in ihnen Bildungsdienstleistungsagenturen, die nur Inhalte vermitteln sollen, die für die Berufspraxis relevant sind. Wie hatte sie es gerade gesagt:

»Warum sollen wir also dauernd etwas machen, was nicht zu uns passt und das nichts mit uns zu tun hat?«

Die Hochschule soll somit von einer Bildungsinstitution zu einer Lifestyle-Agentur werden, auf die man permanent Lust hat und die man sich so gestaltet, wie es einem gefällt. Ja, das ist mein Eindruck von der Generation Judith. Für sie wird das Studium zu einem Shopping-Erlebnis. Alles, was im Unterricht nicht diesen Erwartungen entspricht, löst unmittelbar Unmut aus und wird als quälende Zeitverschwendung empfunden. Hinzu kommt eine, überspitzt formuliert, Komplexitätsallergie. Alles muss immer leicht verständlich sein und darf nicht zu viel Zeit in Anspruch nehmen, weil die Aufmerksamkeitsspanne nur sehr gering ist.

Ich empfinde mich aber nicht als Dienstleister, der bei der Bildungsvermittlung vor allem an Unterhaltungsbedürfnisse und den Geschmack der Studierenden denkt, um ihnen zielgenau die Kompetenzen zu vermitteln, die sie sich wünschen. Erstens bleiben diese Wünsche doch recht diffus. Und mir widerstrebt es, den Student*innen nach dem Mund zu reden, um wiederum von diesen gut bewertet zu werden bei der nächsten Evaluation des Lehrpersonals an unserer Hochschule. Diese studentischen Bewertungen, die sie einmal pro Semester abgeben können, sind wie die Einschaltquoten im Fernsehen oder die Klickzahlen beziehungsweise die Verweildauer im Streaming der Gradmesser für den Erfolg der Hochschullehre und für den der Hochschullehrer*innen. Verstehen Sie mich nicht falsch, ich stemme mich nicht gegen den Zeitgeist, aber ich richte meine Lehrinhalte auch nicht auf die Zuhörer aus. Die Vermittlung variiere ich gerne, die verwendeten Medien, das auch mal auf Wunsch. Aber am Ende bleibt der Erkenntnisgewinn als Ziel meiner Lehre. Egal, wie die Bewertung dann schlussendlich aussieht.[12]

Selbst diese Gelegenheit, mit der eigenen Stimme Einfluss auf die Hochschulwirklichkeit und ihre eigene Bildungssituation zu nehmen, ergreift in der Regel nur weniger als die Hälfte der Studierenden. Studentische Unmutsbekundungen oder Kritik sind hingegen fast immer präsent in Seminaren. Sie resultieren zumeist aus forsch formulierter Befindlichkeit, einem Überlastungsempfinden, subjektiven Ungerechtigkeitswahrnehmungen oder aus der Haltung heraus, der Unterricht sei nicht zeitgemäß. Und hier verweile ich gerne noch einen Moment mit Ihnen, bei dem Wort zeitgemäß.

Welche Bildungsformate sind zeitgemäß? Welche Medien?

Darüber lässt sich diskutieren. Aber wollen wir auch über zeitgemäße Inhalte diskutieren? Da wird es schon schwieriger. Und erst recht, wenn wir auf der Basis von Emotionen entscheiden sollen. Auf der Basis von Befindlichkeiten.

Doch es ist für mich eine Tatsache: Ursprünglich waren die Evaluationsbögen genau wie jede kritische oder faktenbasierte Diskussion im Seminar doch eine Möglichkeit, auf die Bildungsinhalte Einfluss zu nehmen, die eigene, differenzierte Kritikkultur zu üben, die Professoren zu bewerten je nach Talent zur Lehre. Was für mich bleibt: Daraus ist nur mehr eine Befindlichkeitskultur geworden. Was das mit den Streaming-Diensten zu tun hat? Und warum fördern gerade Streaming-Dienste diese Befindlichkeitskultur? Nun, darauf gehe ich im 3. Kapitel noch ausführlich ein.

Lassen Sie mich aber festhalten, dass es nach Judiths Generationenrede fast zwei Minuten lang ganz still im Raum war. Ihre Worte mussten wirken, und wir atmeten durch. Draußen war es ungemütlich. Typisch Januar. Der Winter in Berlin erzeugt bei mir immer eine Endzeitstimmung. Peter-Fox-Feeling:

»Guten Morgen Berlin / Du kannst so hässlich sein / So dreckig und grau«.[13]

Über der Stadt liegt ein permanenter Grauschleier. Richtig hell wird es nur selten. Es ist bitterkalt und nass. Die Betonkulissen sind erdrückend.

Drinnen im Seminarraum lasteten die Heizungsluft und das gedämpfte Neonlicht zusätzlich auf den Gemütern. Das Semester war bald zu Ende. Konzentration wie Motivation waren kaum noch vorhanden. Das Semester war anstrengend, die Prüfungen standen kurz bevor, und nun kroch die Endzeitstimmung von draußen herein. Jeder im Raum war genervt und fühlte sich unwohl. Aber Judiths Ausbruch war mehr als der geballte Witterungsumschwung. Er zeigte auch einen Umschwung in unserem Zeitgeist an, der sich seit Jahren immer wieder manifestiert.

Ich unterrichte seit 1999 und kenne diese Situationen. Sie wiederholen sich regelmäßig. Jeder studentische Jahrgang hat andere Sensibilitäten, Bedürfnisse und Interessen. Doch eines bleibt gleich: Der Widerstand gegen die Theorie und die auf diese Theorien gestützte Kritik der Gegenwart ist mir in meinen Seminaren immer wieder begegnet. In Projekt- und Praxiskursen werden das Bücherwissen und die Theoriearbeit hingegen entspannter und wohlwollender in Kauf genommen, wenn auch mit dem Ziel, im besten Fall ein solides Konzept für die Praxisarbeit daraus zu entwickeln. Jedes Interesse an theoretischem Wissen aber reduziert sich bei einem Großteil der Studierenden auf die Vermittlung von Fakten in Form von Zahlen, also auf das empirische, nachweisbare Wissen. Alles, was durch Zahlen belegt werden kann, ist gut. Die Welt des Digitalen produziert durch ihren Einsatz von Algorithmen letztlich eine durchgezählte und von daher vertrauenswürdige Welt. Damit erliegen sie ihrem Zeitgeist, doch die Autorität von Zahlen, die zur »Quantifizierung des Sozialen«[14] führt, bestimmt bei den Studierenden, wie sie ihre Wirklichkeit gestalten. Sie haben das algorithmische Denken, auf dem nicht zuletzt auch die Auswahl der angebotenen Streaming-Dienste basiert, so verinnerlicht, dass sie es gar nicht mehr bemerken. Zahlen helfen ihnen bei der Gestaltung von Wirklichkeit.

Die Orientierung an Zahlen entlastet, davon bin ich überzeugt, vom Selberdenken. Denn was sind Theorien anderes als Möglichkeiten, die das eigene Denken herausfordern? Kann es sein, dass unsere Wirklichkeit so von Zahlen und Fakten dominiert wird, dass wir Theoriegebäude gleich zum Einsturz bringen, nur weil wir die dazugehörigen Fakten noch nicht kennen können?

Unsere digitale Medienwelt zieht eine zahlenbasierte Erkenntnis jederzeit einem Nachdenken über mögliche Wahrheiten vor. Wir handeln doch zu emotional, werden Sie mir jetzt vorwerfen. Das hatte ich gerade oben ausgeführt, und das könnten Sie mir jetzt vorwerfen: dass Trump und die anderen Weltvereinfacher uns bei unseren Emotionen packen. Und jetzt sollen wir auf einmal zahlenhörig sein? Denkfaul und an Fakten orientiert? Wie passt das zusammen?

Dem gehe ich gerne im Folgenden noch ein wenig genauer auf den Grund. Nur eines vorab: Ja, das passt hervorragend zusammen, denn Sie kennen doch den Spruch: »Ich glaube keiner Statistik, die ich nicht selbst gefälscht habe.« Was also halten Sie von einer Welt, in der die Menschen den Algorithmen fraglos folgen?

Theorie, die die Grundlagen des eigenen Denkens herausfordert oder verschiedene alternative Perspektiven zu einem Thema miteinander in den Austausch bringt, ohne unmittelbare Lösungen anzubieten, wird von den Studierenden als nicht zeitgemäß und zielführend bewertet. Ganz im Gegenteil zu meiner Studienzeit, in der alles, was scheinbar schnell beantwortet werden konnte, als nicht richtig durchdacht unter Generalverdacht gestellt wurde.

Der durch Stefan Raab populär gewordene Medienslogan »Wir haben doch keine Zeit!« ist heute zur Grundlage der Bildungsarbeit geworden. Alle Themen, die viel Zeit in Anspruch nehmen und keine Sofortlösungen anbieten, sind unerwünscht. Studierende interessieren sich fast ausschließlich für die Praxis. Sie erwarten die Vermittlung von Praxis-Leitfäden, Berufskompetenzen und biografischen Orientierungshilfen. Die jungen Menschen fordern – mit Blick auf die eigene Unsicherheit und Orientierungslosigkeit –, dass wir Lehrenden ihnen vor allem Entscheidungen abnehmen. Das ist, so meine ich, bezeichnend für eine Generation, die wesentlich im Digitalen groß geworden ist. Ihnen nehmen Suchmaschinen die

Entscheidung ab über das, was in ihrem Leben wichtig ist. Von da aus ist es nur ein kleiner Schritt zu dem Gedanken, dass Suchmaschinen uns auch gleich die Entscheidung abnehmen über das, was richtig ist.

Darf ich Sie bitten, sich noch eine Situation vorzustellen? Nehmen wir ruhig Judith und unterstellen wir ihr einmal, dass sie gerne streamt. Wird sie bei den von den Anbietern getroffenen Vorschlägen schnell zustimmen? Ist sie der Typ Mensch, der erst einmal gründlich alle Möglichkeiten durchsucht? Oder ist sie froh, auch dort eine Entscheidung von Algorithmen abgenommen zu bekommen?

Diese Fragen stellen sich mir recht oft. Zumal wenn ich bedenke, dass viele junge Menschen sich an dem orientieren, was andere machen und gut finden. Die Zahlen sind für sie ausschlaggebend: Alles, was viel Zustimmung durch Nutzungszahlen oder ein Bestätigungssymbol (Likes) erhält, ist wohl grundsätzlich vertrauenswürdig oder erstrebenswert. Die Angehörigen dieser Generation nenne ich daher für mich: die Generation Judith.

Zwei Grundsätze scheinen für sie bestimmend: Keine Bildung ohne Edutainment. Und: Kein Bildungserfolg ohne Mitbestimmung. Verstehen Sie mich nicht falsch: Es ist nichts gegen unterhaltsamen Unterricht zu sagen, aber wenn der Unterricht grundsätzlich zur Unterhaltungsshow und befindlichkeitsorientierten Komfortzone werden muss, erreichen Hochschulen ihre Grenzen. Entweder überdenken sie ihren Bildungsauftrag und verändern diesen auf Wunsch und zeitgemäß – oder sie werden zu unzeitgemäßen Bildungsinstitutionen beziehungsweise Bildungsmuseen. Für mich jedenfalls haben Hochschulen der Gefühle und Befindlichkeiten keine Zukunft. Wie aber sieht es mit einer Medienlandschaft aus, in der Gefühle und Befindlichkeiten alles dominieren?

»Like mich am Arsch«[15]: Die Deichkind-Lektion

Ich habe bemerkt, dass die Studierenden dort besonders gute Leistungen erzielten, wo sie und ihre Werte zur Diskussion standen, weil ich sie aus ihren Komfortzonen geholt habe. Und ich gebe zu, dass ich es gut finde, wenn ein Seminar nicht bei einem Alles-ist-möglich und Alles-ist-gut-so-wie-es-ist endet. Leider nehmen heutige Studierende jede Kritik am eigenen Denken, an den eigenen Werten und vor allem am eigenen Geschmack häufig persönlich und fassen sie als Ablehnung der eigenen Person auf.

Heutzutage scheint vor allem unsere Sozialisation in zunehmend digitalen Kulturen eine geringere Kritikfähigkeit jedes Einzelnen fast zwangsläufig nach sich zu ziehen. Für mich ist das Ergebnis dieser Sozialisation eine Abhängigkeit beziehungsweise sogar eine Sucht[16] nach positiver Bestätigung. Die sogenannte Like-Ökonomie liefert eine Bewertungsskala, die nur zwei Werte zulässt: gut oder schlecht. Bei Facebook gibt es zum Beispiel nur die Like-Funktion durch das Symbol des Daumens-nach-oben. Bei YouTube gibt es die Wiederkehr der Macht der vielen im Rahmen der römischen Gladiatorenkämpfe durch die beiden Daumen-Symbole für Zustimmung (nach oben) und Ablehnung (nach unten). Und Instagram hält es wie Facebook, nur ist aus dem kraftstrotzenden Daumen-Symbol ein viel freundlicher wirkendes Herz geworden, zu dem es kein trauriges Gegenstück in Form eines gebrochenen Herzens gibt. Positives Feedback allenthalben. Vielleicht kein Wunder, dass immer weniger Menschen mit Kritik umgehen können. Denn Kritikfähigkeit muss geübt werden, Kritik muss ausgehalten werden können – oder es muss Raum zur Reaktion geben.

Online werden Zustimmung oder Ablehnung per Klick und im Bruchteil von Sekunden vergeben, zumeist ohne eine vorausgehende intensive Beschäftigung mit dem, was man scheinbar mag oder nicht. Bei der Zustimmung oder Ablehnung orientiert sich die Generation Judith häufig an den aktuellen Like-Trends der digitalen Gemeinschaften, in denen sie sich gerade befinden. Klicken kann man schnell, dafür muss man nicht nachdenken. Hier reicht der unmittelbare Eindruck oder die pseudokommunistische Ideologie »Sharing is caring«: Likst du mich, like ich dich. Folgst du mir beziehungsweise abonnierst du mich, mache ich es auch bei dir. Über die Vergabe von Like-Symbolen denkt man in der Regel nicht nach und vergisst auch nach wenigen Minuten, wen oder was man gelikt hat. Mein Fazit: Liken ist ein Reflex und keine Entscheidung. Nach der Kritikfähigkeit leidet so auch unsere Entscheidungsfähigkeit.

Diese Like-Ökonomie unterwirft sich wie auch andere Sphären unseres Lebens – ob bei der Arbeit, im Fitnessstudio oder beim Reisen – dem Diktat der Leistungssteigerung: Mehr ist mehr. Ein Weniger ist überhaupt nicht angedacht. Und mehr bedeutet hier ganz individuell: noch mehr Raum zur Selbstdarstellung und unbegrenzte Konsummöglichkeiten. Weniger Konsum ist ebenfalls nicht angedacht. Auch hier darf ich kurz das Augenmerk auf die Streaming-Dienste lenken: Ein Weniger-Streamen ist überhaupt nicht angelegt im System!

Die Dauerpräsenz in den sozialen Netzwerken, in denen wir auf uns und unsere Ego-Interessen fokussiert sind – oder die zeitintensive Nutzung von Streaming-Diensten, die sich scheinbar nur an unseren persönlichen Bedürfnissen und deren unmittelbarer Befriedigung orientieren –, werden wie andere elektronische Dienstleistungen unsere Zukunft maßgeblich prägen. Aber nicht nur die Zukunft im Allgemeinen, so als hätte die nichts mit uns zu tun. Im Gegenteil: Hier geht es um die Ausprägung des eigenen Ich, kurz: um unseren Narzissmus. Überall optimieren, vergleichen und bewerten wir, um noch besser zu funktionieren und noch mehr herauszuholen, um gelobt und gelikt zu werden. Uns allen geht es nicht um Aufklärung und Autonomie, nein, das waren vergangene Jahrhunderte, sondern um Selbstoptimierung und Unterhaltung. Und das 24/7. Warum tun wir uns das an? Auch darauf geben uns Streaming-Dienste eine Antwort.

»Mach Dich wahr«[17]: Zonen der Selbstoptimierung

Das europaweit tätige Fitness- und Lifestyle-Unternehmen »McFit« ist zum Symbol hierfür geworden: Selbstoptimierung rund um die Uhr, zu kleinsten Preisen, fast überall, wo du bist und wann du willst. »Mach Dich wahr« oder »Proud to be McFit« – zwei Unternehmensslogans, die sehr gut verdeutlichen, worum es mir geht. Der Gedanke dahinter, den ich bei »McFit« beispielhaft gelebt sehe, ist alles andere als neu. Die beiden Soziologen Theodor W. Adorno und Max Horkheimer haben schon in den 1930er- und 1940er-Jahren Kritik an der Unterhaltungsindustrie geübt:

> »Fun ist ein Stahlbad. Die Vergnügungsindustrie verordnet es unablässig. Lachen in ihr wird zum Instrument des Betrugs am Glück.«[18]

Nicht nur beim Sport geht es um Selbstoptimierung durch Konsum und Identifikation, um zur Wahrheit des eigenen Selbst zu kommen.[19] Und die daraus resultierenden Ermüdungs- und Erschöpfungserscheinungen werden in Kauf genommen.

Der Name »McFit« verweist auf den umsatzstärksten Fast-Food-Konzern der Welt: »McDonald's«. Der Erfolg von »McDonald's« wird zurückgeführt auf Effizienz, Kalkulierbarkeit, Voraussagbarkeit und Kontrolle. Fast auf der ganzen Welt jeden Tag von Neuem gleich auszusehen, das Gleiche anzubieten und rund um die Uhr leistungsfähig zu sein, dafür steht »McDonald's«. »McFit« hat diese Aspekte für sein Geschäftsmodell der Nonstop-Körper- und Lifestyle-Optimierung übernommen. Burger werden zu Körpern. Beides ist Lifestyle. Beides geht immer. Ein aufschlussreiches Beispiel, wie nachhaltig die Logik der Wirtschaft bei jedem Einzelnen die Logik der Identitätsbildung beeinflusst. »McDonald's« und »McFit« haben aus einer ökonomischen Logik eine Ideologie der individuellen Selbstoptimierung gemacht. Doch das Konzept ist übertragbar auch auf andere Bereiche unseres Lebens, das hat »McFit« gezeigt. Wie leicht muss es da erst funktionieren, wenn wir nur dazu gebracht werden sollen, uns bestmöglich zu unterhalten?

Digitale Medien bieten uns das, Zeit-Räume, in denen wir uns unterhalten lassen. Dort können wir unserer Sehnsucht nach Unterhaltung freien Lauf lassen. Wir empfinden die Medien als Zonen der Selbstoptimierung, die wir im digitalen Alltag aufsuchen. Unterhaltungsdienstleister versprechen Erfolgssicherheit bei der Selbstoptimierung und machen zugleich die Selbstoptimiererung planbar. Daten und Zahlen entscheiden, wer man ist, sein und werden kann. Aus dem Body-Mass-Index wird ein Digital-Identity-Mass-Index. »We are Data«[20] – so kann diese Entwicklung auf den Punkt gebracht werden. Diese Logik von Daten und Zahlen, also die Messbarkeit der erfolgreichen oder nicht erfolgreichen Selbstoptimierung, findet sich heute in vielen Bereichen des Alltags: ob Fitness- und Gesundheits-Tracker, Tinder-Matches, Bewertungen von Dienstleistern, Kauf-Empfehlungen beim Online-Shopping oder Like-Ökonomien beim Streaming und im Kontext von Social-Media-Plattformen. Wer viel hat, kann viel sein und viele beeinflussen.

Der Zusammenhang von Konsum und Narzissmus ist offensichtlich, wenn Menschen durch soziale Medien dazu gedrängt werden, sich auf ihre eigenen Biografien zu konzen-

trieren und sich selbst zu optimieren. Jede Form von Nicht-
beachtung und Kritik oder Bevormundung löst innerhalb des
Individuums unmittelbar ein Gefühl der Unzufriedenheit,
des Unwohlseins und Unglücks aus. Das haben die Digital
Natives mit der digitalen Muttermilch gleichsam aufgesogen.

Wie ich bereits beschrieben habe, orientieren sich das Bil-
dungsinteresse und der Bildungserfolg daher fast ausschließlich am Geschmack der Studierenden, damit auch die beim
Lernen verbrachte Zeit zu hundert Prozent als gewinnbrin-
gende Zone der Selbstoptimierung wahrgenommen werden
kann. Um genau diese Geschmacksorientierung geht es
grundsätzlich bei den digitalen Medien, beim Surfen genauso
wie beim Streamen.

»Ende Neu«[21]: Gestern und Heute

Wenn etwas zu Ende geht oder in seiner Leitfunktion abgelöst wird, ist zumeist nichts beendet. Ich plädiere dafür, nicht
in Panik zu verfallen. Es gibt keinen Grund für apokalypti-
sche Gefühle, denn es geht nur um Veränderung und Ablö-
sung. Wir leben in einem Prozess. Ich habe von Mitte bis
Ende der 1990er-Jahre studiert. Im Vergleich mit der heutigen
Situation an Hochschulen: in einer anderen Welt. Ich habe die
Fächer Philosophie, Soziologie und Literaturwissenschaften
gewählt – aus Interesse, auf Magister und ohne Gedanken daran, was daraus beruflich werden könnte. Ich bin durch die
Schauspielprüfung gefallen, brauchte einen Plan B und wollte
auf jeden Fall nur etwas studieren, was mich wirklich interessiert und herausfordert. Mein Vater dachte an Wirtschafts-
wissenschaften oder Jura. Ich nicht.

Idealismus war meine Kernkompetenz. Dandyismus meine Handlungskompetenz. Aus heutiger Perspektive und nach

über zwanzig Jahren Berufserfahrung als Dozent an mittlerweile vierzehn Hochschulen war diese Einstellung mehr als naiv und das Gegenteil von produktiver Zukunftsorientierung. Damals hat sich niemand für die Vermittlung von Kompetenzen interessiert. Welche Berufsorientierung hätte man denn auch von Dozent*innen erwerben können, die fast ausschließlich an Hochschulen gearbeitet haben?

Seminare habe ich in meinem Studium fast immer nach Interesse ausgesucht. Je randständiger die Themen waren, umso anziehender für mich: »Die Geburt der Postmoderne aus dem Geist der Literatur in den 1970er-Jahren«, »Die Soziologie des Verbrechens«, »Die Naturphilosophie von Schelling«, »Das tibetanische Totenbuch« oder »Liebe, Sex und Zärtlichkeit im mittelalterlichen Minnesang«. Ich fand es großartig, mich in Details zu verlieren oder in einem Semester nicht über Seite 20 der Grundlagenliteratur hinauszukommen, aber mit dem Gefühl, unendlich viel Wissen erworben zu haben. Einfach nur Bildung.

Diese Lust an der Bildung ist heute verloren gegangen. Das ist nicht leicht zu verdauen. Für mich ist es unverständlich, wie Hochschulen ohne die Förderung dieser Lust ihre gesellschaftliche Relevanz behalten können und warum Studierende ohne wirkliches Interesse an Bildungswissen überhaupt studieren. Der Fokus auf Praxisleitfäden und Selbstoptimierungskompetenzen ist entscheidender geworden als die Förderung des Selbstdenkens und der Selbstermächtigung.

Und wenn ich genauer hinschaue, betrifft diese Entwicklung durchaus nicht nur die Bildungsinstitutionen wie die Schulen und die Hochschulen, sondern den Bildungsauftrag von »Qualitäts«medien wie etwa den öffentlich-rechtlichen Rundfunk. Was aber bedeutet diese veränderte Anforderung an Bildung für Bildungsinstitutionen wie unsere Öffentlich-Rechtlichen? Sind sie auf die Veränderung eingestellt? Verstehen sie, worauf sie sich einstellen und einlassen müss-

»Ende Neu.«

ten? Oder stehen sie dieser Veränderung relativ hilflos gegenüber? Wer aber nimmt dann ihren Platz ein? Was verlieren wir dadurch? Und was verändert sich gesellschaftlich?

Orientiert sich etwas am Geschmack, am eigenen Interesse, dann darf es populär genannt werden. Wie aber begegnet man einer Wirklichkeit, in der sich die Medien fast ausschließlich für die Verführbarkeit und übermäßige Sinnlichkeit des in den Zonen der Selbstoptimierung konditionierten Bildungspublikums interessieren? Und wie kann ich persönlich mich so aufstellen, dass die dadurch resultierenden Gefahren mich nicht erreichen? Wie kann ich dem entgegenwirken?

Bleiben wir einmal bei der Zustandsbeschreibung: Der herrschende Populismus negiert und stigmatisiert die Vergangenheit, teilweise wird die vergangene Situation sogar dämonisiert. Wie ich darauf komme? Nun, allein die alten Studienmodelle (Magister und Diplom) stehen heute nur noch für nicht effektives und nicht zielgerichtetes Studieren.

Diese Überlegungen bringen mich wieder zurück zu Judith und der vorhin beschriebenen Seminarsituation. Judith war mit ihren Ausführungen noch nicht fertig und unterbrach unsere Stille und mein Nachdenken, um mit ihrer Geschmackskritik weiterzumachen:

»Jede Woche ein Buch zu lesen und zu diskutieren, das ist echt zu viel. Damit erreichst du niemanden von uns. Viele der Bücher, die wir lesen müssen, würden wir außerhalb der Hochschule niemals lesen, auch wenn sie nicht uninteressant sind. Manche davon zumindest. Außerdem finden wir es unfair, uns diese Bücher auch noch kaufen zu müssen. Jede Lektüre sollte uns digital zur Verfügung gestellt werden. Für viele der Bücher bräuchten wir auch mehr Hintergrundwissen. Wir haben aber keine Zeit und auch nicht viel Lust, uns das anzueignen. Wofür? Wir wollen keine Unikarrieren machen oder in die Bildungsarbeit gehen. Wir wollen wissen, wie wir im Digitalen beziehungsweise mit dem Digitalen arbeiten und Marketing-, Interaktions- und Kommunikationsprobleme im Job lösen können. Wir wollen nicht darüber philosophieren, was Digitalisierung im Allgemeinen bedeutet, oder kritisch analysieren, welche Probleme unserer Zeit durch die digitale Kultur erzeugt werden.«

Sie wirkte trotzig und herausfordernd zugleich. Sie war genervt und gestresst – von mir und von meinen aus ihrer Sicht vollkommen überholten didaktischen Erwartungen und Anforderungen. Nicht zum ersten Mal. Ein Blick in die Gesichter der anderen Studierenden im Raum zeigte schweigende Zustimmung. Zehn Likes für Jule. Und ein »You are dismissed« für mich. So funktioniert Geschmackspopulismus in Zeiten der Digital Natives. Meine Leidenschaft im Studium gehörte dem Wissen, der Diskussion, der kritischen Auseinandersetzung mit der Welt und der Ausbildung einer reflektierten Haltung zur Welt. Mein Studium verfolgte also auch Ego-Ziele, allerdings ohne Like-Intentionen, Verwertbarkeitserwartungen oder Selbstoptimierungswünsche.

Erneut nehme ich mir vor, in meinem Unterricht zumindest zu erwarten, dass die Studierenden offen bleiben für meine Art des Denkens. Ich möchte erreichen, dass sie sich auch mit anderen Werten und Themen beschäftigen, die nicht am eigenen Geschmack und an den individuellen Bedürfnissen orientiert sind. Denn das verstehe ich darunter, wenn ich von mündigen Student*innen spreche – und das möchte ich hier im Buch auch von mündigen Bürger*innen erwarten, die mit Bewusstheit und Eigenkompetenz eigene Entscheidungen treffen, wenn es um das Streamen geht. Beim Streamen entscheidet scheinbar die Macht der vielen, wie in allen digitalen Kulissen: Musik, Bewegtbild, Lifestyle, Netflix, Instagram, Spotify, Tinder, Fitness-Apps und Co. Diese Dienstleister besitzen heute auch eine enorme Bildungsautorität. Die klassischen Bildungsinstitutionen und Bildungsmedien sind demgegenüber fast chancenlos. Ein wenig müssen wir wohl aufeinander eingehen, auf die neue Ästhetik, die uns Menschen ein Gefühl und Emotionen erlaubt gegenüber unserer Wirklichkeit. Aber ich möchte auch konkretes und differenziertes Wissen vermittelt sehen, ein eigenes, echtes Interesse an der objektiven Wirklichkeit unserer Welt.

Dies ist auch der Anspruch meines Buches: Denn wer Streaming-Dienste hinterfragt, der stellt Fragen, und wer Fragen stellt, die auf mehr abzielen als auf ein Ja/Nein, Gut/Böse, der ist den Streaming-Dienstleistern auf die Spur gekommen und vielleicht auch einen Schritt voraus.

Bevor wir aber gemeinsam einen Schritt vorausgehen, möchte ich auch im nächsten Kapitel nochmals einen Schritt zurückgehen und Sie zu einer kleinen Zeitreise einladen: Wir starten in den 1950er-Jahren, verweilen kurz in den 1970er- und 1980er-Jahren, streifen die 2000er-Jahre und kommen in der Gegenwart an. Die Streaming-Dienste sind auch hierbei, wie in diesem Kapitel, dauernd präsent, aber eher im Hintergrund. Warum? Meine Zeitreise führt Sie zurück in die deutsche Fernsehgeschichte und zur Geschichte des Videos und der Videothek. Denn Sie brauchen die Kenntnis der Fernseh- und Videogeschichte, um die Streaming-Dienste richtig einschätzen zu können.

FERNSEHEN

Bildungspopulismus:
Wie Moderator*innen uns die Welt vermittelten und
das Fernsehen dadurch zum Erlebnis wurde

Die Demokratie steht unter Druck und wird von vielen Seiten bedroht. Der Populismus gewinnt an Einfluss, und die traditionellen Parteiensysteme zerbrechen. Die Zahl rechtsextremer Straftaten steigt. Das Vertrauen in unser politisches System sinkt. Der Kapitalismus erscheint immer unkontrollierbarer. Durch den Klimawandel gerät die Regierung unter massiven Legitimationsdruck, weil sie umweltpolitisch unsensibel handelt. Die digitale Revolution verändert die Gesellschaft tief greifend und führt zu einer dauerhaften Umgestaltung der wirtschaftlichen, sozialen, politischen und individuellen Verhältnisse.

Das alles ist bekannt und wird hitzig diskutiert. Warum aber auch gerade Streaming-Dienste die Demokratie bedrohen, so wie ich es behaupte, ist nicht unmittelbar verständlich. Wie kann das zeitlich und räumlich uneingeschränkte Unterhaltungsangebot von Netflix oder Amazon Prime, das ich selbst intensiv nutze, demokratiegefährdend sein? Bin ich als Nutzer sogar Teil dieses Problems, und muss ich daher mehr Verantwortung beim Streaming-Konsum übernehmen?

Durch die Nutzer- und Unterhaltungsorientierung der Streaming-Dienste kann ich rund um die Uhr auf ihr Programm zugreifen. Und das, im Unterschied zum Fernsehen, ohne jede Unterbrechung, etwa durch Werbung oder Moderation, also ohne Vermittlung und Kommentierung. Traumhaft oder nicht? Verführt mich das aber nicht auch dazu, mir keine Gedanken über die Schattenseiten des Streamings zu machen und nur mitzumachen, also einzuschalten und auszusuchen? Warum sollte ich darüber nachdenken, was mit meinen nutzerbezogenen Daten geschieht, wenn ich ein Abonnement bei Netflix oder Amazon Prime habe? Hauptsache, ich bekomme ein ganz auf mich abgestimmtes Unterhaltungsangebot. Ich werde doch dadurch entlastet, mich jedes Mal von Neuem entscheiden zu müssen, was mir gefällt und worauf ich gerade Lust habe.

Um hier einen Zusammenhang zwischen Streaming und Demokratiegefährdung zu erkennen, werfe ich in diesem Kapitel zunächst einen Blick zurück in die deutsche Fernsehgeschichte, die mit der Erfolgsgeschichte des Streamings untrennbar zusammenhängt. Mir geht es hier, auch um diesen Zusammenhang zu veranschaulichen, um die Veränderung der Rolle der Fernsehmoderator*innen und das Verschwinden von Moderation bei den Streaming-Diensten. Es geht mir also um die Vermittlung und Kommentierung von Fernsehinhalten. Dazu nehme ich die sich wandelnden Perspektiven auf das Fernsehen – als Erlebnis und Familienritual, aber auch als Fenster zur Welt und Dialogangebot – in den Blick. Nicht zu vergessen: die Beziehung zwischen dem öffentlich-rechtlichen Fernsehen und dem Privatfernsehen, um die Konkurrenz zwischen dem Fernsehen als Bildungs- und Unterhaltungsmedium aufzuzeigen. Hinzu kommt ein abschließender Blick auf die Videogeschichte, weil mit der Markteinführung des Videos und des Videorekorders, aber auch durch die Eröffnung von Videotheken in den späten 1970er- und frühen 1980er-Jahren die Geschichte der Personalisierung von Fernsehinhalten erst begann. Knapp dreißig Jahre später beeinflusst die Personalisierung von Video-on-Demand-Angeboten ganz wesentlich die Erfolgsgeschichte der Streaming-Dienste. Ohne die Fernseh- und Videogeschichte zu betrachten, kann ich nicht veranschaulichen, was Streaming ist und warum Streaming-Dienste ein demokratiegefährdendes Potenzial besitzen.

Bücher erzählen aber nicht nur Geschichten, sondern sie haben auch Geschichten, die ihnen vorausgehen. Im Fall von *Streamland* sind dies die Geschichten meiner Medien- und Bildungsbiografie, weil Bücher für mich Erfahrungen darstellen. Eine Erfahrung, die ich mache, ist etwas, aus dem ich verändert hervorgehe.[1] Mein Zugang zu den Themen, mit denen ich mich beschäftige, verändert sich, aber auch mein Nachdenken über diese Themen und meine Haltung zu ihnen. Die teilweise sehr persönlichen Erfahrungen und Erlebnisse, auf die ich in meinem Buch immer wieder zurückkomme, haben mich genau in diesem Sinne verändert und bis heute zu einer kritischen Auseinandersetzung mit den Medien bewegt. Über Mediengeschichte zu sprechen, bedeutet für mich, immer zuerst über sich selbst und die eigene Geschichte mit den Medien nachzudenken. Persönliche Erfahrungen und Erlebnisse stellen vor aller Reflexion und Analyse, die sich im besten Fall daran anschließt, den unmittelbarsten Medienzugang dar. Sie sind ein mit intensiven und nachhaltigen Gefühlen verbundenes Aufeinandertreffen mit für mich besonders geschätzten Ereignissen, wie zum Beispiel mit Fernsehsendungen oder Fernsehpersönlichkeiten.

Mein Erfahrungsteil in diesem Buch möchte die Leser*innen einladen, beim Lesen an die eigenen Medienerfahrungen zu denken und ihre individuellen Mediengeschichten mit meinen in einen Dialog zu bringen. Gerade auch dann, wenn es sich um gegensätzliche Erfahrungen zu denselben Themen oder um die Mediengeneration Computer und Internet handelt, für die das Fernsehen im Vergleich etwa zu Streaming-Diensten keinen besonderen Stellenwert mehr besitzt.

Ich wurde 1973 geboren und gehöre damit zur Mediengeneration Fernsehen. Das Fernsehen war eine prägende Erfahrung meiner Generation, so wie es heute die Digitalisierung für die aktuelle Generation[2] ist. Fernsehen hat schon lange keinen guten Ruf mehr. Wenn ich meine Liebe zum Fernsehen bekunde, werde ich befremdet angesehen oder mitleidig belächelt. Fernsehen ist anscheinend nur noch etwas für ältere Leute, die deutlich über vierzig Jahre alt sind,[3] dem Medienwandel trotzig widerstehen und nicht einsehen wollen, dass das Fernsehen seine besten Zeiten schon lange hinter sich hat.

Zum Fernsehen habe ich trotz aller Kritik, Spott- und Grabreden bis heute ein gutes Verhältnis, und ich werde mich auch in Zukunft nicht davon trennen. Mediennostalgie dieser Art kann den Blick für die Mediengegenwart trüben, aber das nehme ich gerne in Kauf, zumal mir der Dialog mit der Vergangenheit hilft, die Gegenwart besser zu verstehen. Fernsehen ist meine Bezugsgröße.[4]

Früher – und das umfasst für mich persönlich die Zeit seit Ende der 1970er-Jahre – war das Programm definitiv nicht besser oder vielfältiger. Das Fernsehbild war winzig klein und hatte eine schlechte Qualität. Der Röhrenfernseher im Holzgehäuse mit dem 4:3-Standard, der das Verhältnis von Höhe und Breite beschreibt, kann aus heutiger Sicht im Vergleich zu den Flachbildfernsehern und ihrem kinoähnlichen 16:9-Format nur verlieren. Hinzu kommt: Jedes Programm lief an einem bestimmten Tag und zu einer konkreten Uhrzeit. An flexible Fernsehnutzung war also nicht zu denken. Eigenproduktionen im Unterhaltungsbereich waren, auch wenn sie ein junges Publikum erreichen sollten, vollkommen bieder und überpädagogisiert. Und spätestens seit Anfang der 2000er-Jahre hat das Fernsehen einfach aufgehört, seine Möglichkeiten zu nutzen. Alle Inhalte und Ideen wurden immer nur wiederholt. Daran hat auch das Privatfernsehen nichts geändert. Digital hat sich das Fernsehen zudem kaum weiterentwickelt. Der Innovationsstillstand hat schließlich dazu geführt, dass kaum noch jemand unter vierzig Jahren regelmäßig zuschaut.

Und dann wurde mit einem Schlag alles anders, denn auf einmal gab es Streaming. Bei den Fernsehsendern brach spätestens mit dem Beginn der 2010er-Jahre Panik aus, als immer mehr Zuschauer*innen dem herkömmlichen Fernsehen den Rücken zuwandten und der Siegeszug der Streaming-Dienste nicht nur das junge Publikum zum Abwandern ins Internet brachte. Das Fernsehen leistete allerdings die wichtigsten Voraussetzungen dazu, sich selbst abzuschaffen – und die Streaming-Dienste mit ihrem Angebot versetzten ihm nur den Todesstoß. So stellt sich die Fernsehlandschaft heute dar. Warum das eine Gefahr birgt, darauf komme ich später noch.

Seit Ende der 1970er-Jahre bin ich mit dem Fernsehen aufgewachsen und erwachsen geworden. Heute kann ich sagen: Fernsehen hat mich wie kein anderes Medium fasziniert und medial geprägt. Für mich war neben dem Fernsehen zwar die Musik, häufig in Verbindung mit Kassetten- und Videorekorder, Zeitungen, (Musik-)Zeitschriften und Büchern, ein wichtiges Unterhaltungs- und Bildungsmedium. Das Kino und damit Kinofilme kamen erst später hinzu. Zu diesen Medien habe ich immer noch eine starke Beziehung und nutze sie fast alle (bis auf den Videorekorder) regelmäßig. Das veranlasst mich aber nicht zu einer digitalen Verweigerungshaltung. Ganz im Gegenteil, doch als Angehöriger des Jahrgangs 1973 möchte ich zu den Medien, die mich interessieren, eine Beziehung aufbauen, sie sammeln und auch nostalgische Gefühle empfinden, wenn ich über sie spreche. Vielleicht gelingt es mir deshalb, das Streaming-Verhalten distanzierter zu betrachten.

Digitale Medien nutze ich, aber ich kann keine vergleichbare Beziehung zu ihnen aufbauen wie zum Fernsehen. Verschiedene Streaming-Dienste zu abonnieren hat für mich genauso wenig mit Sammeln zu tun, wie eine Playlist bei Spotify anzulegen. Über YouTube, Tidal oder Netflix kann ich auch

Bildungspopulismus **51**

nicht mit nostalgischer Begeisterung sprechen, sondern nur
darüber, warum und wie ich sie nutze, was mir gefällt und
was mich ärgert.

Ich möchte jetzt ein wenig konkreter und persönlicher in
der Zeit zurückreisen, um zu veranschaulichen, wie Fernsehen früher funktioniert hat und welche Faszination es bei mir
auslöste. In den Sommerferien vor meinem ersten Schuljahr
startete am 16. Juni in der Zeit von 15 bis 17 Uhr das »ZDF
Ferienprogramm für Kinder und Jugendliche« mit Anke (En-
gelke) und Benny (Schnier). Anke war zum Sendungsstart 14
Jahre alt und Benny 22. Benny und Anke sollten die Rolle des
großen Bruders und der kleinen Schwester übernehmen. Beide wollten ein sympathisches Vorbild sein, mit dem sich die
jungen Zuschauer*innen identifizieren konnten. Anke als Jugendliche und Benny als junger Erwachsener vermittelten
zwischen der Kinder- und Erwachsenenwelt, weil sie sich
eben biografisch zwischen diesen beiden Welten befanden.
Die Identifikation mit ihnen war wichtig, damit die Werte, die
den Kindern beim Spielen und bei Gesprächen, aber auch mit
kleinen Filmen vermittelt werden sollten (ohne diese Werte
dabei ausdrücklich zu benennen), sich gut anfühlten, Spaß
machten und für die Kinder als unmittelbar erstrebenswert
erschienen.

Das Wort Moderation stammt vom lateinischen »modera-
re« und bedeutet ursprünglich »mäßigen, steuern, lenken«.
Eine Moderation ist also grundsätzlich eine aktive sowie
durchaus autoritäre Gesprächsleitung und -führung. Die Moderator*innen stellen Gesprächsthemen und -inhalte vor, sie
vermitteln zwischen den Personen, die am Gespräch beteiligt
sind, legen aber auch ganz aktiv den Gesprächsverlauf fest
und sind für die Ergebniszusammenfassung sowie -bewer-
tung zuständig. Die Moderator*innen verantworten so die
wertenden Zugänge zu Themen und Personen, sie bestimmen die Hierarchien zwischen den Fernsehpersönlichkeiten

und Zuschauer*innen, sind aber gleichzeitig dafür zuständig, einen impliziten Dialog mit den Zuschauer*innen an den Fernsehapparaten zu führen.

Kinderfernsehen ohne didaktische Führung von Erwachsenen oder zumindest die Moderation von Jugendlichen beziehungsweise jungen Erwachsenen war zur Zeit des »ZDF Ferienprogramms für Kinder und Jugendliche« undenkbar. Das Fernsehen sah seine gesellschaftliche Funktion darin, eine audiovisuelle Bildungsanstalt zu sein. Erst seit Ende der 1970er-Jahre hat das Kinderfernsehen schrittweise begonnen, sich zumindest zu einer temporär elternfreieren Zone zu entwickeln.

Beim »ZDF Ferienprogramm« mochte ich gerade den moderationszentrierten Stil nicht – genauso wenig wie Anke und Benny. Die Sendung hat daher an mir vorbeigesendet. Ich fühlte mich viel mehr mit den Kindern im Studio verbunden, die häufig in Nahaufnahmen gezeigt wurden, wenn Benny oder Anke sie angesprochen haben und denen das sichtlich peinlich war. Solche Reaktionen zu zeigen war eine Neuheit damals.

Ich erinnere mich an ein Schwarz-Weiß-Bild von Ilse Obrig, der Miterfinderin des deutschen Kinderfernsehens der Nachkriegszeit aus den frühen 1950er-Jahren. Darauf lacht sie übertrieben in die Kamera und hat zwei Jungen im Arm, ihre sogenannten »Fernseh-Kinder«. Der eine schaut mit hochgezogenen Schultern erschrocken und überfordert mit weit aufgerissenen Augen in die Kamera. Der andere sieht schamvoll zur Seite nach unten aus dem Bild. Die »Kinderstunde« wurde nicht als ein Freizeitvergnügen oder Unterhaltungsangebot für Kinder gestaltet, sondern sollte im Gegenteil die Fortsetzung der Kindererziehung mit den Mitteln des Fernsehens sein. Der Bildungsauftrag der Öffentlich-Rechtlichen versteht beim Thema Bildung eben keinen Spaß. In den Gesichtern der »Fernseh-Kinder«, das wird auf diesem Bild

Bildungspopulismus **53**

deutlich, sah man Anspannung und keine Entspannung. In der Kinderstunde standen die Aufforderung zu sinnvollen Tätigkeiten, wie zum Beispiel das Basteln von Scherenschnitten oder Kartoffelmännchen, und die Vermittlung grundlegender Gesellschaftswerte, etwa Respekt, Höflichkeit oder Bescheidenheit, im Vordergrund. Alles wirkte inszeniert und überhaupt nicht spielerisch, spontan oder kindgerecht.[5]

Auch fast dreißig Jahre nach der Erfindung des deutschen Kinderfernsehens hatte sich bis 1979 anscheinend nicht viel geändert. Kinderfernsehen wurde von Erwachsenen für Erwachsene gemacht, um ihnen eine kurze Verschnaufpause von der Kindererziehung zu verschaffen. Das Kinderfernsehen sollte sich, wie es für das Fernsehverständnis der 1950er- und 1960er-Jahre typisch war, seiner Funktion als Orientierungs- und Lebenshilfe sowie Sozialisationsinstanz bewusst sein. Die Absicht dahinter war, den Blick der Kinder auf sich selbst und die Gesellschaft zu formen.[6] Die Kinderprogramme hatten das Ziel, eine vergleichbare Qualität wie die Erwachsenensendungen zu besitzen. Information und Belehrung, aber nicht Unterhaltung, standen daher im Vordergrund.

Damals gab es noch kaum ein Kinderzimmer mit einem eigenen Fernseher – viele Haushalte waren noch gar nicht mit Fernsehen ausgestattet, einige hatten schon auf Farbfernsehen umgestellt. Die Fernsehapparate standen zumeist in den Wohnzimmern, und Fernsehen wurde so zu einem familiären Gemeinschaftserlebnis. Und es war eindeutig ein Zeichen von Wohlstand, auch den Kindern einen eigenen Fernseher zu kaufen – vielleicht rührt daher auch der Begriff »Wohlstandsverwahrlosung«, der sich darauf bezog, dass Eltern ihre Kinder vor dem Fernseher parkten, ein geradezu neumodischer Vorwurf, nur dass er heute auf zu frühe Tablet- oder Handy-Nutzung übertragen wurde. An ein in dieser Art »selbstständiges« Fernsehen hatte damals noch niemand gedacht.

In den 1960er- und frühen 1970er-Jahren veränderte sich die Perspektive auf das Kinderfernsehen. Es wurde verstärkt darüber diskutiert, das Kinderfernsehen unterhaltungsorientierter zu gestalten. Der pädagogische Vorrang der Information und Belehrung vor der Unterhaltung, die immer nur Mittel zum Bildungszweck war, wurde nicht mehr als selbstverständlich betrachtet. Die Kinderprogramme sollten unterhaltsam, spannungsvoll und erlebnisorientiert gestaltet werden, um anschließend die Neugier auf Information und Wissen zu wecken. Der Beitrag, den die Unterhaltung zur schöpferischen Entwicklung von Kindern leisten konnte, sollte nicht mehr unterschätzt werden. Es ging hier nicht mehr nur darum, die Kinder mit Wissen, Werten und Regeln auszustatten, sondern sie ganz grundsätzlich zum selbstbestimmten und kritischen Erleben zu befähigen.[7] Diese Debatten haben zunächst aber nichts daran geändert, dass der öffentlich-rechtliche Bildungszeigefinger auch weiterhin das Kinderfernsehen bestimmte.

Das Kinderfernsehen der Öffentlich-Rechtlichen hat sich seit den späten 1970er-Jahren deutlich weiterentwickelt. Heute präsentiert es sich vielfältiger und kindgerechter. Auch die digitalen Möglichkeiten der Zeit werden genutzt. Dennoch wird am pädagogischen Impetus festgehalten, denn für die Öffentlich-Rechtlichen bleibt Unterhaltung letztlich immer nur ein Weg zur Bildung und besitzt als Unterhaltung keinen eigenen Bildungswert. Der Programmauftrag setzt dem Programm eindeutige Grenzen.

Das »ZDF Ferienprogramm« war zwar meine erste bewusste Fernseherfahrung, nicht aber mein erstes Fernseherlebnis. Das hatte ich kurz danach. Und auch hierbei war wieder der Moderator entscheidend, weil sich mein Fernseherleben durch dessen Präsenz mitentwickelt hat. Ein Erlebnis ist für mich ein außeralltägliches Ereignis im individuellen Leben eines Menschen, das emotional besetzt ist und lange im Gedächtnis bleibt. Dass ich mich auch nach 41 Jahren noch so deutlich an dieses Fernseherlebnis erinnere und es hier als Musterbeispiel für meine Überlegungen verwende, zeigt, wie sehr es meinen Blick auf das Fernsehen und mich als Zuschauer geprägt hat. Ich möchte hier von einem Bildungserlebnis durch das Fernsehen sprechen.

Meine Eltern sahen am Montag, den 6. August 1979, das war mein erster Schultag, die Musiksendung »ZDF Hitparade« mit Dieter Thomas Heck, die er von 1969 bis 1984 moderierte und auf den bis heute, auch nach seinem Tod im Jahr 2018, die Popularität und der Kultcharakter der Sendung zurückgehen. Das Wort Kult wird häufig verwendet, wenn man Trash aufwerten will – zumeist mit dem Blick der Gegenwart auf die Vergangenheit. Cool oder kultig fand ich ihn damals überhaupt nicht. Er wirkte auf mich wie ein übermotivierter älterer Herr in komischen Klamotten, der auf locker machte.

Besonders aufgefallen ist mir damals seine merkwürdige Mikrofon-Haltung. Er hielt das Mikro nicht in der Hand, sondern mit den Fingern und dem Daumen seitlich in leichter Schräglage zu seinem Mund. Ich wartete jedes Mal nur darauf, dass er das Mikro fallen ließ. Das ist aber nie passiert. Sein Moderationsstil war entweder euphorisch, jeder Song war der beste und größte, oder ruhig und zärtlich, damit alle Zuschauer*innen andächtig eingestimmt wurden, bevor der Song begann.

Für meine Eltern war die »ZDF Hitparade« eine Familiensendung, der kleinste gemeinsame Nenner, den sie musikalisch finden konnten. Meine Mutter fand die aktuelle Popmusik der 1970er gut, mein Vater Schlager- und Volksmusik. Die »ZDF Hitparade« verschaffte nicht nur der deutschsprachigen Schlagermusik in den 1970er-Jahren generationsübergreifend eine große Popularität, sondern auch der Neuen Deutschen Welle zu Beginn der 1980er-Jahre.

In der 120. Folge der »ZDF Hitparade«, die wir am 6. August sahen, bewegte sich ein Typ in einem ärmellosen roten T-Shirt mit einer roten Stoffhose, die von einem dünnen weißen Gürtel umringt war, und in weißen Adidas-Turnschuhen mit hellblauen Streifen total braun gebrannt und mit wallendem schwarzen Haar übermotiviert durch das Publikum. Seine Bewegungen waren eine absurde Mischung aus Sit-ups, Breakdance, Hüpfen, Knien, Springen, Torkeln und Tanzen. Im Vergleich zu Dieter Thomas Heck, der einen hellgrauen Anzug mit weißem Hemd und Krawatte trug, sah der Sänger wie ein junger Wilder aus. Die Ironie des Augenblicks wollte es, dass Jürgen Drews, um den es hier geht, seinen aktuellen Song präsentierte, der wie ein Kommentar zu meinem ersten Schultag wirkte. Er sang ihn in ein goldenes Mikrofon:

»Und alle träumen nur vom Schulschluss / Schulschluss. / Keine Lehrer / keine Bücher / keine Nerverei / Schulschluss / und endlich frei.«

Videoportale wie YouTube oder Vimeo haben einen digitalen Raum geschaffen, in dem diese Meilensteine der deutschen Fernsehunterhaltung als Videokonserve frei zugänglich sind. Als Biografie-Medien unterstützen sie die Erinnerungsarbeit an die eigene Medienvergangenheit aktiv und machen diese auch nachfolgenden Generationen zugänglich. Sie ermöglichen so auch das Nacherleben von früheren Medienerlebnissen.

Die »ZDF Hitparade« wurde ab diesem Tag zum Familienritual, das zwischen meinen Eltern und mir viel Kommunikation ausgelöst hat. Wir sprachen über die Musik, die Songtexte, die Kleidung der Musiker*innen. Wir diskutierten intensiv über den Moderator und seinen Moderationsstil. Mein Vater fand Dieter Thomas Heck herausragend: locker, wortgewandt, seriös. Bei meiner Mutter war das Gegenteil der Fall. Sie fand ihn nervig, schulmeisterlich, spießig. Meine Haltung

Bildungspopulismus 57

zu Dieter Thomas Heck wollte mein Vater permanent korri-
gieren. Meine Mutter und ich haben uns dann immer über
beide lustig gemacht. Gerade weil wir als Angehörige verschiedener Generationen so unterschiedliche Perspektiven
auf den Moderator Dieter Thomas Heck hatten, sind wir in
ein Gespräch gekommen. Das war bei allen Moderator*innen, die uns in den vielen gemeinsamen Fernsehjahren be-
gegneten, immer wieder so. Die »ZDF Hitparade« war für uns
ein Fernseherlebnis, das uns ganz nah zusammengebracht hat
und bei dem ich als Kind von meinen Eltern ganz gleichberechtigt ernst genommen wurde. Seit dieser Zeit nehme ich
das Fernsehen ernst.

Adolf Grimme hätte unser Familien-Fernsehritual gefallen:

> »Was früher der Kamin war, wie einst die Petroleumlampe
> den Familienkreis vereinte, das muss im deutschen Haus
> der Rundfunk werden: der Mittelpunkt der inneren Samm-
> lung.«[8]

Das Fernsehen sollte zu einem neuen positiven Familienort
werden, an dem sich die Familie versammelt, um über die
Welt und sich selbst zu sprechen. Mediennutzung wurde lange Zeit als gemeinschaftliche Tätigkeit aufgefasst, die die
Menschen nicht vereinzelt, sondern durch die im Gegenteil
gerade Medienanlässe geschaffen werden, die gemeinschafts-
stiftend sind.

Kennzeichnend für die Erfolgsgeschichte des Fernsehens
war die private und häusliche Nutzung seit den 1950er-Jah-
ren. Die Zuschauer*innen schauen die Programme isoliert
voneinander in ihren Privatwohnungen, aber dennoch gleichzeitig. Der ehemalige Fernsehintendant des NWDR Werner
Pleister stellte die häusliche Nutzung entsprechend in das
Zentrum seiner Eröffnungsrede zum Sendestart des offiziel-
len NWDR-Fernsehprogramms am 25.12.1952:

»Wir versprechen Ihnen, uns zu bemühen, das neue, ge-
heimnisvolle Fenster zu Ihrer Wohnung, das Fenster in die
Welt, Ihren Fernsehempfänger, mit dem zu erfüllen, was
Sie interessiert, Sie erfreut und Ihr Leben schöner macht.
Man hat das Fernsehen eine neue Form menschlicher Verständigung genannt. In der Tat: Es kann dazu führen, dass
die Menschen einander besser verstehen.«[9]

Das Fernsehen besitzt diese Grundfunktionen: Es ist ein
Fenster zur Privatsphäre der Zuschauer*innen, durch das
man deren Bedürfnisse und Interessen herausfinden kann,
um zielgerichtet zu senden. Das Fernsehen leistet damit einen
Beitrag zur Verbesserung und Verschönerung des Lebens,
um sich dadurch als lebensnotwendig zu erweisen, neudeutsch: systemrelevant. Schließlich bewirkt das Fernsehen
eine Kommunikation unter den Zuschauer*innen und trägt
damit zu einer neuen Qualität häuslicher Geselligkeit beziehungsweise schafft einen neuen Ort gemeinsamer Aufmerksamkeit. Darüber hinaus unterstützt das Fernsehen mit
seinen Programmen und Sendungen das Zusammenwachsen
der Welt beziehungsweise die interkulturelle Verständigung.
Zugleich stellt das Fernsehen umgekehrt ein Fenster zur
Welt dar, das das Private mit dem Öffentlichen verbindet –
wie zuvor Bücher, Zeitungen oder das Radio. So wird das öffentliche Leben weit über die nationalen Grenzen hinaus
ins Wohnzimmer geliefert. Fernsehen bedeutet eben auch: in
die Ferne sehen. Und: das Ferne zu ersehnen. Die Zuschauer*innen können beim Fernsehen daran teilhaben, ohne
dabei sein zu müssen. Dieser Weltentzug durch Fernsehkonsum ermöglicht den Fernsehzuschauer*innen paradoxerweise ein Maximum an Weltkonsum. Wir können so zum Beispiel mit Reisemagazinen oder der Auswanderersendung
»Goodbye Deutschland«[10] um die Welt reisen und interkultu-
relles Wissen erlangen, ohne uns aus unseren Wohnzimmern

Bildungspopulismus 59

zu entfernen. Das Fernsehen förderte also bereits in seinen
öffentlich-rechtlichen Anfangszeiten nicht nur Bildung, Welt-
blicke und Kommunikation, sondern ganz entscheidend auch
den Medienkonsum.

Dies führt, wie der deutsch-österreichische Philosoph
Günther Anders bereits Mitte der 1950er-Jahre feststellte, zu
einer Distanzlosigkeit zwischen meiner Welt und der mir ins
Haus gelieferten Fernseh-Welt. Die Welt erscheint durch die
Fernsehbilder gemütlich und wird zu (m)einem neuen Zuhause. Unsere Sicht auf die Welt wird dadurch verfremdet
und verbiedert, weil im Fernsehen »das Nahe fern« und »das
Ferne intim« erscheint. Fernsehbilder sind daher für Anders
nur »angebiedert[e] Freunde« und »angebiedert[e] Welt«.[11]
Die (Fernseh-)Öffentlichkeit gestaltete somit im Inneren der
Privatsphäre die subjektive Innerlichkeit der Zuschauer*innen mit: zuerst mit bildungspädagogischem Interesse, später
im Privatfernsehen mit Unterhaltungsinteresse.

Die erste große Zeit der deutschen Fernsehunterhaltung in
den 1960er- und 1970er-Jahren, die von Entertainern wie etwa
Peter Frankenfeld[12] und Hans-Joachim Kulenkampff[13] geprägt wurde, lag vor meiner aktiven Fernsehzeit. Meine Eltern haben mir von ihnen berichtet. Ihre ersten Fernseherleb-
nisse sind durch diese beiden Moderatoren mitgeprägt worden. Beide wurden, wie meine Eltern mir sagten, durch ihren
Charme und ihre Schlagfertigkeit zu den Lieblingen des
Fernsehpublikums. Sie wirkten dabei wie seriöse und konservative bessere Herren, immer irgendwie auch leicht ange-
staubt, die, wie für ihre Zeit üblich, häufig durchaus sexistisch
waren und daher eine Neigung zu zotigen Herrenwitzen be-
saßen. Die zentrale Bedeutung von Moderatoren, es waren
zum Anfang der deutschen Fernsehgeschichte fast ausschließlich Männer, als Identifikationsfiguren, Wertereprä-
sentanten und Vermittler zwischen Fernsehen und Publikum,
haben Frankenfeld und Kulenkampff für die junge bundes-

deutsche Fernsehnation in den 1950er- und 1960er-Jahren nicht nur verkörpert, sondern sie haben die Funktion von Fernsehmoderatoren in Deutschland entscheidend mitgeprägt. Dieter Thomas Heck stand so zum Beispiel noch ganz in der Traditionslinie dieser beiden.

Erst in den 1970er-Jahren wurden auch jüngere und hippere Moderatoren eingesetzt, wie zum Beispiel Ilja Richter, der aber im deutlichen Kontrast zur Jugend seiner Zeit bei den Musiksendungen »4-3-2-1 Hot & Sweet«[14] und »Disco«[15], durch die er bekannt wurde, seriöser gekleidet war. Er wirkte in diesen Sendungen wie der jüngere Bruder von Dieter Thomas Heck. Im Unterschied zu Frankenfeld, Kulenkampff und Heck setzte Richter, wie etwas später auch der Blödelbarde Otto Waalkes, ein überbetontes Sprechen und eine affektierte Körpersprache, aber auch Kalauer ein, um seine Moderatorenidentität zu gestalten. Jungsein wurde in den 1970er-Jahren im deutschen Fernsehen, das veranschaulichen unter anderem Richter und Waalkes, mit Freisein in Verbindung gebracht: die Dinge anders machen als die vorausgehenden Generationen; albern sein, das heißt alles nicht so ernst nehmen, auch sich selbst nicht.

Wer kennt heute eigentlich noch Frankenfeld, Kulenkampff, Heck, Richter oder Schnier? Sie leben als Medienkonserven zum Beispiel bei YouTube weiter oder werden in regelmäßigen Abständen vor allem in den Dritten Programmen der Öffentlich-Rechtlichen recycelt. Die Privaten recyceln ihre eigene Vergangenheit hingegen fast nur zu Jubiläen oder in ihren eigenen Spartenkanälen. Die Sender sind hier die Botschaft, nicht ihre Protagonist*innen. Die Ahnengalerie des öffentlich-rechtlichen Fernsehens ist allerdings auch stark begrenzt. Sie wird beim medialen Erinnern auf wenige Protagonist*innen beschränkt. Im Vergleich etwa zu YouTube und seinen Stars, dort ist das vollkommen anders. Bei YouTube verliert jeder sehr schnell den Überblick, wer gerade angesagt ist und wen man unbedingt kennen sollte. Das Fernsehen hat immer schon einen Personenkult betrieben und das Erinnern an die Protagonist*innen der Fernsehgeschichte streng kontrolliert. Der Personenkult im Video-Streaming ist hingegen nur von kurzer Dauer. Alle Streaming-Stars werden geboren, um schnell wieder vergessen zu werden. Ich komme später darauf zurück.

Die Fernseh-Entertainer der 1960er- und 1970er-Jahre waren für mich genauso unzugänglich wie Dieter Thomas Heck. Erst ab Anfang der 1980er-Jahre habe ich Moderator*innen entdeckt, die für mich zu wichtigen Bezugsfiguren der Fernsehunterhaltung geworden sind. Zu dieser neuen Generation von Moderator*innen gehörten zum Beispiel Thomas Gottschalk und Stefanie Tücking.

Die Musikshow »Thommys Pop Show«[16], in der Musikvideos gezeigt wurden und Gottschalk mit einem Studiogast sprach, aber auch seine Talk- und Musikshow »Na sowas!«[17] lösten meine Begeisterung für die »ZDF Hitparade« schnell ab. Der große Blonde mit den frechen Sprüchen und den coolen Klamotten war für mich wie ein großer Fernsehbruder, der mir zeigte, was angesagt war. Das Intro zur Sendung in Neon-Optik, das mit coolen Beats unterlegt war, hat mich unmittelbar begeistert.

Stefanie Tücking hat mich als Moderatorin der ARD-Musikvideosendung »Formel Eins«[18], die wöchentlich aktuelle Musikvideoclips präsentierte, im Sturm erobert. Ich fand sie sofort sympathisch, cool und wie das weibliche Pendant zu Thomas Gottschalk. Sie hatte ganz viel Star-Appeal, hätte selbst Musikerin sein können und passte nicht nur perfekt in jede »Formel Eins«-Kulisse, sondern hätte auch in jedem Musikvideo mitspielen können. Ohne irgendwelche Starallüren – im Unterschied zu Thomas Gottschalk. Besonders begeistert war ich von ihrer charismatischen, rauchigen Stimme und ihrem unverkennbar ansteckenden Lachen. Sie brachte mir Musik ganz unprätentiös nahe. Fast nach jeder Sendung habe ich mir die aktuelle Platte von einer oder zwei Bands gekauft. »Formel Eins« hat Sinnlichkeit und Konsumfreude wie keine andere Sendung in diesen Jahren miteinander verbunden – zumindest für mich als jugendliche Zielgruppe.

Mein Aufwachsen mit dem Fernsehen wurde immer von meinem Verhältnis zu Moderator*innen mitbestimmt. Sie waren wichtige Vermittler*innen zwischen dem Programm und mir als Fernsehzuschauer. In den Fernsehgesprächen mit meinen Eltern waren es vor dem Programm immer die Persönlichkeiten, über die wir uns austauschten. Aber eine Unterhaltungssendung ganz ohne Fernsehmoderator*innen hätten weder meine Eltern noch ich uns damals wirklich vorstellen können. Gerade diese Vermittlerrolle hat mich immer wieder dazu herausgefordert, mich mit Persönlichkeiten und Themen auf meine eigene Art zu beschäftigen.

Beim Streaming fehlen solche Moderator*innen vollständig, zumindest Persönlichkeiten, die länger bleiben und die einen über Jahre begleiten. Anstelle von Persönlichkeiten identifizieren sich die vor allem jüngeren Nutzer*innen mit den Plattformen und Programmangeboten. Streaming-Abonnements sind entsprechend monatlich kündbar. Viele – besonders die jüngere Generation – gehen daher recht flexibel mit ihren Streaming-Abos um: Einen Monat lang sind sie Kunden bei Netflix, den nächsten bei Amazon Prime oder woanders. Dann dreht sich dieses Rad von Neuem. Die Auswahl hängt dabei von ihrer jeweiligen Präferenz für aktuelle Film- und Serienstarts ab. Die traditionelle Sendertreue gibt es anscheinend nicht mehr.

Treue hat viel mit Routinen zu tun, die Sicherheit und Beständigkeit durch die kontinuierliche Wiederholung der immer gleichen Handlungen an möglichst denselben Orten ermöglicht: Früher sah man seine Lieblingsfernsehsender, hatte einen Lieblingsplattenladen oder eine Lieblingskneipe. Das

Bildungspopulismus **63**

verortet und verfestigt auch immer sehr stark. Die heutige
Generation will hingegen ultraleicht leben: Man will keinen
Besitz anhäufen, nicht viel Physisches besitzen – Möbel etwa
oder einen Fernsehapparat. Wichtiger ist, jederzeit in der
Lage zu sein, den Ort zu wechseln. Konsum muss flexibel
bleiben: Macht der eine Club zu, geht man halt in den anderen. Hat ein Streaming-Dienst eine Serie, für die man sich
gerade interessiert, schließt man hier ein Monatsabonnement
ab und kündigt es, wenn im nächsten Monat ein anderer
Streaming-Dienst ein aktuell interessanteres Programmangebot hat. Wenn Konsum sich in Besitz wandelt, empfindet man
dies heute als belastend. Die Einstellung lautet: Was ich will,
möchte ich jederzeit selbst bestimmen. Und wenn ich mich
entschieden habe, muss es mir unmittelbar bereitstehen. Eine
Sender- oder Plattformtreue passt da nicht mehr hin. Das traditionelle Fernsehen, vor allem aber der gebührenfinanzierte
öffentlich-rechtliche Rundfunk, ist im Unterschied zu Streaming-Plattformen nicht mehr in der Lage, sich auf diese Flexibilität einzustellen.

Jüngere Generationen bevorzugen beim Streaming genau
diese auf ihr individuelles Leben abgestimmte Flexibilität: Sie
kümmern sich selbst um die Vermittlung, sie finden selbst
und vermitteln selbstbestimmt, und finden andere sogenannte »Digital Natives« (YouTuber, Influencer, Blogger, Vlogger
etc.) glaubwürdiger als die Vermittler*innen in den klassischen Medien, deren Draufsichtigkeit sie skeptisch begegnen.

Der Bedeutungsverlust von Experten, etwa im Journalismus, in der Wissenschaft, Bildung oder Politik, und der parallel verlaufende Bedeutungsaufstieg von kollektiver sowie
kooperativer Expertise in Form von unabhängigen Interessierten, die Kenntnisse über bestimmte Themen erwerben
und ihr Wissen öffentlich zur Verfügung stellen, zum Beispiel
auf Wikipedia, ist eine Konsequenz der von mir zuvor beschriebenen Entwicklungen. Man muss sich nur selbst fra-

gen: Was mache ich, wenn ich mich schnell zu bestimmten Themen informieren möchte? Die Antwort auf diese Frage ist für viele eindeutig: Ich befrage Wikipedia oder Google. Wie seriös und sachkundig diese Informationen sind, spielt dabei zumeist nicht unmittelbar eine Rolle. Man vertraut auf das vorausgesetzte Wissen und unterstellte Verantwortungsgefühl der kollektiven Wissensarbeiter*innen sowie den unbekannten Algorithmen der Suchmaschinen.

Die Bedürfnisse und Wünsche der Nutzer*innen stehen hier immer im Vordergrund. Das erzeugt Motivation und Wohlbefinden. Mediennutzung kann so zur persönlichen Komfortzone werden, die einen nicht permanent fordert oder überfordert, sondern immer genauso ist, wie ich als Konsument es mir wünsche und wie es meinen jeweiligen Bedürfnissen oder Stimmungen entspricht. Ganz im Unterschied zum Fernsehen, das das Programm festlegt und Vermittler* innen in Form von Moderator*innen einsetzt, um in einen von den Fernsehsendern bestimmten Dialog mit den Zuschauer*innen zu treten. Dieser Dialog hat nicht nur die Ausbildung von Sendertreue zum Ziel, sondern auch die Integration der Zuschauer*innen in die Wertewelt der Fernsehsender. Beim Streaming denken die Internetunternehmen hingegen von den Zuschauer*innen aus und nicht, wie bei den Öffentlich-Rechtlichen, vom Programmauftrag. Bei den Öffentlich-Rechtlichen wundert man sich dann, warum das Publikum immer älter wird, immer weniger Zuschauer*innen einschalten und warum so viele zu den Streaming-Diensten abwandern.

Entscheidend für diese aktuelle Entwicklung ist aber eine weitere Fernsehgeschichte: die der Einführung des Privatfernsehens in Deutschland Mitte der 1980er-Jahre. Das Privatfernsehen stellt die Unterhaltung als Dienstleistung in den Mittelpunkt und verfolgt keine primär bildungspolitischen Ziele wie die Öffentlich-Rechtlichen. Damit rückt das Privatfernsehen seit seiner Einführung näher an seine Zuschau-er*innen heran. Das Persönliche und Private wird zum Programm. »Privat«-Fernsehen bezeichnet eben nicht nur die unternehmerische Form des Privatfernsehens im Vergleich zu den Öffentlich-Rechtlichen, sondern benennt bereits in seinem Namen diese Grundausrichtung.

Unterhaltungspopulismus:
Wie das Privatfernsehen das Fernsehen
in Deutschland neu erfindet

Ein Blick zurück in die bundesdeutsche Fernsehgeschichte verdeutlicht, dass mit dem Sendestart des deutschen Fernseh-programms 1952 durch die ARD bis zum Beginn des Sende-betriebs des Privatfernsehens 1984 Unterhaltung im Vergleich zur Bildung nur eine untergeordnete Rolle spielte.

»Der öffentlich-rechtliche Rundfunk hat den verfassungs-rechtlich vorgegebenen Auftrag, einen Beitrag zur indivi-duellen und öffentlichen Meinungsbildung zu leisten und so zu einem funktionierenden demokratischen Gemein-wesen beizutragen.«[19]

Hierzu sollten auch die Unterhaltungsprogramme dienen, aber der Programmauftrag und die Programme wurden im Unterschied zum Privatfernsehen nicht aus der Perspektive der Unterhaltung entwickelt.

Der Programmauftrag »des öffentlich-rechtlichen Rund-funks ergibt sich aus dem Grundgesetz (Art. 5, Abs. 1, Satz 2)« und ist »darüber hinaus im Rundfunkstaatsvertrag gesetzlich festgeschrieben«. Danach soll der öffentlich-rechtliche Rund-funk mit seinen Programmangeboten »zur Information, Bildung, Beratung, Kultur und Unterhaltung einen Beitrag zur Sicherung der Meinungsvielfalt und somit zur öffentlichen Meinungsbildung‹ leisten«[20]. Das Ziel besteht darin, durch ein vielseitiges Programmangebot die freie Meinungsbildung der Zuschauer*innen und damit kulturelle Vielfalt zu fördern und langfristig sicherzustellen.

Das Privatfernsehen konzentrierte sich von Anfang an auf die Entdeckung des Privaten als Programm und auf die Befriedigung des Massengeschmacks mit allen Mitteln der Unterhaltung. »Der Wurm muss dem Fisch schmecken, nicht dem Angler« – mit dieser Formulierung brachte der ehemalige RTL-Chef Helmut Thoma den Programmauftrag des Privatfernsehens auf den Punkt. Und behauptete damit indirekt, dass RTL den Unterhaltungswillen der Fernsehzuschauer*innen repräsentiert. Diese Haltung bezeichne ich als Unterhaltungspopulismus. Darunter verstehe ich eine Art und Weise, für das Privatfernsehen im Allgemeinen und für den Sender RTL im Besonderen zu werben. Und zwar so, dass die Idee, die Thoma darlegt, vorträgt und vertritt, unmittelbar verstanden wird und begeistern kann.

Diese Behauptung von Thoma enthielt zudem eine Kritik an den Öffentlich-Rechtlichen, die sich durch die Rundfunkgebühren nicht um den Willen der Fernsehzuschauer*innen kümmern müssten, weil sie es vielmehr als ihre Aufgabe ansähen, diesen Willen zu bilden, obwohl er schon gebildet ist und nur noch zu den richtigen Programminhalten gelenkt werden muss. Thoma appellierte mit dieser Formulierung nicht gleichermaßen an den Kopf und das Herz der Zuschauer*innen, sondern primär an ihr Herz. Stichwort: emotionale Bindung. Daran knüpft der demokratiegefährdende Populismus unserer Zeit[21] an, der auf Gefühle setzt, um eine möglichst große Zahl von Menschen zu erreichen und sie mit gefühlten Wahrheiten zum Handeln zu bewegen. Im Fall von RTL bedeutete das: die Zuschauer*innen und Kritiker*innen möglichst in großer Zahl zum Einschalten und unmittelbar zum Mitfühlen, Aufregen und Darüberreden sowie Berichten zu bewegen.

Die Provokation von Thoma bestand darin, nicht wie die Populisten unserer Tage zu behaupten: »Wir sind das Volk!«, sondern »*Auch* wir sind das Volk«.[22] Er forderte damit die Öffentlich-Rechtlichen heraus:

> »Das demokratische ›Wir‹ ist keine Tatsache, die man einfach so konstatieren kann, sondern ein anstrengender Prozess, bei dem Zugehörigkeit immer wieder neu ausgehandelt und erstritten wird.«[23]

Der Unterhaltungspopulismus von Thoma ist zwar mit Blick auf das Monopol der Öffentlich-Rechtlichen eliten- und establishmentkritisch, aber nicht antipluralistisch, sondern plädiert gerade für die Öffnung und Erweiterung des Rundfunksystems in Deutschland.

Fernsehen soll eine Unterhaltungsdienstleistung und keine audiovisuelle Bildungsanstalt sein. Das Privatfernsehen orientiert sich am Geschmack, an den Gefühlen und Bedürfnissen des Publikums mit dem Ziel, als Dauergast in die bundesdeutschen Wohnzimmer eingeladen zu werden. Einschalten, um abzuschalten und entspannt ins Gespräch zu kommen. Die Kund*innen als König*innen, denen das Programm angepasst wird.

Das Fernsehen wird so zu einem Dienstleistungserlebnis. Diese Strategie verfolgen auch Streaming-Dienste wie Netflix oder Amazon Prime, um eine optimiertere und zeitgemäßere Version des Prinzips Privatfernsehen darzustellen. Ich komme später darauf zurück.

Ich erinnere mich noch sehr gut, wie das Fernsehen ab Mitte der 1980er-Jahre durch die Privaten bunter, schriller, kontroverser und unterhaltsamer geworden ist. Zwei deutliche Erinnerungen an die Privaten in dieser Zeit habe ich, nämlich an die Serie »Knight Rider«[24] und an die Sendung »Dall-As«[25].

David Hasselhoff oder »The Hoff«, wie ihn seine Fans nennen, hatte mit der Rolle des Michael Knight in der US-amerikanischen Kultserie »Knight Rider« seinen internationalen Durchbruch – noch bevor er als Mitch Buchannon, ein Rettungsschwimmer aus Malibu, für die Fernsehserie »Baywatch«[26] in die sehr knappen und grellen Badeshorts stieg. Zusammen mit seinem hochtechnisierten Superauto K.I.T.T., ein Akronym, das für »Knight Industries Two Thousand« steht, kämpft er im Auftrag der »Foundation für Recht und Verfassung«, wie es in der deutschen Synchronfassung heißt, gegen Unrecht und Verbrechen – natürlich erfolgreicher als die Polizei.

K.I.T.T., ein umgebauter schwarzer Pontiac Firebird Trans Am, kann sprechen, denken, selbst fahren und ist sogar zu emotionalen Äußerungen fähig. Michael Knight kann, wenn er nicht im Auto sitzt, auch über eine Armbanduhr mit K.I.T.T. kommunizieren. Das hat mich 1985 sofort fasziniert, auch wenn ich keine Ahnung hatte, was künstliche Intelligenz ist. Mensch und Maschine in perfekter Harmonie, vereinigt im Kampf gegen das Böse – das war für mich eine ganz neue Superhelden-Geschichte, für die man nicht zu den Sternen reisen musste, sondern die im (Fernseh-)Alltag auf den Straßen stattfand. Nicht auf denen meiner damaligen Heimat, aber bestimmt überall in Amerika, zumindest in dem Amerika, das ich mir medienvermittelt vorgestellt habe. Das Fernsehen war hier für mich ein Fenster zu einer Welt, die ich nicht kannte, die ich mir aber durch die Serie genauso imaginiert habe.

Seit dem Sendestart des deutschen Fernsehens in der Nachkriegszeit sind es wie beim frühen Kinderfernsehen vor allem internationale Format-Importe – das heißt Serien, Fil-

Unterhaltungspopulismus

me, Showvorlagen –, die die Unterhaltungswirklichkeit des deutschen Fernsehens bestimmt haben und die im Vergleich zu den Eigenproduktionen oft zeitgemäßer, aber auch spektakulärer waren.[27] Die Erfolgsgeschichte der Streaming-Dienste hing unter anderem auch wesentlich davon ab, dass sie eine große Auswahl an sogenannten Qualitätsserien, also Fernsehserien, die eher wie Filme wirkten, im Angebot hatten, die zuvor nur im Pay-TV, etwa bei HBO und Sky, oder gar nicht im deutschen Fernsehen zu sehen waren. Man musste als Zuschauer*in, wenn man nicht für das Pay-TV zahlen oder keine illegalen Streaming-Plattformen, etwa Kinox.to, nutzen wollte, lange warten, bis die Serien, die man sehen wollte, im Fernsehen liefen oder als DVD-Box erschienen.

Die zweite Sendung im Privatfernsehen, an die ich mich gut erinnern kann, ist eine Eigenproduktion: »Dall-As«[28], die erste Talkshow des deutschen Privatfernsehens. Der Gastgeber war der Sänger und Komiker Karl Dall. Der Titel der Sendung war eine Anspielung auf die erfolgreiche amerikanische Fernsehserie »Dallas«[29]. »Dall-As« verwendete die Titelmelodie von »Dallas« und parodierte die Serie im Vorspann. Wie schon beim »ZDF Ferienprogramm«, bei der »ZDF Hitparade«, »Thommys Pop Show« oder »Formel Eins« spielt hier wieder der Moderator, in diesem Fall Karl Dall, eine entscheidende Rolle.

Karl Dall brachte für mich ein bisschen Fernsehanarchie auf den Bildschirm. Frei nach dem Motto: Macht kaputt, was euch zu Tode langweilt. »Dall-As« war das Gegenstück zur traditionellen Talkshow in den Öffentlich-Rechtlichen. Karl Dall machte seinen Gästen klar, dass es nicht um sie als Persönlichkeiten des öffentlichen Interesses und ihre Selbstvermarktung ging. Das Ziel einer Talkshow ist zumeist nicht die Diskussion einer konkreten sachlichen Fragestellung, die durch den Austausch von Informationen und Argumenten bestimmt wird. Vielmehr stehen die Persönlichkeiten der

Gäste und des Moderators, also ihre Selbstdarstellung, im Vordergrund. Die Talkshow ist für diese Zwecke eine Bühne, auf der man Fernsehgespräche aufführt, aber letztlich nur Selbstvermarktung präsentiert. Talkshows sind entsprechend Aufführungen. Die Talkgäste werden wie Schauspieler*innen auf der Bühne in Szene gesetzt werden – als Aufführungstext dienen das Vorgespräch mit der Redaktion und die aktuellen Themen zur Selbstvermarktung, zum Beispiel ein neues Buch, eine aktuelle Platte oder eine Rolle in einem Film. Interessant wird es bei Fernsehtalkshows nur dann, wenn die Talkgäste durch das Gespräch eher zufällig aus ihren Rollen fallen, weil etwas Unerwartetes passiert oder sie, wie in »Dall-As«, von Karl Dall permanent aus ihren Rollen getrieben werden. Die Zuschauer*innen interessieren sich für den Menschen hinter dem Prominenten. Ihnen geht es nicht um den Werbeanteil, also die standardisierte Promotion für sich als Persönlichkeit des öffentlichen Lebens, oder um ihre jeweils aktuellen Produktinformationen. Das hat sich bis heute nicht verändert. Der Erfolg der Boulevardmagazine und -zeitschriften spricht hier für sich.

Die Anti-Talkshow »Dall-As« war Fernsehkritik im Fernsehen, die das Publikum im Studio und die Zuschauer*innen unterhalten wollte. Die prominenten Gäste mussten in der Lage sein, sich selbstironisch gegenüberzutreten und sich selbst nicht zu ernst zu nehmen. Der Talk stand im Mittelpunkt der Sendung. Allerdings war er für niemanden – weder für die Talkgäste noch für die Zuschauer*innen im Studio oder zu Hause vor den Bildschirmen – voraussehbar, sondern entstand aus der Situation und durch die respektlosen, indiskreten, beschimpfenden oder lästernden Kommentare des Gastgebers, wenn er sich seine prominenten Talkgäste zur Brust nahm.

Dall forderte seine Talkgäste heraus, nicht damit sie bei ihm Promotion für ein neues Buch, eine neue Platte, eine Serie

Unterhaltungspopulismus **71**

oder einen Film machten, sondern ihm ging es um den offenen Talk, der per se nicht auf ein bestimmtes Ergebnis abzielte. Worauf es ankam, waren Schlagfertigkeit und Humor. Die Talkgäste mussten sich bei Dall beweisen. Für mich, wie für viele andere »Dall-As«-Fans auch, war ein Highlight der Sendung der beleidigte Schlagersänger Roland Kaiser, der nach einer Anmoderation von Karl Dall wütend das Studio verließ:

> »Na, sing schon mal, damit wir es hinter uns haben.«

Der deutsche Schlager war eben schon immer frei von Ironie und humorlos – eine durchkalkulierte Unterhaltungsdienstleistung, die immer genau das abliefert, was von ihr erwartet wird, und die sich selbst viel zu ernst nimmt. Und genau das hat Karl Dalls Sendung verdeutlicht. Sie war Medienkritik in den Medien mit den Mitteln der Medien –, aber dabei unterhaltsam und selbstironisch.

Satirische Fernsehkritik im Fernsehen hat seit »Dall-As« Tradition, etwa in der Kommentierung und Ironisierung der Peinlichkeiten des TV-Alltags durch Stefan Raab zu Beginn jeder Sendung von »TV Total«[30], im »Neo Magazin Royale«[31] mit Jan Böhmermann[32] oder in der »heute-show«[33] mit Oliver Welke.

»Dall-As« gab viel Anlass, mich mit meinen Eltern und Freund*innen über die Bedeutung von Humor und politischer Korrektheit auszutauschen. Was kann im Fernsehen gesagt werden? Wo liegen die Grenzen der Satire? Ab wann verstößt die Meinungs- und Kunstfreiheit gegen Persönlichkeitsrechte? Mein Fernsehkonsum musste auch mit Blick auf das noch junge Privatfernsehen diskutiert werden. Und es wurde immer auch über die befürchteten Nebenwirkungen gesprochen: die alternativen Vorstellungen von Gerechtigkeit bei »Knight Rider«; Fernsehsexismus durch Frauen als Nummern-Girls bei der ersten erotischen TV-Show im deutschen

Fernsehen, »Tutti Frutti«[34], und als Playboy-Bunny-Kellnerinnen bei »Dall-As«; oder der Untergang der Diskussionskultur in den Krawall-Talkshows in den 1990ern. Mit diesen Talkshows hat das Privatfernsehen seine Zuschauer*innen noch unmittelbarer ins Programm integriert. Alltagsmenschen sind die Talkgäste dieser Sendungen, keine Prominenten oder Experten, und sie berichten über ihr Leben oder präsentieren ihre persönlichen Perspektiven zu allen möglichen Themen. Es gab in diesen Talkshows immer nur eine konfrontative Schwarz-Weiß-Welt: dafür oder dagegen. Für eine Vermittlung zwischen beiden Perspektiven waren die Moderator*innen zuständig, die zuvor den Konflikt zwischen diesen beiden Positionen enorm angefeuert haben. Es ging dabei nie wirklich um die Diskussion konkreter Themen. Vielmehr konnten sich Alltagsmenschen auf den Medienbühnen ihrer Lieblingssender präsentieren und der Fernsehnation ihre Meinung kundtun. Sie konnten so eine kurze Bekanntheit erlangen und zu einem Alltagsstar des Augenblicks werden, sie hatten »ihren Moment«. Das Privatfernsehen zeigte damit, dass es seinen Programmauftrag ernst nahm, aber auch seine Zuschauer*innen: Das Private wurde zum Programm, und die Unterhaltungswelt drehte sich ausschließlich um die Bedürfnisse der Zuschauer*innen.

Geschmackspopulismus:
Das Persönliche wird zum Programm und
das Privatfernsehen zu meinem Freund

Damit das Fernsehen zu einer Unterhaltungsdienstleistung und einem Dienstleistungserlebnis werden konnte, musste die Grenze zwischen Fernsehen und Wirklichkeit im Privatfernsehen immer weiter verschwinden. Das eben genannte

Geschmackspopulismus 73

Beispiel der Krawall-Talkshows veranschaulicht diesen Zusammenhang. Nur so konnte das Fernsehprogramm zu einem
Alltagsbegleiter oder Rhythmusgeber für den Alltag werden,
wie es von vornherein beabsichtigt war:

> »Wir sind mehr als nur ein Fernsehsender, denn wir sind
> euer Sprachrohr, euer Freund.«

Das sagte die Moderatorin und spätere Schauspielerin Heike
Makatsch 1993 zum Sendestart des deutschen Musikfernseh-
senders VIVA. Und sie ergänzte:

> »Und ab heute bleiben wir zusammen, okay?«

Die für das Privatfernsehen typisch vertraute Du-Ansprache
soll eine unmittelbare Verbindung zwischen dem Sender und
seiner Zielgruppe herstellen, das heißt zwischen Medien-
wirklichkeit und Alltagswirklichkeit. Der RTL-Senderclaim
lautet entsprechend:

> »Willkommen zuhause. Mein RTL.«

Das Private in Form von Personalisierung, Emotionalisierung und Intimisierung bestimmt die öffentliche Selbstdarstellung und die Selbstvermarktung des Privatfernsehens, wie
die Beispiele von VIVA und RTL veranschaulichen.

Das Privatfernsehen tritt den Zuschauer*innen als Freund
gegenüber und nicht wie bei den Öffentlich-Rechtlichen als
Bildungsbeauftragter beziehungsweise Erzieher. Dadurch sollen die Zuschauer*innen bewegt werden, ihre Innerlichkeit,
also ihre Gefühle und Gedanken, ihre Affekte und Assoziatio-
nen mit der Privatisierung der Öffentlichkeit zu verbinden.
Eine Trennung zwischen dem Fernsehen als Teil der Öffentlichkeit, also dem, was allen zugänglich ist, und der Alltags-

wirklichkeit des Einzelnen, das heißt seiner Privatsphäre, wird so anscheinend immer überflüssiger. Was die Privaten damit bezwecken? Diese Privatheit hilft beim Aufbau von Vertrautheits- und Vertrauensbeziehungen, also von authentischer Gemeinschaftlichkeit mit dem Ziel, dass das Private öffentlich sein kann und das Öffentliche privat – und damit erscheint es von vornherein dem Zuschauer als vertrauenswürdig.

Diese Intimität des Du soll im Privatfernsehen entsprechend verpflichtende soziale Beziehungen nach sich ziehen. Nähe und Intimität sind die strategischen Ziele des Privatfernsehens. Das Private wird dabei zum Programmauftrag und zum erfolgreichsten Programminhalt. Ich halte fest: Dem Privatfernsehen geht es nicht um Bildung, wie es der Programmauftrag der Öffentlich-Rechtlichen vorgibt, sondern um eine nachhaltige Veränderung der Sehgewohnheiten, die nicht nur den Fernsehkonsum beeinflusst, sondern auch die gesellschaftliche Gesprächskultur über das Fernsehen. Hierbei gilt seit dem Sendestart des Privatfernsehens: Je kontroverser und kritischer, desto besser für die Einschaltquoten und den Machtgewinn der privaten Sendeanstalten in der Konkurrenz zu den Öffentlich-Rechtlichen. Aufmerksamkeit und Aufregung sind wichtiger als Bildung und Haltung. Eine politische, kulturelle, geistige oder moralische Schulung oder Beratung der Zuschauerinnen ist nicht beabsichtigt.

»Für Geistreiches ist das Fernsehen nicht geeignet«, um nochmals Helmut Thoma zu zitieren. Sein Zeugnis für das Fernsehen ist zugleich ein Zeugnis für die Fernsehmacher*innen und Zuschauer*innen: Wer vom Fernsehen mehr erwartet als Unterhaltung, der versteht nicht oder ignoriert, worum es beim Fernsehen geht und was man vom Fernsehen bekommt.

Das Privatfernsehen fördert per se einen Unterhaltungs- und Geschmackspopulismus. Fernsehmacher*innen sind ausschließlich Dienstleister*innen, die sich an den Unterhaltungs-

Geschmackspopulismus

bedürfnissen und am Geschmack ihrer Zuschauer*innen orientieren. Das Privatfernsehen arbeitet damit dem Abschalten vom Programm entgegen, weil es nur noch um uns, die Zuschauer*innen, geht und nicht mehr wie beim Bildungsauftrag der Öffentlich-Rechtlichen um ein fremdbestimmtes Zusehen. Fernsehen wird dann zu einer unterhaltungs- und geschmacksorientierten Wohlfühlkulisse, die rund um die Uhr für alle zur Verfügung steht – zum Berieseln, wie Kritiker das nennen.

Wenn vom Privatfernsehen auf Du umgestellt wird, will ich mein Programm auch selbst bestimmen. Die Umsetzung dieses Ziels ist bei den öffentlich-rechtlichen Sendeanstalten und beim Privatfernsehen nicht möglich. Dieses Verständnis vom Fernsehen setzt dem individuellen Geschmack klare Grenzen. Nur durch die Nutzungsformen des Zapping und Switching und durch das Ausschalten stehen mir als Konsument minimale Freiräume für selbstbestimmtes Fernsehen zur Verfügung. Unter Zappen und Switchen versteht man das Hin- und Herschalten zwischen den Programmen, ohne lange bei einem bestimmten Programm zu verweilen. Das Ziel hierbei ist es, dem Einzelnen zu ermöglichen, zwar lange zu gucken, die eigene Aufmerksamkeit aber zu streuen. Die mediale Du-Ansprache des Privatfernsehens ist eine weitere Strategie, um die Aufmerksamkeit der Zuschauer*innen durch direkte Ansprache längerfristig an das Programm zu binden.[35] Denn die größte Herausforderung für das Fernsehen besteht darin, die Zuschauer*innen jeden Tag von Neuem zum Dranbleiben zu bewegen – so lange wie möglich, wir erinnern uns.

Das Abschalten im Sinne von Ausschalten nach direkter Aufforderung gehörte lange Zeit zum Programm der öffentlich-rechtlichen Sender. Fernsehen wurde bewusst angemacht, um tatsächlich aktiv im wirklichen Leben zu sein. Der Unterschied zwischen Fernsehen und Wirklichkeit wurde so bewusst hervorgehoben. Ein prominentes Beispiel ist die Aufforderung »Ihr wisst schon Bescheid: Abschalten!«, die der ehemalige Moderator Peter Lustig über fünfundzwanzig Jahre in der ZDF-Kindersendung »Löwenzahn«[36] mit Blick in die Kamera am Ende jeder Sendung aussprach. So etwas ist beim Privatfernsehen keinesfalls Programm: Die Privaten wollten seit dem Sendebeginn ihr Unterhaltungsangebot ohne Unterbrechung anbieten, damit Programmvielfalt zum intensiveren Fernsehkonsum einlädt.

Dennoch gelang es weder den Öffentlich-Rechtlichen noch den Privaten, so nah an die subjektive Innerlichkeit der Zuschauer*innen heranzukommen und diese im wahrsten Sinne des Wortes produktiv werden zu lassen, wie dies heute etwa im Kontext von sozialen Medien, Blogs, Vlogs oder durch das Streaming möglich ist. Aber sehen wir weiter.

Auf dem Weg zur Selbstbestimmung und Programmfreiheit: Die Videothek – zwischen Fernsehen und Streaming

Der Begriff Video bezieht sich, wie der des Fern-Sehens, auf die Situation des Betrachtens, der Sichtbarkeit und des Visuellen. Das Wort stammt vom lateinischen »video« und bedeutet »ich sehe«. Als kulturelles Phänomen schließt das Video unter anderem die direkte Anbindung an das soziale Leben und den Alltag ein.

Das Video ist ein Speichermedium auf der Grundlage einer elektronischen Magnetbandaufzeichnung. Mit der Videotechnik aufgezeichnete Bilder können über weite Entfernungen und zu jedem Zeitpunkt direkt oder zeitlich verzögert, das heißt orts- und zeitunabhängig gesendet, gespeichert und beliebig häufig abgerufen werden.

Die Verbreitung von Videos erfolgte durch die Videokassette. Hier hatte sich das 1977 von der Firma JVC eingeführte Halbzoll-Videokassetten-System »VHS (= Video Home System)« im Unterschied zum technisch hochwertigeren System »Beta«, das 1976 von der Firma Sony eingeführt wurde, im Privatbereich als Standard etabliert.

Durch die Einführung des Videorekorders 1977 auf den europäischen Markt hat die Nutzung der Videokassette in den 1980er-Jahren eine weite Verbreitung vor allem im Privatbereich erzielt, dem ökonomisch erfolgreichsten Einsatzbereich der Videokassetten. Seit Ende der 1970er-Jahre bestimmte der Verkauf und Verleih von bespielten Videokassetten in Videotheken die Freizeitgestaltung und Sehgewohnheiten nachhaltig. In dieser Zeit waren es in erster Linie Kinofilme, deren Verkauf und Vermarktung auf Videokassetten zu einem wichtigen wirtschaftlichen Faktor für die Filmindustrie wurden. Videokassetten und Videorekorder waren somit ein Zusatzangebot zum und eine Erweiterung des Fernsehprogramms.

Die Videotechnologie ebnete dem Unterhaltungsanspruch der Privaten den Weg. Der privat eingesetzte Videorekorder, später der DVD- und Blu-ray-Rekorder sowie der in den Fernsehern integrierte Festplattenrekorder ermöglichten seit Ende der 1970er-Jahre erstmals fast unbegrenzten und vor allem selbstbestimmteren Unterhaltungskonsum, der sich ausschließlich am persönlichen Geschmack orientiert. Nun konnten sich die Zuschauer*innen vom Programm der Sender zeitlich unabhängig machen und zum ersten Mal selbst bestimmen, was auf ihren Bildschirmen lief.

Das aufgenommene Fernsehprogramm konnte zeitversetzt angesehen und beliebig oft wiederholt werden. Allerdings setzte die Aufzeichnung immer eine vorherige Ausstrahlung im linearen Fernsehen voraus. Oder aber man lieh sich Filme und Serien aus und verwendete den Fernsehapparat als reinen Monitor. Die Neuerung dabei: Jeder konnte sehen, was er wollte und wann er es wollte. Aber ist das nicht dasselbe Versprechen, mit dem uns die Streaming-Dienste ködern? Was ist dann der Unterschied – und warum kann sich das als Gefahr für unsere Demokratie herausstellen?

Videos machten zum ersten Mal unabhängig und selbstbestimmt. Teilweise wurde das als Befreiung vom linearen Fernsehen empfunden. Es entstanden eigene Videotheken, gleichsam Vorläufer der heutigen Mediatheken. Jetzt konnte man einfach ein Video einlegen – und es sooft man wollte ansehen. Voraussetzung dafür, dass die Videotechnologie in die Haushalte einziehen konnte, war, dass die Videokassetten und die Videorekorder immer günstiger wurden. Und kaum waren Videotheken etabliert, begannen die Zuschauer, sich eine eigene Heimbibliothek zusammenzustellen. Auch hier gewann der Preis. Die Popularität der Streaming-Dienste wird heute ebenfalls vom guten Preis-Leistungs-Verhältnis mitbestimmt.

Darüber hinaus entstanden durch die Videokassetten, den Videorekorder und die Videotheken auch neue Besitzverhältnisse: Sendungen, Serien und Filme konnten aus dem Fernsehen aufgenommen, in einer privaten Sammlung archiviert, jederzeit wieder angesehen, an jeder Stelle angehalten oder permanent vor- und zurückgespult werden. Zudem konnte man Videokassetten ausleihen oder kaufen.

Neu war aber nicht nur die Freiheit, sich ein Video zur eigenen Zeit und am eigenen Ort anzusehen. Es gab viele Inhalte, etwa Pornografie, Horror oder Gewalt, die nicht im Fernsehen gezeigt wurden, zum Teil auch nicht hätten gezeigt werden dürfen. Die Nutzer hatten nun mehr Freiheiten, auch auf solche verbotenen Inhalte zuzugreifen. Eine historisch einmalige Konsumfreiheit war begründet.[37]

Neben den privat erstellten Videotheken waren die öffentlichen Videotheken populäre Orte, an denen eine vielfältige Auswahl an Filmen und Fernsehserien präsentiert wurde. Videotheken luden so zum intensiven Unterhaltungskonsum ein. Die Videotheken waren, wie ich im anschließenden Kapitel zeigen werde, das Vorbild für die Streaming-Dienste, die, wie zum Beispiel Netflix, als Online-Videotheken gestartet sind. Heute ist es das Privatfernsehen – etwa RTL mit seiner erfolgreichen Plattform TVNOW –, das in eigene Online-Videotheken und Eigenproduktionen investiert und damit versucht, die Entwicklung des Fernsehens auf der Höhe der Medienzeit zu gestalten. Bei den Öffentlich-Rechtlichen sind die Mediatheken nach wie vor die Trutzburgen des Digitalen.

Das Modell Streaming hat in Deutschland zum Aussterben der Videotheken beigetragen. Nach aktuellen Zahlen des »Interessenverband des Video- und Medienfachhandels in Deutschland e.V.« (IVD 2019) gab es in Deutschland Ende 2018 nur noch 432 herkömmliche Videotheken, im Vorjahr waren es noch 586. Die Kundenzahl sank den Angaben zufolge von 2015 bis 2017 von 4,8 Millionen auf 2,6 Millionen. Die Vermietvorgänge für Spielfilme brachen um mehr als die Hälfte von 68 Millionen auf 31 Millionen jährlich ein. Der Branchenverband IVD sieht neben dem Streaming weiterhin vor allem die Piraterie, das heißt illegale Downloads und Abrufe im Internet, als Wurzel des geschäftlichen Übels. Hermann-Dieter Schröder vom Hans-Bredow-Institut an der Hamburger Universität hält hingegen die Piraterie nicht für den entscheidenden Faktor dieses Strukturwandels:

»Videotheken werden durch Online-Dienste substituiert.«

Früher sei ihr Vorteil gewesen, dass Konsumenten den Zeitpunkt für eine Filmsichtung selbst wählen konnten, unabhängig vom Fernsehprogramm.

»Durch das Internet ist das zur Selbstverständlichkeit geworden.«[38]

Wird der Videothekenmarkt also in den nächsten fünf bis zehn Jahren in der totalen Bedeutungslosigkeit versinken und komplett vom Markt verschwinden? Wird irgendjemand den traditionellen Videothekenmarkt am Leben erhalten? Die »Generation Judith«, die leicht leben will, also ohne großen materiellen Besitz, und flexibel, um schnell von Lebensmittelpunkt zu Lebensmittelpunkt zu wechseln, wird es nicht sein. Ich werde es auch nicht sein. Viele aus meiner Generation, mit denen ich über dieses Thema gesprochen habe, ebenso wenig.

Streaming-Dienste wie Netflix oder Amazon Prime unterscheiden sich gar nicht so sehr von unseren traditionellen Videotheken, letztlich sind sie Online-Videotheken mit einem stärker fokussierten und vielfältigeren Angebot. Der einzige Unterschied: Sie sind mobil. Immer, überall und auf verschiedenen Abspielgeräten nutzbar. Ihr Look ist standardisiert. Streaming-Dienste ordnen Filme und Serien ebenfalls nach Genre und begeistern zumeist durch eine große Auswahl. Die Film- oder Serienauswahl kann in Streaming-Diensten genauso lange dauern wie in traditionellen Videotheken: Bei Streaming-Diensten muss man sich, manchmal dauert das sehr lange, durch die Angebotspalette klicken, in Videotheken muss man durch die Gänge streifen. Filme können bei beiden ausgeliehen oder gekauft werden – bei Netflix zum Beispiel fallen, im Unterschied zu Amazon Prime, neben den monatlichen Kosten keine Zusatzkosten an. Man kann nichts kaufen, muss aber auch nichts gebührenpflichtig ausleihen. Alles ist verfügbar, solange es verfügbar ist und man ein Abonnement besitzt. Bei Videotheken muss man allerdings Mitglied sein.

Ein großer Unterschied, den wir hier nicht vernachlässigen sollten, besteht in der Anonymisierung bei gleichzeitiger Intimisierung, die Streaming-Dienste betreiben: Es gibt keine Begegnung mehr zwischen Menschen, keine Interaktion und

Auf dem Weg zur Selbstbestimmung

Kommunikation. Jede/r Nutzer*in ist für die anderen Nutzer*innen nicht mehr sichtbar. Netflix ist für alle, die ein Abonnement abschließen, da, aber wie bei RTL (»Mein RTL«) wird aus einem kollektiven Ort, dort dem Fernsehen, hier dem Streaming-Dienst, ein vermeintlich privater Ort: mein Netflix. Die Beratung wird einerseits durch visuelle (Film-/ Serientrailer, Film-/Serienplakate) und textliche (Beschreibungen, Servicekategorien) Einblicke übernommen, andererseits durch Algorithmen, die aus meiner Nutzung ein auf mich abgestimmtes Nutzungsprofil und Empfehlungsmanagement erstellen. Schauen wir uns das Prinzip Streaming jetzt genauer an.

STREAMING

Netflix: Die neue digitale Volkskultur

Wann und wie hat das eigentlich mit Netflix angefangen? Warum ist gerade Netflix zum Vorreiter der Video-Streaming-Anbieter, aber auch des Abo-Modells in der digitalen Streaming-Wirtschaft geworden? Warum reden alle zuerst von Netflix, wenn es um Streaming geht – und setzen damit Streaming mit Netflix gleich?

Netflix steht eben wie kein anderer Streaming-Anbieter für die Erfolgsgeschichte des digitalen Wandels des Fernsehens. Selbstbewusst beschreibt sich das amerikanische Unternehmen als »the world's leading internet television network«[1], aber auch als »the world's leading streaming entertainment service« und als »leading the way for digital content since 1997«[2]. Oder um es auf Deutsch zu sagen: Netflix ist Marktführer in Sachen Unterhaltung, und das weltweit, und zeigt den anderen, wo es langgeht. So weit die Eigenaussagen des Anbieters.

Über Netflix zu schreiben ist nicht einfach, denn Netflix entwickelt sich konstant weiter. Jeden Tag. Und über keinen anderen Streaming-Dienst wird so viel gesprochen und gestritten wie über Netflix. Die Bekanntheit der meisten großen Netflix-Konkurrenten, etwa die von Amazon Prime, Disney+ oder Apple TV+, basiert nicht auf den jeweiligen Streaming-Modellen. Denn so unterschiedlich sind die nicht. Was entscheidet, ist die Markenbekanntheit. Wer bestellt nicht regelmäßig bei Amazon? Wer ist nicht mit Disney-Filmen groß geworden und schaut auch heute noch gerne die Marvel- oder

Netflix: Die neue digitale Volkskultur

Star-Wars-Filme? Wer besitzt nicht mindestens ein Apple-Produkt? Streaming ist bei diesen konkurrierenden Unternehmen allerdings ein Zusatzmarkt, aber nicht das Kerngeschäft wie bei Netflix.

Die Erfolgsgeschichte von Netflix ist beeindruckend und geradlinig. Zumindest, wenn man die Eigendarstellung betrachtet, die Netflix präsentiert.[3] Ich will hier keine lückenlose Nacherzählung der Netflix-Firmenbiografie in allen ihren Facetten liefern. Sie ist für mein Thema letztendlich unerheblich. Vielmehr interessiert mich, wie sich die sechs aus meiner Sicht grundlegenden Aspekte, die Netflix auszeichnen und die für mich das demokratiegefährdende Potenzial ausmachen, in der Entwicklung des Unternehmens seit der Firmengründung im Jahr 1997 wiederfinden. Und: wie diese von drei führenden Netflix-Repräsentanten reflektiert werden. Es handelt sich dabei um den Firmengründer Reed Hastings, den Chief Content Officer Ted Sarandos und Carlos Gomez Uribe, den Vice President of Product Innovation.

Zunächst zu den grundlegenden Aspekten, die ich hier schon einmal einführend nennen möchte. Denn die Geschichte von Netflix wird wesentlich von folgenden Charakteristika bestimmt: dem Abo-Modell, dem Empfehlungssystem, dem Freiheitsversprechen, den Produktinnovationen, damit sind vor allem Eigenproduktionen gemeint, dem Dienstleistungserlebnis und der Internationalisierungsstrategie. Nicht zu vergessen, von den mutigen Entscheidungen, welche die Netflix-Gründer und Produktentwickler getroffen haben und die sie immer wieder von Neuem treffen und die sich letztlich als visionär herausgestellt haben. Aber beruht darauf auch der Erfolg des Unternehmens – und letztlich seine potenzielle Gefahr?

Netflix-Zeitreise: Die erste Phase

Lassen Sie uns gemeinsam auf eine kleine Netflix-Zeitreise gehen, die uns zunächst in die erste Phase der Unternehmensgeschichte von 1997 bis 2001 führt. In diesem Zeitraum stehen der Unternehmensstart und -aufbau im Vordergrund. Reed Hastings und Software-Manager Marc Randolph gründen Netflix am 29. August 1997 als Online-Videothek ausschließlich für das Gebiet der USA. Diese Videothek nimmt 1998 den Betrieb als DVD-Verleih auf mit einem flexiblen sowie preiswerten monatlichen Abonnement-Modell und dem unbegrenzten Zugriff auf das Filmangebot. Dieses Abo-Modell ermöglicht ein – wie man es heute nennen würde – Flatrate-Gucken. Niemand muss zur Videothek gehen, die Rückgabefristen sind länger als gewohnt, das Preis-Leistungs-Verhältnis ist für eine fast unbegrenzte Filmauswahl unübertroffen niedrig – und den Konsument*innen wird alles nach Hause geliefert. Sie müssen muss nur auf die Netflix-Website gehen und ihre Wahl treffen.

Um die für diese Zeit vollkommen neue digitale Dienstleistung für die Nutzer*innen noch interessanter zu gestalten, wird ein personalisiertes Filmempfehlungssystem eingeführt, das auf den Filmbewertungen der Netflix-Mitglieder aufbaut. Auf dessen Basis kann die Auswahl für alle Netflix-Abonnent* innen genauer vorhergesagt werden. Alles, was wir beim Streaming schätzen, ist bereits hier in den Anfängen der Netflix-Online-Videothek vorhanden – abgesehen von den Eigenproduktionen und den algorithmischen Echtzeit-Auswertungen des Sehverhaltens. Schließlich basiert das Empfehlungssystem zu Anfang noch auf der aktiven Mitarbeit der Nutzer*innen, die ihre Filmbewertungen persönlich abgeben.

Die Geschichte von Netflix wird fortan von Reed Hastings immer als eine Geschichte der Befreiung und der Freiheit im Dienst der Nutzer*innen präsentiert:

Netflix: Die neue digitale Volkskultur

»Auf jeden Fall werden Ihre Enkel Sie fragen: ›Was hieß das früher, die Sendung startet um 20 Uhr?‹ Die Freiheit des Nutzers wird weiter steigen. Und damit kommen wir wieder dahin zurück, wo wir bei Büchern bereits waren. Man kann lesen, wann man will und wie viel man will. Alles andere ist ein Lernprozess. Wir finden heraus, was funktioniert – davon machen wir mehr. Wir finden heraus, was nicht funktioniert – davon machen wir weniger.«[4]

Interessanterweise stellt Hastings einen Bezug zum Aufklärungs- und Bildungsmedium Nummer eins, dem Buch, her, und dann grenzt er sich zugleich indirekt wieder vom Fernsehen und dem Kino ab. Die Freiheit, von der Hastings spricht, beschränkt sich auf die Freiheit der selbstbestimmten Nutzung, nicht auf die Freiheit durch Bildung, die nur durch die Inhalte ermöglicht wird. Von einem Lernprozess spricht er ausschließlich mit Blick auf die ständige Verbesserung des Netflix-Service, um die Benutzerfreundlichkeit zu vergrößern und damit noch mehr Nutzung, also Konsum, auszulösen.

Die zweite Phase

Die zweite Phase der Netflix-Geschichte lässt sich auf den Zeitraum von 2002 bis 2006 datieren. Im Vordergrund stehen der Ausbau des Unternehmens und Wachstum und Erfolg. Als Meilensteine der Unternehmensentwicklung werden unter anderem der erste Börsengang im Jahr 2002 genannt und die erste Million Mitglieder im Jahr 2003, die bis zum Ende des Jahres 2006 auf fünf Millionen steigen sollte. Beeindruckend, nicht wahr: innerhalb von fünf Jahren eine Verfünffachung! Doch noch beschränkt sich die Wirkung des Unternehmens auf den amerikanischen Raum.

Die dritte Phase

Die dritte Phase ist entscheidend. In den Jahren 2007 bis 2011 wird Netflix von einer Online-Videothek zu einem Video-Streaming-Dienst und entbindet seine Mitglieder davon, DVDs bestellen zu müssen oder auch nur einen DVD-Player zu benötigen.

Das Angebot ist ab sofort für alle Mitglieder rund um die Uhr online verfügbar. Einloggen, aussuchen, starten, fertig. Netflix revolutioniert mit seinem Streaming-Modell fortan die Sehgewohnheiten und die Logik des traditionellen Rundfunks, indem das Unternehmen Filme unabhängig von Sendezeiten verfügbar macht. Erst dadurch wird es Netflix möglich, einer der großen weltweiten Unterhaltungsanbieter zu werden. Und wohl auch einer der Totengräber herkömmlicher Fernseh-Sehgewohnheiten.[5] Vielleicht auch bald des Kinos?

Netflix wurde zunächst von den Fernsehanstalten und den Filmstudios durchweg positiv wahrgenommen, weil das Lizenzgeschäft lukrativ war. Diese Wahrnehmung sollte sich aber schon bald ändern und Netflix zum Feindbild der Fernseh- und Filmbranche werden:

> »Anfangs waren die Streaming-Dienste willkommen in Hollywood. Sie kauften Rechte und Lizenzen und schufen eine zusätzliche Verwertungsplattform für die Fernsehsender und Studios. Dann, als die Streaming-Dienste begannen, ihre Eigenproduktionen zu starten, vergaben sie Aufträge an die Studios, eine weitere Geldquelle. Alle schienen zu profitieren. Doch kürzlich fragte Alan Wurtzel von NBCUniversal mit Blick auf Netflix und Amazon: ›Haben wir ein Monster geschaffen, das irgendwann zu uns zurückkommt und uns vernichtet?‹«[6]

Der Erfolg der Eigenproduktionen von Netflix, zuerst Serien, dann Filme, führte dazu, dass die Wahrnehmung des Unternehmens in der Filmbranche sich änderte. Netflix selbst ist daran nicht unschuldig, denn inzwischen hatte man bei dem Streaming-Dienst verstanden, dass man Medien zunehmend nicht mehr an einem Ort und zu einer bestimmten Zeit sehen wollte, sondern immer dann, wann man wollte, und an den Orten, an denen man etwas sehen wollte: auf dem iPad, dem Notebook oder dem Handy. Netflix hat damit das Fernsehen mobil gemacht und aus dem Wohnzimmer vertrieben –, aber auch die Kinoleinwand gegen viele kleine Display-Bildschirme ausgetauscht. Netflix ist mobil und mobilisiert sein Publikum – vor allem zum Konsum von Netflix. Diese Strategie bringt Reed Hastings auf den Punkt:

»Man muss nicht mehr warten, muss nicht mehr nach einem Fremdschema einschalten – kein Frust mehr, sondern nur noch Netflix.«[7]

Es werden daher ab 2008 entscheidende Kooperationen mit Unternehmen aus der Unterhaltungselektronik vereinbart, um Netflix etwa auf der Xbox 360, der PS3, der Nintendo Wii, dem Apple iPad und iPhone zugänglich zu machen. Darüber hinaus aber auch auf Blu-ray Disc-Playern und TV-Set-Top-Boxen sowie allen anderen mit dem Internet verbundenen Fernsehgeräten. Entscheidend für den wachsenden Erfolg ist ebendiese Mobilität. Erst sie ermöglicht die individuelle Nutzung des Streaming-Dienstes. Netflix zielt darauf ab, die Macht über die Freizeit der Abonnent*innen zu erlangen.

Die Streaming-Zahlen steigen auch in dieser Unternehmensphase beständig. Im Jahr 2009 hat Netflix bereits über zehn Millionen Mitglieder und beginnt mit der globalen Expansion.[8] Netflix ist jetzt unter anderem in Kanada, Lateinamerika und in der Karibik nutzbar.

Die vierte Phase

Diese Phase erstreckt sich über die Jahre von 2012 bis 2016. Die Mitgliederzahlen wachsen und wachsen. Die globale Expansion schreitet immer rasanter voran. Netflix debütiert 2012 in Europa, zunächst im englischsprachigen Raum und den nordischen Ländern, wo nur selten Synchronisationen angeboten werden und man rasch expandieren kann, wie zum Teil auch bei den folgenden: 2013 startet Netflix in den Niederlanden, 2014 in sechs weiteren europäischen Ländern: Österreich, Belgien, Frankreich, Deutschland, Luxemburg und der Schweiz – der für uns wichtigste Schritt, erstmals wird synchronisiert, Netflix ist jetzt auch auf Deutsch und Französisch streambar. Doch die Expansion geht weiter: Netflix ist ab 2015 in Australien, Neuseeland und Japan vorhanden, expandiert aber auch europaweit nach Italien, Spanien und Portugal. Bis 2016 wird Netflix in 130 Ländern nutzbar und bietet den weit über 50 Millionen Mitgliedern in mehr als 190 Ländern und 21 Sprachen seine Unterhaltungsdienstleistung an.[9]

Als die globale Expansion abgeschlossen ist, hört das Wachstumsstreben des Unternehmens nicht auf: Das Empfehlungsmanagement wird ausgebaut, und die Bedienoberflächen werden immer weiter auf die einzelnen Nutzer*innen abgestimmt. Netflix soll zu »meinem« Netflix werden, individuell und wirklich auf Wunsch – diesmal ist das nicht mehr nur das Programm zum Zeitpunkt der Wahl, sondern auch die Inhalte sind wunschgemäß –, jetzt und in Zukunft lernt Netflix, uns den Wunsch von den Lippen abzulesen. Möglich macht dies die Profil-Funktion, wobei die Nutzer*innen unterschiedliche Profile sogar für verschiedene Stimmungen individuell erstellen können.

Entscheidend für den Erfolg dieser Strategie ist die Produktion eines algorithmischen Publikums, das aus der permanenten Datenauswertung der Nutzer*innen entsteht. Die

Netflix: Die neue digitale Volkskultur

Kultur von Netflix und damit eng verbunden auch die Marktmacht gründet in dieser Hinsicht vor allem auf der Vorhersagekraft der Algorithmen und von Big Data. Daten sind Macht, und Daten degradieren uns zu individuellen Datenquellen. Netflix stellt daher – gerade die permanente Vermessung des Verhaltens der Zuschauer*innen unterstützt dies – eine neue Macht im Bereich der Kulturwirtschaft dar. Die ununterbrochene Echtzeit-Marktforschung trägt nur scheinbar zum Wohl der Nutzer*innen bei, doch sie bedeutet andererseits eine konstante digitale Überwachung der Konsumgesellschaft.

Netflix weiß genau um die positiven Auswirkungen dieser durchaus kostspieligen Überwachung: Das Ziel ist, ein hohes Konsumverlangen beim Publikum zu erzeugen – je individueller und mobiler das Programm, desto längere und langfristigere Bindung verspricht sich das Unternehmen.

Streaming-Konsum trägt also tatsächlich viel weniger zur Freiheit der Nutzer*innen bei, egal, wie sehr es die Netflix-Gründer beständig behaupten. Ganz im Gegenteil: Konsum führt zur permanenten Überwachung und anschließenden Lenkung des eigenen digitalen Handelns. Mein digitales Handeln wird uminterpretiert – und damit ausgenutzt – zur permanenten Einverständniserklärung mit den Gegebenheiten: den Arbeitsbedingungen von Netflix. Das nenne ich nicht Freiheit, sondern Unfreiheit. Mit einem demokratischen Verständnis von Freiheit durch Selbstbestimmung hat das jedenfalls nichts mehr zu tun: ein Sich-Fügen in die Fremdbestimmung. Aber weitaus schlimmer ist, dass wir uns diese Unfreiheit herbeiwünschen, denn wir wollen ja auch weiterhin gut unterhalten werden. Mit Netflix als Player im Markt wird erstmals Selbstbestimmung eingetauscht zugunsten einer suggerierten Konsum- und Unterhaltungsfreiheit. Und unsere Freiheit, unser Recht auf Selbstbestimmung verliert.

Meine Perspektive und Auslegung der Tatsachen würde Ted Sarandos natürlich vehement zurückweisen. Denn er wird nicht müde zu betonen, wie vorteilhaft diese Echtzeit-Marktforschung für die Nutzer*innen ist. Jede Sekunde des individuellen Seherlebnisses wird für Netflix sichtbar: Was wurde wann von mir eingeschaltet? Wann habe ich zurückgespult? Wonach suche ich? Welche Bewertungen gebe ich ab? Wie lange habe ich zugeschaut? Wann und an welcher Stelle habe ich abgeschaltet? Was sehe ich mir mehrfach an? Zu welcher Uhrzeit schaue ich etwas an? Auf welchen Endgeräten nutze ich Netflix? Was habe ich vor dem Programm, das ich gerade anschaue, gesehen? Welches Programm habe ich schnell wieder abgebrochen? Was habe ich mir danach alternativ angesehen?

Merken Sie etwas? Genau: Nichts, was Sie bei Netflix tun, bleibt unbemerkt. Und nichts wird von den Algorithmen nicht gleichzeitig registriert und bewertet. Mit jedem Klick, mit jedem Stream werden die Konsument*innen, werden wir alle reduziert auf unsere ganz individuelle Netflix-Persona. Und damit werden wir schlicht berechenbar für Netflix.

All das wird aber von Ted Sarandos nicht als Überwachung, sondern als Qualitätsmanagement aufgefasst. Fast schon als eine Form der digitalen Nächstenliebe. Wobei diese sich nur auf die Abonnent*innen beschränkt – die aktuellen und die künftigen.

Was aber sind die Qualitäten dieses Qualitätsmanagements: Technische Probleme werden schneller bemerkt und können umgehend verbessert werden. Ich muss mich auch nicht extra über irgendetwas beschweren und damit meine Zeit verschwenden. Netflix sieht alles und handelt sofort – vorgeblich in meinem Sinne.[10]

Wenn alles, was Netflix tut, nur darauf abzielt, mir den besten Service zu bieten, dann frage ich mich aber, warum Netflix keine konkreten Einblicke in die Netflix-Zahlenwelt und das Arbeiten der Netflix-Algorithmen gewährt. Niemand außer dem Streaming-Anbieter weiß tatsächlich, wie viele Abonnent*innen welche Serien oder Filme streamen. Nach welchen Kriterien sortieren uns die Algorithmen in Schubladen? Was genau wird eigentlich wie gespeichert? Was wird wie interpretiert? Solange keine Zahlen vorliegen, weiß auch niemand, ob Serien und Filme wirklich eine Massenwirkung haben und den Massengeschmack beeinflussen, nur weil sie bei Netflix als populär geführt werden. Eine Behauptung macht noch lange keine Wahrheit. Aber sie beeinflusst uns, die Konsument*innen, doch.

Demokratie lebt nun einmal von Transparenz, da reicht es nicht, ständig nur zu betonen, dass alles zum Besten der Bürger*innen geschieht und sie nicht weiter nachdenken müssten, weil die Regierung das für sie übernimmt. Genau so klingt das scheinbar demokratische Nutzungsversprechen von Ted Sarandos jedoch.

Die entscheidende Weiterentwicklung in dieser vierten Phase der Unternehmensgeschichte sind die Eigenproduktionen, die sogenannten Netflix Originals, wie zum Beispiel die international erfolgreichen Serien »House of Cards«[11], »Orange Is the New Black«[12] oder »Stranger Things«[13], aber auch Filme, etwa der erste Netflix-Original-Spielfilm, das Kriegsdrama »Beasts of No Nation«[14]. Diese Eigenproduktionen werden dabei nicht einmal als globale Stoffe gedacht, die überall auf der Welt funktionieren, sondern sie werden gerade auch als regionale Stoffe verstanden, die auf die konkreten Lebenswelten und nationalen Situationen von unterschiedlichen Ländern eingehen. Wer dies nun für ein individuelles Eingehen auf den Marktgeschmack oder für den Beweis annimmt, unser individuelles Handeln habe doch tatsächlich Einfluss auf die Produktionen, der liegt falsch.

Ein Beispiel für diese Regional-Strategie von Netflix ist die Serie »Marseille«.[15] Sie ist die erste französische Eigenproduktion von Netflix, ein Politdrama mit Gérard Depardieu in der Hauptrolle. In einem Interview beschreibt Sarandos mit Blick auf diese Serie, wie die Regional-Strategie funktioniert, und hebt hervor, dass Netflix auch in Europa erfolgreich europäische Netflix-Stoffe produzieren könne. Entscheidend hierfür sind wiederum die Daten, die Netflix von den französischen Abonnent*innen sammelt:

> »Ja, wir schauen uns an, was die Leute schauen. Welche unserer Inhalte werden in dem jeweiligen Land besonders gut bewertet? Welche Kinofilme sind erfolgreich? Das bringt viel mehr als Fokusgruppen und Umfragen. Man kann Leute natürlich fragen, was sie gerne sehen möchten. Aber es ist viel präziser zu sehen, was sie wirklich tun. Sie sagen dir sonst das, was du ihrer Meinung nach hören willst.«[16]

Die Serie sollte ein französisches »House of Cards« werden. Damit diese Regional-Strategie auch funktioniert, hat der Regisseur der Serie, Dan Franck, die vollkommene künstlerische Freiheit erhalten, die Serie genau so zu machen, wie er es für richtig hält. Ist das nicht lobenswert? Ich nenne es die Kreativitätsförderungsstrategie von Netflix (denn eine größere Strategie steckt nun einmal dahinter): Die Regisseur*innen dürfen ihre Traumserien und -filme drehen, das Budget wird dazu von Netflix zur Verfügung gestellt. Die künstlerische Freiheit bleibt vorgeblich gewahrt. Ein anderes Beispiel: Im Jahr 2015 präsentierte Netflix seine erste nicht englische Originalserie und erste mexikanische Eigenproduktion mit der Komödie »Club de Cuervos«[17]. Eine Entwicklung, die auch im Filmbereich stattfindet. Als erfolgreiches Beispiel könnte hier der erste nicht englischsprachige Originalfilm, das spanische Drama »7 Años«[18] genannt werden.

Netflix legt in dieser Zeit zunehmend Wert auf seine Eigenproduktionen – eine Strategie, die sich das Unternehmen am

Netflix: Die neue digitale Volkskultur

Markt abgeschaut hat, allerdings nicht am Streaming-Markt, sondern bei Pay-TV-Anbieter HBO. Möglich wurde dies damit, dass Netflix seit 2007, also in der dritten Phase der Unternehmensgeschichte, angefangen hat, sich auf das Streaming als Kerngeschäft zu verlagern. Netflix versucht hierbei das Modell des erfolgreichen US-amerikanischen Pay-TV-Anbieters HBO, der unter anderem Erfolgsserien wie »Game of Thrones«[19] oder »True Detective«[20] produziert hat, zu adaptieren und in der Umsetzung durch sein digitales Streaming-Modell zu verbessern.

Die Netflix-Strategie, vermehrt auf Eigenproduktionen zu setzen, hat sich in dieser Phase nicht nur mit Blick auf die kontinuierlich steigenden Abonnent*innen-Zahlen positiv ausgewirkt. Darüber hinaus gibt es infolge der großen Produktqualität von Netflix seit dieser Zeit immer wieder Preis-Nominierungen und Preis-Gewinne. Netflix wird auch offiziell als Qualitätsgarant geadelt. In dieser Unternehmensphase gewinnt der Anbieter unter anderem drei Emmys für die schon erwähnte Serie »House of Cards«. Der Emmy Award ist der bedeutendste Fernsehpreis in den USA. Es sind vor allem die aufwendigen und mit einem ungewöhnlich großen Budget ausgestatteten Serien-Produktionen, in Verbindung mit der vollkommenen künstlerischen Freiheit, die Netflix, wie auch den anderen Streaming-Anbietern, die hervorragende Reputation unter den Filmemacher*innen verschaffen.

Netflix einzuschalten, das löst das große Versprechen für die Nutzer*innen und Kund*innen ein, denn diese können bei dem Anbieter für eine geringe monatliche Gebühr sehr viele sehr gute, ja im Wortsinn »ausgezeichnete« Serien und Filme sehen. Noch dazu, wo Regisseure und Produzenten die Zusammenarbeit loben, da sie, wenn sie für Netflix drehen, mehr Freiheiten genießen und die Möglichkeit bekommen, andere Formen des filmischen Erzählens auszuprobieren.

Eine lobenswerte, ja großartige Entwicklung? Und Sie fragen sich, was ich nun daran wieder auszusetzen habe? Ich bitte Sie noch einen Moment um Geduld, denn ich möchte das hier noch ein wenig vertiefen, weil diese Entwicklung so wichtig ist. Das entscheidende Jahr ist wohl 2013, als Netflix begonnen hat, mit der amerikanischen Erfolgsserie »House of Cards« Eigenproduktionen mit massiver finanzieller Ausstattung auf den Weg zu bringen, die man nur bei Netflix sehen konnte, die auch oft in Originalsprache gedreht wurden oder zunächst in Originalsprache mit Untertitel streambar sind.[21] So hat Netflix Schritt für Schritt ein neues Fernsehen außerhalb des Fernsehens geschaffen.

Das wegweisend Neue bei »House of Cards« war etwa, dass man den Oscar-Preisträger Kevin Spacey und den Hollywood-Regisseur David Fincher gewinnen konnte, indem man ihnen etwas versprochen hat, was das herkömmliche Fernsehen nicht gemacht hat: Netflix garantierte zwei Staffeln. Das konnte sich kein konventioneller Fernsehsender erlauben – oder hätte es gemacht zu der Zeit. Netflix hat verstanden, wie man große Schauspieler, erfolgreiche Regisseur*innen ins Digitale holt: indem man ihnen verspricht, was sich das klassische, das analoge Fernsehen nicht leisten kann.

Zudem war das britische Original bereits bei Netflix erfolgreich. Der Regisseur David Fincher und die Schauspieler*innen Kevin Spacey und Robin Wright waren beim Netflix-Publikum sehr beliebt. Aber auch politische Dramen standen hoch im Kurs. Es konnte eigentlich nichts schiefgehen, wie Jonathan Friedland, der Chief Communication Officer von Netflix, betont. Netflix kennt eben seine Nutzer*innen und deren Geschmack. Die Vorhersagen über den Erfolg oder Misserfolg einer Serie beziehungsweise darüber, ob Netflix in einen Stoff investieren soll oder nicht, sind durch die umfassende Datenbasis, die die Netflix-Algorithmen täglich zusammentragen, für Friedland tatsächlich relativ genau – und damit finanziell kalkulierbar – zu treffen.[22]

Woher aber holt sich Netflix die enormen Kosten wieder, die durch diese Eigenproduktionen zwangsläufig anfallen? Das digitale Gehirn von Netflix, die mathematische Grundlage für alle Entscheidungen, ist durch die Erfassung sowie Auswertung der Daten der Netflix-Nutzer*innen immer präziser und verlässlicher als Werbeanzeigen, Einschaltquoten oder ein Testpublikum. Fernsehen und Kino können hier nicht mehr mithalten. Genauer: Sie verfügen schlicht nicht über die notwendigen Informationen. Und die Macht über die Daten ist heute immer mehr die Macht über die Wirklichkeit.

Netflix hat mit »House of Cards«, »Orange Is the New Black« oder »Narcos«[23], die Geschichte um den Drogenbaron Pablo Escobar und dann die Kartellkämpfe, die nach seinem Tod ausgebrochen sind, immer wieder großes Gespür für Zeitthemen bewiesen. Was wollen die Leute sehen? Was sind Stoffe, die die Menschen ansprechen? Denn eines ist für Netflix von entscheidender Bedeutung, das beweisen sie uns mit ihren Einschaltquoten: Das Unternehmen will eine digitale Volkskultur repräsentieren. Netflix versucht daher, für jeden Geschmack und für jedes Alter etwas zu bieten. Deshalb bleibt immer auch Raum für Nischenproduktionen, aber entscheidender ist das Mainstream-Programm für ein Massenpublikum. Netflix möchte eben einen Querschnitt des Volksgeschmacks anbieten – international und regional.

Diese Entwicklung zeigt, dass Netflix die klassische Serien- und Filmkultur, die dringend Präsentationsorte wie das Fernsehen oder Kino braucht, abgelöst hat als Vorreiter für die anderen Streaming-Dienste, auf die ich noch zu sprechen komme. In der Serienkultur von Netflix ist es schon länger üblich, Serien auf dem Niveau von Kinofilmen zu produzieren. Man hat hervorragende Bildqualität, man arbeitet mit großen Regisseur*innen zusammen, mit bedeutenden Schauspieler*innen, erzählt keine Stoffe mehr, die billig wirken, oder arbeitet mit Schauspielern, die wie Laienschauspieler rüberkommen, man wählt keine Location mehr, die aussieht wie Fernsehen, aber nicht wie Film. Das alles sind Elemente aus der Bildschirmzeit vor Netflix und lassen automatisch Fernsehen alt aussehen.

Netflix hat also etwas Ungewöhnliches etabliert: Der Streaming-Dienst, ein Anbieter also, der eigentlich nur eine Durchlaufstation ist, der etwas verleiht, etwas abgibt für einen bestimmten Monatsbetrag, dieser Streaming-Dienst beweist, dass er selbst in der Lage ist, Kunst zu schaffen. Preiswürdige Kunst. Und wieder mögen Sie sich fragen: Das kann doch nicht schädlich sein?

Netflix ist schließlich auch eine Chance für Kinofilme, die mit kleinem Budget gedreht werden und durch den Streaming-Dienst die Chance auf ein großes internationales Publikum und nicht nur auf das kleine Programmkino- und Arthouse-Publikum haben. Einige Kritiker sprechen daher auch von Netflix als einem »monster that's eating Hollywood«[24]. Ich komme gleich darauf zurück.

Auch darin besteht ein deutlicher Unterschied zwischen Netflix und dem Fernsehen, denn wenn man sich heute das Fernsehgeschäft anschaut, aber auch das Filmgeschäft, regiert überall die Angst. Man ist unsicher: Kann das erfolgreich sein? Man produziert eine Staffel, und dann zeigt man eine Folge – wenn die nicht erfolgreich ist, setzt man die Serie sofort ab. Netflix ist hier risikobereiter, angstfreier, mutiger und gibt auch den kleinen Filmen und Serien, die nicht so aufwendig und teuer sind, eine Chance, um die Vielfalt bedienen zu können, von der das Unternehmen durch die Algorithmen-Abfrage weiß. Prompt bleiben alle Serien und Filme bei Netflix im Bestand und verschwinden nicht »sang- und klanglos« aus dem Programm wie bei Fernseh- und Kinoproduktionen. Die Auswirkungen auf unsere Gesellschaft werden erst im weiteren Verlauf der Entwicklung sichtbar.

Die fünfte Phase

In den Jahren 2017 bis 2019 startet die fünfte Phase der Netflix-Entwicklung. Die Abonnent*innenzahlen steigen und steigen. Für 2017 erreicht Netflix bereits weltweit über 100 Millionen Mitglieder! Vor allem zwei Entwicklungen sind hier von großer Bedeutung: einerseits das verstärkte Engagement im Bereich Filmproduktion für den internationalen Markt – und andererseits die intensivierte Produktion von regionalen Originalserien und -filmen. Dieser doppelte Fokus ist abermals sehr erfolgreich: So gewinnt Netflix 2017 bei den 89. Academy Awards den ersten Oscar in der Kategorie »Bester Dokumentar-Kurzfilm« für »The White Helmets«[25], ein Film, der sich mit der als »Weißhelme« bezeichneten syrischen Zivilschutzgruppe befasst. Gleich im Folgejahr erhält Netflix den zweiten Oscar in der Kategorie »Bester Dokumentarfilm« für »Icarus«[26], ein Film, der das Doping im Sport thematisiert. Dann gewinnt Netflix 2019 sogar gleich vier Oscars, darunter in den Kategorien »Bester Regisseur«, »Bester fremdsprachiger Film« und »Beste Kamera« für das mexikanische Filmdrama »Roma«[27].

Aber auch die Produktion der internationalen Originalserien wird intensiviert und erfolgreich fortgeführt: Netflix erweitert sein internationales Portfolio um Serien wie »La Casa de Papel«[28], »Suburra: la serie«[29], »Dark«[30], »Jinn«[31] und »The Stranded«[32]. Auch die Serienproduktionen von Netflix gewinnen weiterhin zahlreiche Emmy Awards für Serien wie »Black Mirror«[33], »Ozark«[34] oder »Queer Eye«[35].

Ganz besonders erfolgreich für Netflix war aber das Emmy-Jahr 2018: In diesem Jahr hat Netflix tatsächlich HBO eingeholt (was angesichts des Erfolgs von »GoT« kaum vorstellbar erschien). Die letzten 17 Jahre hat der amerikanische Kabelsender mehr Emmys bekommen als alle anderen. Doch dieses Mal hatte Netflix mit 112 Nominierungen nicht nur vier mehr als HBO, der Streaming-Dienst hat am Ende tatsächlich gleichgezogen. Sowohl Netflix als auch HBO erhielten 23 Emmys.

Video-Streaming-Dienste haben vor allem das Fernsehen in Bedrängnis gebracht, aber auch das Kino.[36] Das verdeutlicht die zuvor beschriebene Entwicklung. Mit dem Streaming ist eben ein neues Fernsehzeitalter angebrochen. Der digitale Wandel hat die Idee des Fernsehens grundlegend verändert. Streaming-Unternehmen wie Netflix repräsentieren die schöne neue Welt des Internet-vermittelten Fernsehens, das das Ende der Rundfunk-Ära, wie wir sie kennen, schon vor über einem Jahrzehnt eingeläutet hat. Die Rundfunk-, Kabel- und Satellitensysteme sind als führende Verbreitungswege für Fernsehinhalte am Ende und reproduzieren sich heute nur noch als unzeitgemäße Medienideen.

Der Angriff auf das Fernsehen war jedoch nur der Anfang. Durch den Erfolg von Netflix ist nicht nur das Fernsehen verurteilt, »auf dem absteigenden Ast zu sein«, sondern zunehmend wird auch das Kino zu einem Medien-Dinosaurier. Das ist hier relevant, weil es vor allem Filme sind, die neben den Serien den Erfolg von Netflix ausmachen.

In einem Artikel der renommierten und altehrwürdigen britischen Tageszeitung The Guardian spricht der Filmjournalist und Analog-Nostalgiker Nick Pinkerton[37] etwa von der Auslöschung des Kinos und der Filmgeschichte durch die Streaming-Giganten. Er behauptet, dass Streaming-Dienste wie Netflix zwar umfangreiche Filmarchive anbieten würden, dabei aber die Filmauswahl und mit ihr den Zugang zur Filmgeschichte mit Blick auf ihre Eigenproduktionen zynisch einschränken. Die Filmgeschichte vor 1980 sei zum Beispiel auf Netflix, so Pinkerton, gar nicht vorhanden. Zur (Film-) Bildung könnten Streaming-Dienste so nicht beitragen, denn sie ermöglichten keine spontanen Begegnungen mit der Filmgeschichte, wie dies etwa noch bei Videotheken der Fall war. Algorithmen-getriebene Filterblasen ermöglichten, wie

Pinkerton hervorhebt, keine spontanen Begegnungen mit der Filmgeschichte. Die Streaming-Dienste zeigten immer nur an, was den einzelnen Konsument*innen gefallen könnte, und lenken dadurch vom Unbekannten weg. Das kulturelle Ambiente der Streaming-Dienste sei insgesamt auf die Aktualität und das Vergessen ausgerichtet. Für Pinkerton steht fest, dass ein Medium ohne Vergangenheit, wie zum Beispiel Netflix, keine große Zukunft besitzen könne. Zumindest auf kurze Sicht scheint Netflix ihn da zu widerlegen. Mit Blick auf die Gefahren, die ich sehe, ist das enttäuschend.

Wir sollten jedenfalls im Hinterkopf behalten, dass der Traum des Internets, alles jederzeit verfügbar zu haben, durch Netflix & Co. in keiner Hinsicht erfüllt wird, wie Pinkerton betont. Von unbegrenzter Wahlfreiheit der Abonnent*innen kann keineswegs gesprochen werden. Dieses Versprechen von Vielfalt sei, so Pinkerton, bei allen Streaming-Diensten nur der Köder, mit dem die Nutzer*innen in die Abo-Falle gelockt werden.

Was Pinkerton nicht bedenkt, ist, dass sich unsere Erwartungshaltung an die Medien durch die vermeintliche Allverfügbarkeit der Bildmedien infolge des Streamings entscheidend verändert hat. Wenn ständig alles vorhanden ist und die Sender und die Dienste permanent um mich buhlen, entwickle ich fast automatisch den Anspruch, dass mir immer mehr zusteht. Dass mir eigentlich alles zusteht. Ich als Konsument*in gewöhne mich daran, dass ich als Kund*in mit meinen Klickzahlen im Mittelpunkt stehe. In der Welt der Streaming-Dienste geht es am Ende doch nur um mich.

Spätestens seit dem Erfolgszug von Netflix müsste uns allen klar sein: Streaming-Dienste fördern, ebenso wie das Privatfernsehen durch seine Du-Orientierung, die ich im 2. Kapitel beschrieben habe, die narzisstisch grandiose Selbstüberschätzung der Nutzer*innen. Und wie leicht gewöhnt man sich daran, dass man im Mittelpunkt steht, dass man immer und überall Zugriff hat – und dann noch auf das Medium der Wahl, und auf das nächste und wieder das nächste. Damit wächst auch das Vertrauen in die Streaming-Dienste, denn sie sind es, die mich in dieser Weise verwöhnen. Sie versorgen mich mit speziell auf mich zugeschnittenen Empfehlungen.

Die Wechselseitigkeit zwischen Sender und Empfänger hat vermeintlich zugenommen, aber ist »meine« Wirkung auf den Streaming-Dienst wirklich so groß, wie die Dienste es behaupten? Kann ich wirklich so viel bewirken? Diese Frage sollte uns beschäftigen. Und dass wir mit unserem Handeln tatsächlich Einfluss haben, das zeigt die gleichzeitige Entwicklung, zeigt der Niedergang des Kinos.

Wie aber sieht unsere Wirkung auf die Streaming-Dienste tatsächlich aus? Nun, solange diese Dienste uns über die Funktionsweise der Algorithmen nicht aufklären und nicht offen darlegen, wie es um die Klickzahlen wirklich bestellt ist, so lange tappen wir im Dunkeln. Doch es lohnt sich, den Blick einmal auf das Kino zu richten.

Das Kino hätte für Streaming-Dienste ein großer Konkurrent sein können, ja, sein müssen. Eigentlich hätte das Kino von den Streaming-Diensten zum Gegner erklärt werden können. Netflix hätte dann seine eigenproduzierten Filme nur auf Netflix gezeigt und nicht in den Kinos.

Dieser Frage widmet sich auch der oben bereits zitierte Pinkerton. Ihm zufolge bildet etwa der Kriminal-Thriller »The Irishman«[38] eine Ausnahme, der allerdings nur ganz kurz im Kino präsentiert wurde. Auch ist wohl bisher ungeklärt, ob die Eigenproduktionen auf physischen Datenträgern (DVD, Blu-ray) veröffentlicht werden – bisher gilt, dass die Streaming-Dienste das zumeist unter sich ausmachen. Diese Entwicklung bedeutet aber, dass zum Beispiel Netflix-Eigenproduktionen wie »The Irishman« nur so lange verfügbar sind, wie der Streaming-Dienst den Zugang durch ein Abo oder in seinen Programmarchiven ermöglicht, um die Verbreitung zu kontrollieren. Auch gekaufte Videos könnten bei Streaming-Diensten über Nacht verschwinden, man speichert sie ja innerhalb des Dienstes. Man besitze, wie Pinkerton abschließend betont, beim Streaming also nicht das, was man besitzt.

Es ist wohl tatsächlich so, dass Streaming-Dienste die durch die Videokassette und den Videorekorder sowie durch deren Weiterentwicklungen gewohnten Besitzverhältnisse – jede/r kann ihre/seine eigene Videothek erstellen beziehungsweise zusammenkaufen – wieder auflösen wollen. Jede/r erwirbt heute letztlich nur ein oder mehrere Streaming-Abos, aber keine Artefakte auf physischen Datenträgern mehr. Sobald man das Abo kündigt, verschwindet der vermeintliche Besitz spurlos. Wo sonst lassen wir uns das gefallen?

Streaming führt also letztlich zu einer Verlagerung der Konsument*innen-Souveränität zurück zur ausschließlichen Souveränität der Streaming-Unternehmen. Alle Streaming-Dienste sind Pinkerton zufolge letztlich nur am Geld der Nutzer*innen interessiert. Der Kultur und Kunst gegenüber sind sie indifferent, egal, wie viele Preise sie einheimsen – ganz im Unterschied zum Kino oder zu Arthouse-Videotheken.

Die Gegenwart

Wir sind jetzt nach diesen fünf Phasen der Unternehmensgeschichte von Netflix in der Gegenwart angekommen. Zumindest zwei Fragen werden Sie an dieser Stelle interessieren: Was sind die Konsequenzen, die wir aus der Geschichte von Netflix, die Sie gerade gelesen haben, aktuell ziehen können? Und wie demokratiegefährdend ist Netflix konkret? Ich will Ihnen gerne diese Fragen beantworten und dabei auf alle Aspekte eingehen, die ich vorhin als Meilensteine der Entwicklung von Netflix vorgestellt habe.

Netflix verbindet und bindet. Millionen von Menschen weltweit, wie Sie vorhin gelesen haben, nutzen den Video-Streaming-Anbieter – und zwar täglich. Netflix hat gezeigt, dass das Abo-Modell das Geschäftsmodell der Zukunft ist. Zum Ende des Jahres 2019 konnte Netflix fast 172 Millionen Abonnent*innen weltweit verzeichnen. In Deutschland werden im Jahr 2020 ungefähr 12 Millionen Abonnent*innen erwartet. Schon jetzt nutzen fast 8 Prozent aller Personen in Deutschland Netflix täglich. In den USA sind es sogar »24 Prozent« aller Amerikaner*innen.[39] Das zahlt sich für das Unternehmen aus.

Zum Ende des Jahres 2019 führte das erfolgreiche Wachstum von Netflix zu einem Umsatz von 5,47 Milliarden US-Dollar. Das bedeutete eine Umsatzsteigerung von rund 1,28 Milliarden US-Dollar im Vergleich zum vorausgehenden Jahr.[40] Und bedenken Sie, es ist hier wirklich die Rede von Milliarden US-Dollar, nicht etwa Millionen. Und Netflix ist nur der Markführer im Video-Streaming-Markt, die Dienste zusammengenommen sind noch viel umsatzstärker. Dieser mächtige Zuwachs führte dazu, dass Netflix im Juni 2019 sogar den achten Platz im Marktwert-Ranking der größten Internetunternehmen weltweit belegte. Der Marktwert von Netflix allein belief sich auf 158 Milliarden US-Dollar.[41]

Diese Zahlen sprechen eine deutliche Sprache. Netflix übt einen großen Einfluss auf unsere Sehgewohnheiten und Unterhaltungsbedürfnisse aus. Der Streaming-Dienst bindet aber nicht nur unsere Aufmerksamkeit, sondern verbindet uns zu einer anonymen Gruppe globaler Netflix-Abonnent*innen.

Auf der deutschen Netflix-Startseite werden entsprechend Kategorien präsentiert, die anzeigen, dass Netflix eine Gemeinschaft ist. Im Unterschied zu den sozialen Netzwerken nimmt man diese allerdings nicht unmittelbar wahr. Die Gemeinschaftskategorien auf der Netflix-Startseite tragen Titel wie zum Beispiel »Top10. Heute die Nr. ... in Deutschland« oder »Derzeit beliebt«. Bei allen Serien, Filmen und Dokumentationen werden zudem noch Prozentzahlen aufgeführt, die Übereinstimmungen des jeweiligen Angebots mit meinen bisherigen Netflix-Sehgewohnheiten herstellen. Dadurch sollen die Nutzer*innen schneller überzeugt werden, das jeweilige Angebot zu streamen, weil es augenscheinlich zu ihnen passt. Der Netflix-Algorithmus trifft hier Entscheidungen für mich. Das Zeitalter der Kund*innen 2.0 hat begonnen.

Netflix kennt mich. Netflix sieht mich. Netflix wertet mich aus und zeigt mir, was mir gefällt. Unmittelbar und ohne Unterbrechung. Die Auswertung der geheimen Algorithmen führt zur Personalisierung von Inhalten und zur Planung von neuen Inhalten. Aber auch dazu, die Eigenproduktionen möglichst optimal auf die Bedürfnisse der Nutzer*innen auszurichten. Netflix möchte damit erreichen, dass seine Abonnent*innen nicht nur die Filme und Serien lieben, sondern Netflix selbst: die Anwendung, den Service, die Plattform.

Bei Netflix ist daher alles eine Empfehlung. Das Empfehlungsmanagement ersetzt die Beratung, die es in Videotheken gibt und wie ich sie im 2. Kapitel beschrieben habe. Hier ist Empfehlung zugleich die Beratung, denn die Empfehlung basiert auf meinen ureigenen Suchanfragen und meiner Nutzung von Netflix. Mir wird scheinbar nur das empfohlen, was mich auch wirklich interessiert. Darüber hinaus kann Netflix für jedes einzelne Mitglied nachhalten, welche Empfehlungen nicht angenommen wurden.

Bedenken Sie dabei Folgendes: Im Unterschied zu einer Empfehlung durch einen anderen Menschen, die immer auch von dessen Geschmack abhängt, empfiehlt sich bei Netflix jede/r Nutzer*in selbst etwas. Und zwar gilt die Empfehlung einem Produkt, das er beziehungsweise sie vielleicht noch nicht kennt, aber kennenlernen sollte. Ist das nicht seltsam: Etwas empfiehlt sich uns. Aber viele von uns vertrauen diesen maschinellen Empfehlungen mittlerweile mehr, als den Empfehlungen von anderen Menschen. Wer sich selbst etwas empfiehlt, erlebt weniger Überraschungen. Positiv wie negativ. Aber ist das empfehlenswert? Ein Leben ohne Überraschungen? Ich meine nicht.

Ted Sarandos, der Chief Content Officer von Netflix, also zuständig für die Inhalte, betonte daher schon 2012 in einem Interview, wie wichtig die algorithmische Personalisierung für den Erfolg des Streaming-Anbieters ist:

>>Unsere Daten und Algorithmen liefern uns die perfekte Personalisierung.<<[42]

Darf ich noch einmal einwerfen: Ist denn perfekt immer das, was ich möchte? Was bedeutet hier das Wort: perfekt? Interessiert sich der Streaming-Anbieter Netflix wirklich für mich und meine individuellen Bedürfnisse oder Wünsche? Oder bedeutet perfekt hier genau das Gegenteil: perfekt für Netflix, um mich als Abonnent*in noch stärker an den Streaming-Anbieter zu binden, weil das Netflix-Angebot scheinbar so gut zu mir passt. Allerdings passe ich mich doch eher diesem Angebot und dem Empfehlungsmanagement von Netflix immer wieder nur von Neuem an.

Die Basis für die perfekten Angebote stellen zwar meine Daten dar, die das Streaming-Unternehmen permanent sammelt, wenn ich Netflix nutze. Auf die algorithmische Auswertung dieser Daten und die darauf aufbauenden Empfehlungen von Netflix habe ich aber gar keinen Einfluss mehr. Ich kann diese Auswertungen und Entscheidungen, die Netflix für mich trifft, auch gar nicht nachvollziehen. Und hier liegt eine große Gefahr. Netflix gewährt mir tatsächlich keine Einblicke und schützt seine Daten. Na ja, eigentlich meine Daten, oder? Warum denkt das Streaming-Unternehmen, dass es mich vor mir, also vor meinen Netflix-Daten, schützen muss?

Netflix: Die neue digitale Volkskultur

Anscheinend, weil ich nicht perfekt verstehe, was ich will. Dazu brauche ich eben Netflix. Durch den Streaming-Dienst kann ich mich und meine Bedürfnisse perfekt beantwortet sehen.

Merken Sie gerade, wie absurd das ist und wie sehr uns Netflix unsere Selbstentmündigung und seine unternehmerische Ausbeutung unserer Daten als etwas Positives und Normales verkaufen will? Wollen Sie das wirklich? Genauso? Perfekter werden durch Netflix? Das nenne ich, um an das Thema der Selbstoptimierung aus dem vorausgehenden Kapitel anzuknüpfen: eine Streaming-Selbstoptimierung. Diese scheint für Sie notwendig zu sein, weil Sie sich selbst anscheinend nicht trauen oder nicht viel zutrauen. Jedenfalls nicht, wenn es um Ihre Unterhaltungsbedürfnisse geht.

Die Datenbasis ist für Netflix die wichtigste Geschäftsgrundlage: Auch im Entscheidungsprozess über die zukünftige Programmgestaltung von Netflix spielen Algorithmen die entscheidende Rolle, wie Ted Sarandos, der Chief Content Officer von Netflix, immer wieder betont: Ihm zufolge basieren 70 Prozent auf Daten und 30 Prozent auf der menschlichen Urteilskraft. Manche sprechen hier schon von der Mathematisierung unseres Geschmacks.[43]

80 Prozent dessen, was auf Netflix geguckt wird, sagt er, werde deswegen geguckt, weil die Algorithmen es dem Nutzer empfohlen haben. Nur 20 Prozent basierten auf einer eigenständigen Entscheidung. Rund 15 verschiedene Algorithmen arbeiteten allein auf der Startseite. Gómez hat ungefähr 90 Sekunden von dem Moment an, in dem ein Abonnent auf seine Startseite kommt, ihn von einem Vorschlag zu überzeugen. Wenn ihm innerhalb dieser Zeitspanne keine Empfehlung zusagt, wird er Netflix verlassen und vielleicht gar ins Kino gehen. Wenn das drei-, viermal passiert, wird der Abonnent bald seine Mitgliedschaft kündigen. Also müssen die Algorithmen besser werden.[44]

Automatisierte Rechen- beziehungsweise Rechneroperationen ersetzen die selbstbestimmte, reflektierte Auswahl. Ich schreibe hier bewusst: die reflektierte Auswahl, denn jedes Nachdenken kostet Zeit, ein Abwägen, ein Für und Wider, braucht Zeit. Doch es zählt für die Algorithmen stets die Verweildauer, die Schnelligkeit – die Bauchentscheidung. Eine kuratorische Aufgabe der Filmauswahl, die etwa durch Kinobetreiber, Videothekenbesitzer*innen oder Festivalveranstalter*innen geleistet wird, finden wir hier ersetzt durch die algorithmische Nutzungsanalyse.

Unser Streben nach Unterhaltung, unser menschliches Bedürfnis nach Unterhaltung wird hier kuratiert von einem Algorithmus. Aus der Videothek als einer kulturellen Institution ist in der Online-Videothek Netflix eine kulturelle Maschine geworden. Nicht etwa eine Maschine im Dienst der Kultur; diese kulturelle Maschine ist in der Lage, das Begehren der Nutzer*innen bis ins kleinste Detail zu analysieren und daraus Rückschlüsse für das Empfehlungsmanagement zu errechnen, damit der Algorithmus den Geschmack der Nutzer*innen beeinflussen kann. Kultur wird zum Gegenstand der Berechnung.

Ted Sarandos, der für die Content-Strategie sowie für die Qualität und Verbreitung von Inhalten zuständig ist, betonte 2014 in einem Interview entsprechend:

> »Algorithms drive our entire website – there isn't an inch of uncalculated, editorial space.«[45]

Der Einsatz von Algorithmen soll die Unsicherheit der Programmplanung, die für das traditionelle Fernsehen typisch ist, produktiv zu managen helfen, und der Spielraum ist nicht vorhanden. Der Wert von Schauspieler*innen, Regisseur*innen und Inhalten wird ausschließlich aus der Perspektive von Algorithmen bestimmt. Die Nutzung von Daten wird zur Positionierung des algorithmisch berechneten Publikums verwendet, weshalb ich es das algorithmische Publikum nenne. Algorithmen haben einen direkten Einfluss auf die Mitwirkung des Publikums – und reduzieren diese Mitwirkung auf eine mathematische Größe. Das Publikum wird viel leichter adressierbar, indem ihm eine algorithmische Identität verliehen wird.

Algorithmen formen unser digitales Leben und leiten die Entscheidungen von Zuschauer*innen und Konsument*innen an. Algorithmen bedeuten Macht, und die wichtigste Interaktion zwischen Streaming-Diensten und ihrem Publikum besteht darin, möglichst viele Daten zu erzeugen (Nutzer*innen) und einzusammeln (Streaming-Dienste), um das individuelle Programm – das allein für den Erfolg der Du-Strategie der Dienste sorgt – planbarer zu machen und das Empfehlungsmanagement permanent zu optimieren.

Liefern die Algorithmen dem Publikum lediglich, was sie in Form ihrer Programmauswahl freiwillig selbst offenbaren? Oder was tun diese Algorithmen noch? Stellen sie nur eine Servicefunktion dar, um den Konsum gelingender und befriedigender zu machen? Oder lesen die Streaming-Dienste aus Eigennutz mit? Schließlich geht es ihnen um die Marktmacht. Dann aber resultiert aus der exakten Vermessung unseres Konsums eine strategische Manipulation unserer Bedürfnisse, wir werden dazu angehalten, immer mehr sehen zu wollen.

Meiner Meinung nach erscheint der/die Kund*in fälschlicherweise als König*in, obwohl er/sie letztlich zum Sklaven seiner/ihrer Bedürfnisse gemacht wird. Denn zu welchem Zweck sonst sollten die Anbieter stets genau vermessen, was wir sehen, wie lange wir sehen, wo wir anhalten, was wir uns nochmals ansehen?

Das Publikum wird regelrecht zu einem metrischen Publikum, das für die Netflix-Programmplaner*innen immer berechenbarer ist. Netflix mathematisiert hierbei den Geschmack der Zuschauer*innen, er bricht ihn runter auf ein Regelwerk aus Zahlen – und macht aus diesem Regelwerk zusätzlich ein Geheimnis.

Das bedeutet aus der Perspektive der algorithmischen Logik von Netflix heraus: Wenn man die Erfolgsserie »House of Cards« mag, dann interessiert man sich mit Sicherheit auch für andere politische Dramen und Serien sowie Filme, in denen Kevin Spacey mitspielt. Zum individuellen Empfehlungsmanagement verwendet Netflix nutzungsbasierte Algorithmen. Im Unterschied zum klassischen Fernsehen wird die Programmplanung so sicherer und kontrollierbarer, ebenso wie die Investitionen für Programmeinkäufe und Eigenproduktionen. Und wir? Wir werden angefixt, immer mehr von demselben zu wollen. Mehr von dem, was dieses vertraute Gefühl hervorruft, nicht unangenehm überrascht zu werden. Immer mehr Bekanntes oder anders gesagt: Berechenbares.

Entscheidend für den Erfolg von Streaming-Diensten, das gilt für alle digitalen Medienunternehmen, ist die Revolutionierung der Verbreitung von Inhalten und Dienstleistungen, die von den vermeintlich realen Bedürfnissen des Publikums ausgehen, indem sie deren Nutzungsgewohnheiten genau auswerten. Das Ziel besteht darin, dem Publikum seinen individualisierten Konsumraum anzubieten, der scheinbar nur Inhalte enthält, die die Nutzer*innen interessieren.

Wer glaubt nicht, dass die Auswahl, die ihm präsentiert wird, die bestmögliche für den eigenen Sehgeschmack ist? Solange immer etwas dabei ist, was man sehen möchte, wird man noch nicht einmal auf die Idee kommen, das zu hinterfragen. So schalten wir immer wieder ein, sehen die erste Staffel, und wir können es kaum erwarten, dass die nächste Staffel beginnt. Und bis zu diesem Zeitpunkt lernen wir, mit dem zu überbrücken, was die Algorithmen uns anbieten: mehr Stoff aus dem unsere individuellen Träume sind. Das

Netflix: Die neue digitale Volkskultur

können Serien sein, die inhaltlich verwandt sind. Serien, die im Ausland funktioniert haben, und zwar auf genau demselben Slot. Und wir bekommen Serien angeboten, die wir vielleicht in der Vergangenheit noch zu Fernseh-Bedingungen konsumiert haben, eine Folge pro Woche. Nun aber können wir gleich mehrere Folgen hintereinanderweg schauen.

Netflix hat auf diesem Weg gleich das gesamte Fernsehnutzungsverhalten verändert: Aus dem hektischen Zapping wurde das auf Langfristigkeit ausgerichtete Binging. Eine Folge nach der anderen, dann eine Staffel nach der anderen, und was heute gar nicht mehr in den Terminplan passt, wird eben gleich morgens beim Frühstück »verschlungen«, heißt »binge« doch »Gelage«, so sind wir angefixt und stürzen uns auf die vom Streaming-Dienst angerichtete Mahlzeit, schaufeln immer mehr in uns hinein. Je individueller das Programm auf uns und unser persönliches Sehverhalten zugeschnitten ist, umso mehr verfallen wir dem Angebot. Wir werden von Zuschauer*innen zu Konsument*innen. Und aus dem König werden Untertanen.

Der Konsumraum weitet sich, wenn das Programm individueller ausgerichtet ist. Wir, die Zuschauer*innen, werden dazu verführt, uns immer mehr mit dem Streaming-Dienst zu identifizieren. Wir holen uns Zustimmung aus unserer Umgebung, sprechen mit Kolleg*innen über Serien, suchen Kleidung, wie wir sie gerade noch gesehen haben, indem wir im Internet verfolgen, was »unsere« Stars tun. Auch da hilft Netflix weiter, die Plattformen vergrößern ihr Angebot, werden zum Geschmacksraum, bis wir uns ganz eng mit dem Streaming-Dienst unserer Wahl verbunden fühlen. Wir laden ihn an unseren Tisch, wir konsumieren bis zum Abwinken.

Aus dem redaktionell fremd-kuratierten Fernsehen wird so ein vermeintlich selbst-kuratiertes Bewegbildprogramm. Dass dabei wir, die Kund*innen, zu mehr Zuschauen bewegt werden, das bekommen wir zwar mit, aber wir sind ja auch schon irgendwie daran gewöhnt. Und machen es nicht die anderen genauso?

Das, was Netflix mir empfiehlt, nehme ich daher persönlich. Es ist mein Programm. Für mich zusammengestellt. Mein Programm ermöglicht es mir auch, mich in die Netflix-Gemeinschaft konkreter einzuordnen: Bin ich ein Trend-Typ und mag, was die Mehrzahl der Netflix-Nutzer*innen bevorzugt? Bin ich vielleicht im Gegenteil eher ein Nischen-Typ, der lieber am Mainstream vorbeischaut? Vorausgesetzt natürlich, Netflix hält hierfür ein entsprechendes Angebot bereit. Oder passen das Netflix-Angebot und meine Nachfrage überhaupt nicht zusammen? Damit dieser Fall möglichst niemals eintritt, finden sich in allen Rubriken[46], in die Netflix sein Angebot unterteilt, fast ausschließlich hohe Prozentzahlen, die eine immerwährende Übereinstimmung zwischen Netflix und mir anzeigen. Das nenne ich Manipulation.

Medienkonsum soll permanent Freude und nicht Frustration erzeugen. Das traditionelle Fernsehen ist mit seinem Programm hingegen immer Ausgangspunkt von Medienfrust, etwa durch Werbeunterbrechungen oder Programme, die einen minderen Unterhaltungswert besitzen beziehungsweise uninteressant wirken, weil sie nicht an den individuellen Nutzungsbedürfnissen, sondern am Gemeinwohl der Zuschauer*innen orientiert sind.

Dabei sind gar nicht so selten auch die Empfehlungen von Streaming-Diensten eher Enttäuschungen. Sie entsprechen nicht meinem Geschmack. Das merke ich aber nicht so sehr, weil ich ja sehen kann, dass – vielleicht außer mir persönlich – gerade ganz viele andere das richtig toll finden. Muss ich mehr als nur die erste Folge sehen? Werde ich dann noch warm mit dem Kommissar, der Gastwirtin meines Vertrauens oder dem eher Action-geladenen Ein-Shooting-pro-Folge-Regelmaß und Waffen verherrlichenden Stil der neuen amerikanischen Krimi-Serie? Darüber hinaus kann es ja ru-

Netflix: Die neue digitale Volkskultur 111

hig auch mal länger dauern, bis ich irgendetwas finde, das ich mir ansehen möchte. Schließlich klicke ich selbst die anderen Sendungen weg.

Es kommt auch vor, dass ich nichts finde und frustriert oder genervt abschalte. Das erschüttert aber nicht meine Netflix-Bindung. Ich nutze Netflix dennoch regelmäßig weiter, bis ich wieder etwas finde, das mich begeistert. Erinnern Sie sich noch, wie ich in der Einleitung unsere allgemeine Mediennutzung beschrieben habe? Wir misstrauen den Medien. Dieses Misstrauen ändert aber nichts daran, dass wir jeden Tag unterschiedliche Medien nutzen und darauf unser Selbst- sowie Weltwissen aufbauen. Mit Blick auf unser Unterhaltungsinteresse handeln wir bei Netflix nicht anders. Und genau daraus entsteht der in der Einleitung hervorgehobene »Zirkel von Manipulation und rückwirkendem Bedürfnis«[47].

Netflix fördert bei den Nutzer*innen das Gefühl, dass der Streaming-Anbieter wirklich eine Gemeinschaft darstellt und kein ausschließlich individuelles Kauferlebnis offeriert, das man zum Beispiel im Online-Einzelhandel bei Amazon hat. Ohne Gemeinschaftsangebote geht es mittlerweile nicht mehr im Internet.[48] Aber die Gemeinschaft, die Netflix fördern möchte, ist die zwischen den Nutzer*innen und den Netflix-Inhalten. Wir binden uns an die Plattform. Und um nichts anderes geht es: um soziale Bindungen, die das Streamen uns ersetzt. Wir gewöhnen uns daran, dass wir keine Auswahl mehr brauchen. Wir nehmen das, was man uns empfiehlt. Ist bestimmt das Beste für uns, oder?

Zum Streaming-Dienst soll eben eine emotionale Beziehung entstehen, die das Fernsehen zumindest den jungen Zuschauern, die ein individualisiertes Netflix-Angebot inzwischen von Kindesbeinen an gewohnt sind, nicht mehr ermöglichen kann. Netflix passt seine Inhalte den individuellen Lebenswelten und den persönlichen Nutzungsinteressen an. Das ist eines der Erfolgsgeheimnisse von Netflix. Und genau dadurch entsteht bei den Kund*innen nicht nur eine emotionale und individuelle Beziehung zu den Netflix-Inhalten, sondern auch eine Bindung an den Streaming-Dienst.[49]

Die Netflix-Gemeinschaft bleibt im Unterschied zu den sozialen Netzwerken wie Facebook oder Instagram, abgesehen von Rankings und Zahlen, allerdings unsichtbar, versteckt hinter den Algorithmen. Und so etwas wie einen Moderator oder eine Moderatorin brauchen wir auch nicht mehr, Netflix ist längst in Personalunion aktiv für uns. Alle Nutzer*innen sind bei Netflix letztlich füreinander anonym.[50] So kann auch keine direkte gemeinsame Erfahrung entstehen, und Netflix fördert somit auch kein gemeinsames Erleben. Nur so etwas wie eine Bringschuld gibt es, wenn Freund*innen oder Arbeitskolleg*innen uns eine Folge voraushaben. Aber mal im Ernst: Das kommt wirklich nicht häufig vor, meist sind wir alle längst mit dem Serienjunkie-Dasein im Einklang. Man kann auch nicht direkt mit den anderen Abonnent*innen in Kontakt treten und sich mit ihnen austauschen. Bisher noch nicht. Das hat sich aber in der Corona-Krise teilweise geändert. Ich komme gleich darauf zurück.

Allerdings ist die Macht dieser anonymen Netflix-Gemeinschaft nicht zu unterschätzen. Alle Abonnent*innen geben mit ihren individuellen Nutzungen permanent eine Orientierung für die Gemeinschaft. So der Anschein. Und der reicht uns zumeist. Einen konkreten Einblick in die algorithmische Auswertung der Aktivitäten der Nutzer*innen gewährt Netflix nicht. Das bleibt ein Geschäftsgeheimnis. Die Auswertung dieser Daten und die daraus resultierende Präsentation von Trends behält sich ausschließlich Netflix vor. Man kann diesen Daten vertrauen oder sie anzweifeln. So oder so verschaffen sie eine Orientierung. Unsere Unterhaltungslust und Konsumfreude sind entscheidend. Ja, Lust und Freude entscheiden – nicht mehr der Verstand dominiert, sondern ein Bauchgefühl.

Lassen Sie es mich noch einmal hervorheben, weil es ein Kern des Problems ist: Netflix ist keine kuratierte Video-on-Demand-Plattform, deren Programm von Redakteur*innen oder Filmexpert*innen zusammengestellt wird, wie das etwa bei »alleskino« der Fall ist, das es sich zur Aufgabe gemacht hat, das deutsche Filmerbe von 1920 bis 2018 online zur Verfügung zu stellen. Ich komme später auf »alleskino« zurück. Netflix hingegen produziert neue Trend-Gemeinschaften im Bereich Bewegtbild. Durch Netflix entsteht ein neuer Mainstream, an dem sich nicht nur die Netflix-Nutzer*innen orientieren, sondern auch die anderen Streaming-Dienste, die Filmstudios und Fernsehsender.

Die Abo-Gesellschaft

Inmitten der Corona-Krise im März 2020 überraschte Netflix mit einer Initiative, die den Streaming-Dienst mit einer neuen integrierten sozialen Netzwerkfunktion weiterentwickelte. Netflix wollte sozialer werden. Die neue Party-Funktion[51] versprach, das individuelle Streaming zu einem kollektiven Erlebnis zu machen, um etwas gegen die Einsamkeit bei der Selbst-Distanzierung beziehungsweise der Selbst-Quarantäne zu tun, zu der die deutsche Regierung, aber auch die österreichische Regierung und die Schweiz zur Eindämmung der Corona-Pandemie aufgerufen hatten.[52] Sozialkontakte sollten für unbestimmte Zeit vermieden und soziale Aktivitäten eingeschränkt werden.

Der Begriff Party ist hier sehr aussagekräftig. Kurz vor der Einführung des neuen Features wurde in den Medien häufig von sogenannten Corona-Partys berichtet. Damit wurden das Zusammensein oder die Feiern bezeichnet, die trotz der Corona-Sicherheitsmaßnahmen auf öffentlichen Plätzen oder in Privatwohnungen stattfanden. Es handelte sich laut Presseberichten vor allem um Jugendliche und junge Erwachsene, die da feierten. Dieses Verhalten wurde in den Medien als absolut unverantwortlich kritisiert.[53]

An diesem Beispiel wird deutlich, dass die Unterhaltung und die Unterhaltungsgemeinschaften auch in Krisenzeiten immer zur Verfügung gestellt beziehungsweise ermöglicht werden müssen, um das vertraute alltägliche Erleben der Wirklichkeit nicht zu sehr zu irritieren. Der Unterhaltungs-entzug wird somit fast zu einer Art Körperverletzung und Freiheitsberaubung. Auch das veranschaulicht, wie sehr un-sere Selbst- und Welterfahrung durch die Technologien und Dienstleistungen, die wir regelmäßig nutzen, mitbestimmt wird. Sie steigern unsere Mediensucht und Technikabhängig-keit täglich. Und die Macht der Konzerne und Dienstleister wächst parallel.

Mit dem neuen Party-Feature wollte sich Netflix also gera-de in Zeiten der Krise und des Gemeinschaftsentzugs für mehr sichtbare, wenn auch virtuelle Gemeinschaftlichkeit engagieren. Für Freunde und die Familien sollte kollektives Binge-Watching auch über die räumliche und persönliche Trennung hinaus möglich werden. Bei der Party können nicht nur alle zusammen zuschauen, sondern auch gemein-sam kommentieren oder einander Emoticons senden – vo-rausgesetzt, alle haben ein Netflix–Abonnement und instal-lieren das neue Feature. Netflix hatte erkannt, wie man auch oder gerade in Zeiten der Krise neue Abonnent*innen ge-winnt. Denn nicht die Quote, wie beim traditionellen Fernse-hen, sondern die Abonnent*innen-Zahlen sind der Gott des Streaming-Universums[54].

Mit dieser Formulierung beziehe ich mich auf eine These des französischen Soziologen Pierre Bourdieu, der die Ein-schaltquote als den »verborgenen Gott« des medialen Univer-sums bezeichnete. Er sprach hierbei aber auch von der »Dik-tatur der Einschaltquote« und der »Logik der Schlacht um die Einschaltquote«, um zu verdeutlichen, dass das Fernsehen

Netflix: Die neue digitale Volkskultur   115

einen neuen Mainstream hinsichtlich der Darstellung und
Wahrnehmung von Wirklichkeit ausbildete:

> »Das Fernsehen hat eine Art faktisches Monopol bei der
> Bildung der Hirne eines Großteils der Menschen.«

Dieses Monopol haben heute zum Teil die Streaming-Dienste
übernommen. Allen voran aber Netflix. Und genauso intransparent wie die Messung der Einschaltquote beim Fernsehen[55] ist die Auswertung der Nutzerdaten durch die Streaming-Dienste.[56] Umso einflussreicher ist aber in beiden Fällen die permanente Veröffentlichung dieser Daten, die Macht
bedeuten. Und diese Macht bemächtigt sich unserer Wirklichkeitswahrnehmung. Sie prägt unseren Blick auf die Welt
und uns selbst: ökonomisch, aufmerksamkeitsökonomisch,
ästhetisch, kulturell oder politisch.

Mit dem Fokus auf das Abo-Modell[57] war Netflix wieder
einmal schneller als die Konkurrenz. Denn letztlich entscheidet nur das Abo-Modell über den Erfolg und Misserfolg von
Netflix. Der sogenannte Portfolioeffekt ist hierbei entscheidend. Das Investment von Netflix in spannende neue Produktionen, um ihr Portfolio attraktiver zu machen, hat wesentlich zwei Ziele – auch wenn die Kosten erheblich höher
sind als die unmittelbaren Einnahmen: Im besten Falle werden einerseits die aktuellen Abonnent*innen gehalten und
andererseits neue gewonnen. Der Gesamtwert des Net-
flix-Portfolios erhöht sich dadurch ebenso wie die Attraktivität und Exklusivität des Streaming-Anbieters im Vergleich
zur Streaming-Konkurrenz. Für Netflix ist dabei nicht die
kurzfristige, sondern die langfristige Rendite entscheidend.[58]

Die Idee dieser sogenannten Subskriptions-Wirtschaft[59]
besteht darin, dass Unternehmen auf die konkreten Bedürfnisse und Wünsche ihrer Kund*innen eingehen und Dienstleistungen anbieten, die von anhaltendem Wert sind, um sich

wiederkehrende Einnahmen zu sichern. Netflix hat es somit im Unterschied zum Online-Einzelhandel nicht nur mit Artikelnummern zu tun, sondern mit Menschen. Aus Produkten sind Dienstleistungen geworden, die für die Abonnent*innen ein Erlebnis versprechen: Individualität, Spannung, Unterhaltung, Gemeinschaft etc. Und möglich wird dies alles erst durch die algorithmische Auswertung des jeweiligen – auch meines – individuellen Nutzungsverhaltens, ganz auf mich abgestimmt und an meinem Geschmack orientiert:

»Wir versuchen, den Geschmack zu treffen [...].«[60]

Das Abo-Modell macht klar: Die Kund*innen stehen im Mittelpunkt. Heißt das auch, dass die Unternehmen beginnen, Ihre Kund*innen besser zu begreifen?

Unternehmen wie Amazon, Google, Apple oder Facebook haben von Anfang an verstanden, dass die Beziehung zu den Kund*innen entscheidend ist.[61] Daraus wurde ein Wissen generiert über die Nutzer*innen, das man nicht hat, wenn man einfach nur Firmenprodukte kauft, also zum Beispiel einen Disney-Film bei der Elektronikhandelskette Saturn oder beim Media Markt, denn dann ist man Saturn- oder Media-Markt- und kein Disney-Kunde. Erst durch die direkte Beziehung zu den Kund*innen entsteht der Wert, den diese Unternehmen für die Kund*innen besitzen, und genau dadurch kann eine neue Wertschöpfung stattfinden.

Um das zu erreichen, braucht man vor allem Beziehungen. Die Werte, deren Eigentümer diese Streaming-Unternehmen sind, gehen weit über den Kauf von Produkten hinaus. Insofern erwirbt man etwa bei Netflix nur ein Abo, kann bei Amazon Prime zwar auch Filme kaufen, ebenso mittlerweile bei YouTube etc., aber man besitzt am Ende keine Produkte mehr. Nach dem Ende des Abonnements nimmt man keinen Besitz mit, sondern wechselt von einem Abo zum anderen und damit von einer digitalen (Geschäfts-)Beziehung zur nächsten. Gerade für viele jüngere Menschen spielt der Besitz von Dingen keine große Rolle mehr. Sie wollen flexibel leben und sich nicht durch Eigentum binden – an einen Ort, an eine Marke oder an einen Dienstleister.

»Besitz ist tot. Das neue Ding heißt Zugang.«[62]

Streaming führt, im Unterschied zum Download von Daten, nicht zu irgendeiner Form von physischem oder virtuellem Besitz. Beim Streaming muss man meist auch nicht warten, bis die gewünschten Daten heruntergeladen sind. In den meisten Fällen kann man unmittelbar starten und Serien, Filme oder Dokumentationen sofort genießen. Jede Verbindungsstörung – die von den Dienstleistern möglichst minimiert werden – gerät so zum Ärgernis.

Streaming-Dienste sorgen also dafür, dass wir besitzlos glücklich sind, und wir lernen, dass unsere Bedürfnisse auf Knopfdruck befriedigt werden, und zwar ohne Warten. Geduld ist da eine altmodische Tugend, die rasch verlernt ist.

Ich nenne daher die neue digitale Ungeduld ein Zeichen der Zeit, ebenso wie die narzisstisch grandiose digitale Selbstüberschätzung. Frei nach dem Motto: Mir steht alles zu, immer, überall, zu kleinsten Preisen, total benutzerfreundlich und in bester Qualität. Jede Abweichung erscheint als persönlicher Angriff und löst Entrüstung aus.

Halten wir fest: Beziehungen sind für den Erfolg von Unternehmen in der digitalen Wirtschaft entscheidender als Produkte oder eine Verkäufer-Käufer-Beziehung. Dienstleistungen müssen Erlebnischarakter haben, der der Unterhaltung dient und die Verfügbarkeit des Konsumprodukts zu kleinsten Preisen rund um die Uhr ermöglicht.

Die Streaming-Nutzer*innen haben keine Geduld mehr, während des laufenden Programms darauf zu warten, dass irgendetwas passiert oder bis sie wirklich etwas interessiert. Sie wollen selbst eigene Programmdirektor*innen sein. Entsprechend betonte der Netflix-Co-Gründer und Geschäftsführer Reed Hastings schon 2016:

»Wir leben in einer Abruf-Welt.«[63]

Die ununterbrochene Verfügbarkeit immer dann, wenn ich sie möchte, an den Orten, an denen ich sie möchte, das ist entscheidend für den Netflix-Erfolg. Und zwar ganz unmittelbar. Die Frustrationsschwelle wird dabei immer niedriger. Daher sollte es nicht verwundern, dass auch eine große Gereiztheit sich breitmacht. Das Gefühl der eigenen Wichtigkeit wächst entsprechend und exponentiell an.

»Heutzutage erwarten die Menschen von Dienstleistungen unmittelbares und anhaltendes Fulfillment […]. Sie wünschen sich regelmäßig neue Überraschungen. Und wenn sie diese Erwartungen nicht erfüllen, sind sie ruckzuck weg vom Fenster (ganz abgesehen davon, dass sie in den Social Media noch eine Abreibung mit auf den Weg bekommen).«[64]

Erinnert Sie das nicht auch an die Generation Judith, die ich Ihnen im letzten Kapitel vorgestellt habe? Die Generation Judith gehört zur ersten Generation individueller Abonnent*innen, die fast ausschließlich individualisierte Dienstleistungen bekommen: eine Generation, die in dieser digitalen Dienstleistungswelt mit ihren verführerischen Ego-Dienstleistungserlebnissen aufgewachsen ist und mehrheitlich in den 1990er-Jahren geboren wurde. Für diese Generation ist, was ich Ihnen gerade beschrieben habe, selbstverständlich. Und diese Generation erwartet genau das von der Welt auch außerhalb des Internets.

Diese neue Generation von Konsument*innen verfügt über eine enorme (Markt-)Macht: Denn sie entscheidet maßgeblich über die Bewertungen und letztendlich über den wünschenswerten Konsum. Bestimmer sein – und das auf Knopfdruck. Eine schöne neue Welt. Die sich auch deshalb durch eine maßlose Arroganz und Selbstüberschätzung auszeichnet.

Diese Generation ist technikaffin und legt größeren Wert auf eine flexible Selbstverwirklichung als andere Generationen. Gleichzeitig nehmen sich die Angehörigen dieser Generation bewusst viel mehr Zeit heraus, um sich selbst zu finden, als vorangegangene Jahrgänge. Sie leben in einer Multioptionsgesellschaft, in der der Endgegner[65] das selbstbestimmte Entscheiden ist. Denn so eine Entscheidung ohne Meinungsbild, ohne Daumen-hoch-Vorbilder, ganz ohne jedes Like – die erfordert eigene Überlegungen, und die kosten Zeit.

Verstehen Sie mich nicht falsch, auch diese Generation hat Druck und Stress, gerade die Verpflichtung zur Selbstoptimierung verlangt viel vom Einzelnen. Jede Ambivalenz mündet daher in Unzufriedenheit, Unsicherheit und wiederum Stress. Das passt ganz hervorragend zur Welterfahrung der Generation Judith, die – neben dem Streaming – durch Unsicherheit, ja auch durch Weltuntergangsstimmung und Klimakrise, schnellen Wandel und den Druck zur ständigen Anpassung und Flexibilität bestimmt wird. Jede Generation steht vor eigenen Herausforderungen. Und naturgemäß sucht sich jeder auch Entlastung.

Die Forderungen der Generation an die Welt aber sind kaum erfüllbar. Die Arbeit zum Beispiel muss sich ihnen anpassen und immer eine angemessene Work-Life-Balance zulassen. Arbeitgeber müssen sich für sie interessant machen und nicht umgekehrt. Die Angehörigen dieser Generation haben schließlich viel Zeit und Geld in ihre Ausbildung investiert. Leistungsorientierung ist zwar in Ordnung, aber nur dann, wenn der Arbeitsplatz auch genau zu ihnen passt und sich ihren Erwartungen anpasst. Alles muss (um das für mich schlimmste Zeitwort zu zitieren, das die Generation Judith hundertfach verwendet, um Begeisterung auszudrücken) vor allem eines sein: nice.

Das ist gar nicht so einfach. Wie aber ist es Netflix gelungen, die Generation Judith zu erreichen? Genau genommen haben Netflix und die Angehörigen der Generation wechselseitig aufeinander Einfluss genommen. Der wesentliche Faktor, von dem alles abhängt, ist: die Verfügbarkeit.

Das Netflix-Versprechen

Netflix ist es gelungen, immerwährend verfügbar zu sein, also ohne Unterbrechung – solange man bereit ist, dafür zu zahlen. Erst eine Verknappung könnte gravierende Probleme hervorrufen und das Netflix-Streaming-System in Schwierigkeiten bringen. Denn jede Verknappung oder Einschränkung bedroht die Langfristigkeit der Beziehung und die Wiederholbarkeit der Dienstleistung. So wird aus einem individuellen Erlebnis ein Ärgernis, das das Abo-Modell gefährden könnte – fast die einzige Gefahr, die dem System überhaupt droht.

In der Corona-Krise im März 2020 trat ein solcher Fall ein. Der gewöhnlich fast reibungslos funktionierende Bedürfnisdienstleister Netflix – vorausgesetzt, man verfügt über eine ausreichend starke Internetverbindung – musste seinen Service einschränken. Die Datenmenge in seinem Video-Streaming-Dienst wurde heruntergefahren, um die Netze in der Corona-Krise zu entlasten, die wegen der verordneten Schutzmaßnahmen mehr als sonst ausgenutzt wurden. Die verstärkte Heimarbeit, das E-Learning, der Anstieg der Telefon- und Videokonferenzen, aber eben auch die erhöhte Nutzung von Unterhaltungsangeboten wie Netflix drohten, die

Netze zu überlasten, als sich das soziale Leben immer stärker ins Netz verlagerte.[66] Digital wurde zum neuen Draußen.[67]

Konkret bedeutete dies für Netflix, dass zum Beispiel für eine bestimmte Zeit die Bildqualität von HD auf Standard umgestellt werden musste.[68] Die Krise machte also auch vor dem Internet nicht halt und erforderte einen verantwortungsvollen Umgang mit den Netzkapazitäten. Allerdings wurde hier der Panik, zumindest in Deutschland, schnell Einhalt geboten. Die Telekommunikationsprovider in Deutschland betonten schnell, die Netzkapazitäten seien stabil und würden nicht an ihre Grenzen geraten.

Ganz anders in der Schweiz. Das Netz des größten Telekommunikationsanbieters des Landes, Swisscom, hielt der verstärkten Nutzung im Zuge der Corona-Krise nicht stand. Der Bundesrat der Schweiz kündigte an, »nicht versorgungsrelevante Dienste einzuschränken oder zu blockieren, um ein funktionstüchtiges Datennetz zu gewähren«[69]. Eine zeitlich begrenzte Abschaltung von Netflix schien somit möglich.

Das Netflix-Versprechen, immer für jeden alles überall zugänglich im Angebot zu haben, wurde in der Corona-Krise nach der Verkündung des nationalen Notstandes durch den Präsidenten der USA, Donald Trump, auch aus einer anderen Perspektive herausgefordert. Für zahlreiche aktuelle Serien- und Filmproduktionen musste eine Drehpause verordnet werden – zum einen als reine Vorsichtsmaßnahme und zum anderen wegen einem konkreten Krankheitsfall.[70] Diese Pause wurde zunächst für zwei Wochen angekündigt, dann aber auf unbestimmte Zeit verlängert. Dazu zählten aus dem Hause Netflix unter anderem Drehpausen bei den Serien »Stranger Things«, »The Witcher«, »Riverdale« und »Peaky Blinders«, aber auch Filme wie die Musicalkomödie »The Prom«, in der unter anderem die international gefeierten Schauspieler*innen Meryl Streep und Nicole Kidman mitwirken. Was bedeutet es für Netflix, wenn der notwendige beständige Ausbau des

Portfolios durch längerfristige Einschränkungen gestoppt wird? Wird das Netflix-Sortiment irgendwann erschöpft sein, und werden die Abonnent*innenzahlen dadurch deutlich zurückgehen? Eine Ökonomie der Knappheit und Verknappung gehört bisher auf jeden Fall nicht zum Erfolgsplan von Netflix.

Ich möchte noch ein letztes Beispiel anführen, bei dem sich Streaming-Dienste wie Netflix mit den Grenzen des Wachstums und dem Thema der sozialen Verantwortung konfrontiert sehen. Durch die Corona-Krise und die Überlastung der Telekommunikationsnetzwerke war nicht nur über die temporäre Qualitätsreduktion und Abschaltung der Streaming-Dienste diskutiert worden. Besonders deutlich wurde auch ein anderer Aspekt, der alle Streaming-Nutzer*innen als Bürger*innen herausforderte und an ihre demokratischen Pflichten erinnerte. Es ging um die gigantische Klimaschädlichkeit, die der hohe CO_2-Ausstoß durch die immer weiter ansteigende Streaming-Nutzung verursacht.[71]

Im ersten Quartal 2019 verbrachten die Streaming-Nutzer*innen in Deutschland über 1 Milliarde Stunden bei Streaming-Anbietern wie Netflix oder Amazon Prime Video. Hierbei wurden rund 1,4 Milliarden Abrufe getätigt, und zwar von insgesamt 22,7 Millionen Personen ab 14 Jahren. In Zeiten der Corona-Quarantäne stieg die Nutzungszeit weiter an, weil der größte Teil des öffentlichen Lebens in den Innenräumen stattfand und ins Internet verlagert wurde.[72]

Wenn alle Kunden die Streaming-Dienste gleichzeitig nutzen, wird unsere Umwelt extrem stark belastet.[73] Die wohl offensichtlichste »dunkle Seite« von Streaming: Es ist hochgradig klimaschädlich. Genau da beginnt die Paradoxie, beginnen wir alle, unseren Verstand bewusst aus- und die Streaming-Dienste anzuschalten: Wir sind klimabewusst und wollen uns gegen den Klimawandel stellen, setzen uns für eine bessere Zukunft ein, gerade auch für unsere Kinder. Aber uns ist vollkommen egal, ob wir durch unsere permanente

Nutzung der Streaming-Dienste oder anderer digitaler Technologien den Klimawandel, den wir verhindern wollen, im Gegenteil gerade begünstigen. Streaming ist insofern grundsätzlich neben dem Autofahren oder Flugreisen ein weiterer schwarzer Fleck auf unserem Gewissen.

Die Idee der Unendlichkeit und Allverfügbarkeit der Dienstleistung, die für das Abo-Modell von Netflix von entscheidender Bedeutung ist, traf in der Corona-Krise auf die Endlichkeit der Ressourcen und des Zugangs in der Wirklichkeit. Für den einen oder anderen unter Ihnen mag es sogar eine trostreiche Botschaft sein: Ohne einen uneingeschränkten Zugang zum Internet und eine ausreichend schnelle Übertragungsgeschwindigkeit gibt es weder eine digitale Grundversorgung noch ein befriedigendes digitales Unterhaltungsangebot. Freiheit und Gleichberechtigung können technologisch gefördert oder stark eingeschränkt werden. Allerdings wurde auch deutlich, dass die große digitale Aktivität der Internetnutzer*innen längst demokratiebedrohende Auswirkungen hat, wenn man sich zum Beispiel mit der Klimaschädlichkeit des Streamings auseinandersetzt. Die Corona-Krise offenbarte somit den gefährlichen Preis der neuen Streaming-Freiheit, der auf einmal offen zutage lag. Woran ich allerdings die eigentliche Gefährdung unserer Demokratie durch Streaming-Dienste festmache, das habe ich hier im Kapitel nur anreißen können. Einen weiteren Blick auf den Zusammenhang von Ungeduld und schneller Dauerverfügbarkeit, auf Algorithmus-Entscheidung und Entscheidungsfähigkeit werfe ich in den Folgekapiteln.

Amazon Prime: Video-Streaming als Teilservice

Kunden, die sich bei Amazon Prime die Serie »Star Trek Picard – Staffel 1«[74] angesehen haben, kauften auch den Soundtrack zur Serie als MP3-Album, ein Buch des Science-Fiction-Autors Philip K. Dick als E-Book, eine Powerbank für das Handy, ein Bartwachs, eine Flasche Bourbon, eine Bohrmaschine und eine Packung Klopapier. Amazon weiß durch die algorithmische Auswertung der Aktivitäten der Kund*innen, dass diesen in der Regel die Geldkarte lockerer sitzt, wenn ihnen der Weg zum Geldausgeben erleichtert wird – so sehr erleichtert, dass sie gar nicht mehr darüber nachdenken müssen, was sie alles kaufen, sondern sich einfach nur gedankenverloren glücklich shoppen können. Ganz ohne Anstrengung und Frustration.

Amazon möchte das Leben seiner Kund*innen vereinfachen. Simplify your life! Dazu zeigt Amazon uns den Weg zum bewussten und erfüllten Leben in einer komplexen Konsumwelt. Konsum wird bei Amazon zu einer Technik des Selbstmanagements per Klick. Denn Konsum gibt uns das Gefühl von sozialer Sicherheit. Wir können uns etwas leisten. Uns geht es gut. Und daher unterstützt Amazon uns dabei, uns in der Welt einzurichten und sicher zu fühlen. Ohne dass wir das wirklich realisieren, unterstützt Amazon uns auch dabei, uns sozial vergleichbar und konkurrenzfähig zu machen. Konsum vergrößert unsere Attraktivität, indem wir unsere Persönlichkeit mit jedem Produkt vielfältiger darstellen können.

So wird Amazon zu einem Shopping-Paradies und die Firmenphilosophie zu einem Modell für zeitgemäßes digitales Leben. Einkaufen ist doch sonst immer so furchtbar anstrengend und zeitintensiv, ob im Alltag oder beim Surfen durch die unzähligen Online-Shops. Hinzu kommt: Wer viel einkauft, kann auch schnell ein schlechtes Gewissen mitkaufen, weil dabei so viel Verpackungsmüll entsteht. Zum Glück hilft uns Amazon durch seinen Service »Frustfreie Verpackung«, unser schlechtes Umweltgewissen schnell wieder loszuwerden.[75] Vorausgesetzt, wir kaufen bei amazon.de ein.

Amazon ermöglicht, alles an einem Ort zu finden. Ein Amazon-Kundenkonto, mehr braucht es nicht, und alles wird einem im Paket nach Hause geliefert. Besser ist da nur noch die Amazon Prime-Mitgliedschaft. Dadurch bekommt man zusätzlich zum Einkauf (eines möglichst attraktiv verbilligten Produkts) eine besonders schnelle und sogar versandkostenfreie Lieferung.

Amazon Prime ist das erfolgreiche Rundum-sorglos-Service-Paket und seit 2006 in den USA verfügbar. In Deutschland startete dieser Service im Jahr 2007.[76] Die Zahl der Prime-Abonnements steigt in Deutschland stetig. Im Juli 2019 waren es bereits über 17 Millionen Abonnent*innen.[77] Das sind bei 83,1 Millionen Menschen, die in Deutschland Ende des Jahres 2019 leben, knapp 21 Prozent der Gesamtbevölkerung.[78] Hinzu kommen die zahlreichen Kund*innen, die (noch) keine Prime-Mitgliedschaft haben. Weltweit verzeichnet Amazon über 300 Millionen aktive Kund*innen-Kontakte. Und macht sich deren Aktivität, also die individuellen Bedürfnisse und Konsumentscheidungen der einzelnen »Mitglieder«, aber auch die Bewertungen der Kund*innen zunutze, um darüber mitzuentscheiden, was eine Gesellschaft braucht und welche Marken sowie Dienstleistungen wichtig sind.

> »Grundlegend für die Geschäftstätigkeit ist die Auffassung, dass in einer kapitalistischen Gesellschaft der Konsument König und Konsum die vornehmste aller Aktivitäten ist.«[79]

Amazon nimmt einen erheblich größeren Einfluss auf die Wahrnehmung und Gestaltung unserer Wirklichkeit, als vielen von uns bewusst ist. Der Journalist Jochen E. Fuchs spricht daher zu Recht von der »Amazonisierung des Alltags«.[80]

Amazon hat längst nicht nur die Möglichkeit, eine beträchtliche Anzahl der Bürger*innen in Deutschland mit seinen Angeboten ohne Umwege zu erreichen – die großen Investitionen in die Infrastruktur machen sich hier für das Unternehmen entscheidend bezahlt. Vielmehr kann Amazon somit auch die Wahrnehmung der Wirklichkeit jedes einzelnen Mitglieds durch seine Firmenphilosophie nachhaltig beeinflussen. Amazon bringt dafür – wie Netflix – die gigantischen Datenmengen der Nutzer*innen miteinander in Verbindung und lässt durch seine personalisierten Empfehlungen einen neuen Konsum-Mainstream entstehen. Ich komme im 5. Kapitel darauf zurück.

Das Prime-Angebot wird laufend ausgebaut und beinhaltet neue Services. Die Kund*innen bekommen immer mehr für die geringe monatliche Gebühr. Das Einkaufen wird – wie in der Amazon-Werbung versprochen – noch reibungsloser und kundenorientierter. Und das mit großem Erfolg. Amazon-Prime-Kund*innen konsumieren regelmäßiger und kaufen mehr als die anderen Amazon-Kund*innen.[81] Sie stöbern intensiv in den verschiedenen Kategorien, die das Amazon-Sortiment in unterschiedliche Konsumregionen unterteilt. Amazon möchte den Kund*innen das Gefühl vermitteln, durch die Prime-Mitgliedschaft mehr für sein/ihr Geld zu bekommen. Amazon Prime bedeutet: geringe Kosten, größte Auswahl, schnellste Lieferung. Alles absolut vertrauenswürdig, zuverlässig und sicher. Bei Amazon gilt der Grundsatz:

»Vertrauen aufbauen und verdienen.«[82]

Nicht zu vergessen: Alles ist (fast) immer unbegrenzt vorhanden. Auch wenn es, wie zur Zeit der Corona-Krise, zu Verzögerungen bei der Auslieferung kommt oder einige Produkte zeitweise ausverkauft sind.

Das größte Online-Kaufhaus beziehungsweise Cloud-Unternehmen[83] der Welt macht es möglich. Das Internet ist nur das Werkzeug, um das Leben der Konsument*innen weltweit zu verbessern. Eine erstaunliche Karriere, wenn man bedenkt, dass der Informatiker Jeff Bezos das Unternehmen Amazon.com, Inc. 1994 als Online-Buchhandlung in Seattle im US-Bundesstaat Washington gegründet hat.[84] In einer Garage, wo auch sonst.[85] Mit dem Ziel, den größten Buchladen der Welt zu schaffen.

Die Garagen-Start-ups sind legendär als Firmengründungsorte der frühen IT-Branche, aber heute fast nur noch ein Phänomen der Vergangenheit. Die IT-Branche hat sich grundlegend verändert. Heutige Gründer*innen setzen bei Kreativitäts- und Innovationsprozessen vielmehr auf Vernetzung und Teamwork. Dennoch gehören die Garagen-Start-ups zu den großen Geschichten der Silicon-Valley-Generationen: Hewlett Packard, Apple und Microsoft, um nur wenige Namen zu nennen, haben den Grundstein für ihre revolutionären Firmenideen als tüftelnde Nerds in Garagen entwickelt. Es spielt dabei keine Rolle, ob sich das alles auch genau so ereignet hat. Entscheidend ist, dass von diesen Garagen-Geschichten eine große Faszination ausgeht, sie nostalgische Gefühle hervorrufen und in unserem Kopfkino den Firmenfilm entstehen lassen. Pioniere brauchen immer ganz eigene Geschichten, damit sie als Helden ihrer Zeit ewig weiterleben. Und was zündet mehr als die Vom-Tellerwäscher-zum-Millionär-Geschichte, neu erzählt als: aus der Garage in die ganze Welt?

In Deutschland startet amazon.de im Oktober 1998 und vertreibt heute über seine E-Commerce-Plattform neben den ursprünglichen Büchern, Elektrogeräten und Bekleidung auch Lebensmittel, Drogerie- und Baumarktartikel, Spielzeug sowie Sport- und Freizeitartikel. Und vieles mehr. Der Deutschland-Start ist Teil der internationalen Expansion, die Amazon.com, Inc. seit 1998 vorantreibt. Deutschland ist für Amazon der wichtigste Auslandsmarkt. Das Unternehmen spricht daher von Deutschland als dem zweiten Wohnsitz von Amazon.[86] Im Gesamtjahr 2018 belief sich der Umsatz von Amazon in Deutschland auf etwas über 20 Milliarden Euro.[87] Im Jahr 2019 hat Amazon global 280 Milliarden US-Dollar umgesetzt.[88]

> »Damit ist Deutschland, das 2019 einen Anteil von 7,9 Prozent am Gesamtumsatz von Amazon hatte, nach den USA (69,0 Prozent) nach wie vor der wichtigste Einzel-Marktplatz für das Unternehmen.«[89]

Außerdem ist Amazon einer der größten E-Book-Anbieter weltweit, der mit dem Amazon Kindle einen eigenen E-Book-Reader betreibt und auch Original-Bücher von Autoren verlegt. Zu den weiteren Angeboten und Produkten des Unternehmens gehören zum Beispiel die Online-Videothek Amazon Prime Video, der Online-Speicherdienst Amazon Drive oder der Tablet-Computer Amazon Fire.

Das Amazon-Logo veranschaulicht das umfangreiche Sortiment. Haben Sie schon einmal darauf geachtet? Nein? Dann machen Sie das doch jetzt, bevor Sie weiterlesen. Haben Sie es gesehen? Der Schriftzug lächelt von a bis z und deutet damit die Vollständigkeit im Warensortiment an.

Kundenorientierung und Kundenzufriedenheit sind nach Bekunden des Unternehmens das zentrale Anliegen von Amazon. Diese werden durch personalisierte Einkaufserlebnisse unterstützt, die aus der permanenten algorithmischen Auswertung der Aktivitäten auf den Amazon-Seiten hervorgehen. Auf Basis der Algorithmen-Daten entsteht ein umfangreiches personalisiertes Empfehlungssystem, das wir schon im vorausgehenden Kapitel bei Netflix kennengelernt haben. Allerdings führte Amazon dieses Empfehlungssystem (»Kunden, die diesen Artikel gekauft haben, kauften auch …«) bereits vor Netflix ein. Und hat mit Blick auf Netflix den Vor-

Amazon Prime: Video-Streaming als Teilservice **129**

teil, dass das Unternehmen viel mehr persönliche Daten der Kund*innen besitzt, weil die Angebotspalette von Amazon als »Digital Mall« so groß ist. Weil das Unternehmen durch Service und Portfolio überzeugt, kann das Shoppen (und Streamen) bei Amazon immer wieder von Neuem zum Dienstleistungserlebnis werden.

Lassen wir Jeff Bezos seine Amazon-Kundenphilosophie selbst formulieren:

>»Unsere aufrichtige Sorge gehört den Kunden [...]. Bei anderen Unternehmen ist das in der Regel anders. Sie konzentrieren sich auf die Konkurrenz anstatt auf die Kunden.«[90]

Die Kund*innen von Amazon sollen zu euphorischen und glühenden Amazon-Süchtigen werden, die nicht nur den Amazon-Einkauf, sondern das Klicken auf die Plattform zum festen Bestandteil ihres Alltags machen und den Amazon-Konsum als ein Ritual praktizieren. Das ist zumindest die Wunschvorstellung von Amazon, wie sie der Unternehmensbiograf Brad Stone formuliert.[91] Das Motto von Amazon lautet daher:

>»Alles beginnt beim Kunden.«[92]

Und Bezos weiß genau, was die Amazon-Kund*innen wollen:

>»Kunden werden sich immer günstige Preise wünschen, schnelle Lieferungen bevorzugen und eine große Auswahl lieben. Auswahl, Preis und Verfügbarkeit sind essentielle Kundenbedürfnisse.«[93]

Sind auch Sie Amazon-süchtig? Oder kennen Sie Menschen, auf die diese Beschreibung zutrifft? Wem das übertrieben scheint, wird doch nicht leugnen können, dass durch eine Amazon-Prime-Mitgliedschaft eine starke Bindung und Beziehung zwischen Amazon und seinen Abonnent*innen entsteht. Einmal im Monat abgebucht, keine zusätzlichen Finanzdienstleister bei Einkäufen nötig, dazu der Eindruck, dass Amazon mit den Bankdaten immer zuverlässig umgeht. Doch aus Beziehungen folgen immer soziale Verpflichtungen. Für Netflix habe ich das weiter oben beschrieben. Im Fall von Amazon bedeutet das, den Service beständig zu verbessern und auszubauen; die Kund*innen danken es durch ein Abonnement als Prime-Kund*innen und beständigen Konsum. Diese Art von Beziehung verpflichtet immer wechselseitig.

Der Wert von Amazon als Unternehmen beschränkt sich nicht ausschließlich auf den Umsatz und den Markenwert. Amazon ist unternehmerisch so erfolgreich, weil das Unternehmen gerade durch seine konsequente Kund*innenorientierung und die große Zufriedenheit als »die vertrauenswürdigste und angesehenste Verbrauchermarke des Planeten«[94] gilt. Bei Amazon läuft es also geschäftlich sehr gut, die Kund*innen sind in der Regel äußerst zufrieden, und die Zahl der Prime-Abonnent*innen wird immer größer. So weit, so erfolgreich.

Das öffentliche Bild von Amazon ist hingegen nicht durchgehend positiv besetzt. Das Unternehmen steht wegen seiner schlechten Arbeitsbedingungen in der Kritik.[95] Mittlerweile arbeiten bei Amazon weltweit knapp 800 000 Menschen in Voll- und Teilzeit.[96] In Deutschland waren es im Jahr 2019 mehr als 20 000 Mitarbeiter*innen.[97] Vom Erfolg des Unternehmens bekommen die Angestellten allerdings anscheinend nicht viel mit. Hingegen bestimmen – so das Bild in weiten Teilen der Öffentlichkeit – Termin- und Leistungsdruck sowie Angst die Arbeitssituation.[98] Nicht effiziente Mitarbeiter*innen werden angeblich gemobbt. Die Produktivität der Arbeitskräfte wird durch den Handscanner, den alle benut-

Amazon Prime: Video-Streaming als Teilservice

zen, überwacht. Zunehmend soll Amazon auch seine Mitarbeiter*innen durch den Einsatz von Robotertechnik und künstlicher Intelligenz ersetzen.[99] Dazu kommen die vergleichsweise schlechte Bezahlung und das Verhindern möglichst jeder gewerkschaftlichen Tätigkeit. Der schnelle Lieferservice fordert zudem seinen Preis: Krankmeldungen der Mitarbeiter*innen sind unerwünscht, denn die Arbeitsziele müssen erreicht werden. Dies alles geschieht nach Unternehmensdarstellung wenn überhaupt, so doch nur im Dienst der Zufriedenheit der Kund*innen, die sehr ungeduldig sind und ihre Waren umgehend erhalten möchten. Prime ist eben ein Versprechen, das nicht gebrochen werden darf, und eine Verpflichtung, die jederzeit erfüllt werden muss. Die Kultur von Amazon wird von dieser bedingungslosen Kundenorientierung bestimmt.

Die Selbstdarstellung von Amazon ist da in jeder Hinsicht genau gegenteilig. Das Unternehmen schafft Arbeitsplätze, zahlt hohe branchenübliche Gehälter für die Logistikbranche (allerdings werden Tarifverträge nach den Bedingungen des Einzelhandels abgelehnt), es engagiert sich sozial, achtet auf die Entwicklungsmöglichkeit der Angestellten und stellt eine mitarbeiterfreundliche Arbeitsatmosphäre sicher.

In den USA scheint sich die Wahrnehmung der Mitarbeiter*innen dem Selbstbild von Amazon mittlerweile etwas mehr angenähert zu haben. Zumindest, wenn man die Auswertung des Arbeitgeber-Bewertungsportals Kununu betrachtet. Bei dieser Umfrage wurden 1045 Mitarbeiter*innen-Bewertungen ausgewertet.[100] Die Mitarbeiter*innen sind demnach zufriedener und empfehlen auch anderen Menschen, bei Amazon zu arbeiten. Das Unternehmen erscheint hier problembewusst und lösungsorientiert, geht konstruktiv mit der vorgebrachten Kritik um. In Deutschland reagiert Amazon zudem mit TV-Spots auf die Unternehmenskritik, in denen Menschen gezeigt werden, die sich die Arbeitsbedingungen in den Logistikzentren von Amazon ansehen und Gespräche vor laufender Kamera mit den Mitarbeiter*innen führen.[101] Mit dem Ergebnis, dass alle Kritik an Amazon anscheinend größtenteils mutwillig und falsch zu sein scheint. Die Arbeit bei Amazon ist hart, aber fair. Die Mitarbeiter*innen, die zu Wort kommen, schätzen ja offensichtlich ihre Arbeit und wollen so lange wie möglich Teil des Amazon-Teams bleiben.[102]

Amazon ist trotz aller Kritik die weltweit wertvollste Marke nach ihrem Markenwert, der sich 2019 auf mehr als 315 Milliarden US-Dollar belief. Amazon liegt damit vor Apple, Google und Microsoft.[103] Auch der Börsenwert von Amazon steigt unaufhörlich. Zum Ende des Jahres 2019 belief sich dieser auf 1 Billion US-Dollar.[104] Um so erfolgreich zu werden, muss ein Unternehmen attraktiver sein als die Konkurrenz. Der Erfolg von Amazon trägt unter anderem dazu bei, dass weltweit der Einzelhandel deutlich an Umsätzen verliert und sich noch stärker ins Internet verlagert. Firmengründer Bezos führt 2020 zudem die Forbes-Liste[105] der reichsten Menschen der Welt an. Sein Vermögen beläuft sich auf knapp 117 Milliarden US-Dollar.[106] Der Wirtschaftswissenschaftler Scott Galloway spricht zu Recht davon, dass die leitenden Manager von Unternehmen wie Google, Facebook, Apple und gerade auch von Amazon von den Medien immer wieder zu Helden ihrer Zeit gemacht werden und ein Leistungsideal darstellen, das für jeden von uns vorbildlich sein sollte.[107] Dadurch erlangen diese Personen einen enormen Einfluss auf die Gesellschaft. Gleichzeitig wird die gesellschaftliche Bedeutung der Unternehmen, die sie leiten, weiter gestärkt.

Entscheidend für den Erfolg dieser Unternehmen, der auch die Politik etwa mit Blick auf die Datensicherheit vor immer wieder neue Herausforderungen stellt, ist die Tatsache, dass sie ihre Geschäftsmodelle auf den unterschiedlichen Grundbedürfnissen der Menschen aufbauen, um einen leich-

Amazon Prime: Video-Streaming als Teilservice 133

teren Zugang zu ihnen zu bekommen. Der Weg, um das Denken der Menschen zu beeinflussen, führt fast immer über ihre Bedürfnisse und Gefühle. Ich führe das später weiter aus.

Haben Sie sich eigentlich auch schon für Amazon Prime entschieden? Apropos Entscheidungen: Für Bezos ist das Treffen von Entscheidungen nach eigenem Bekunden die Kernkompetenz des Menschen:

>»Wenn Sie mit achtzig in einer besinnlichen Stunde über die ganz persönliche Version Ihrer Lebensgeschichte reflektieren, wird sie besonders kompakt und aussagekräftig ausfallen, wenn Sie sich auf Ihre Entscheidungen konzentrieren. Letzen Endes sind wir unsere Entscheidungen.«[108]

Um Entscheidungen zu treffen, braucht man die Fähigkeit, kritisch zu denken. Man muss zwischen verschiedenen Möglichkeiten abwägen, um die für sich passende auszuwählen. Die Entscheidungen, die man trifft, stehen für die Haltung, die man einnimmt. Sie werden auch zum Ausdruck der eigenen Persönlichkeit. Von den Mitarbeiter*innen verlangt Jeff Bezos, so wird berichtet, permanent kritisches Denken, um die Kreativitäts- und Innovationsprozesse im Unternehmen beständig in Gang zu halten. Die aufrichtige Sorge aller Amazon-Mitarbeiter*innen soll auf die Zukunft des Unternehmens ausgerichtet sein. Nur so sind Innovationen immer wieder möglich.

Bei den Kund*innen sind die Anforderungen von Bezos viel bescheidener. Es reicht vollkommen aus, wenn sie die Unternehmensentwicklungen mitmachen, Amazon die Treue halten und möglichst viel konsumieren. Denn die Entscheidungen der Kund*innen beinhalten für Amazon immer auch eine Gefahr. Es kann ein Reibungsverlust entstehen, wenn das Unternehmen die Einkaufsvorlieben der Kund*innen etwa nicht richtig erfasst. Und das kann wiederum dazu führen, dass sie sich von Amazon abwenden und woanders bestellen.

Deshalb versucht Amazon auf vielen Ebenen und mit unterschiedlichen Technologien, so viel Wissen wie möglich über die Bedürfnisse und Kaufgewohnheiten seiner Kund*innen zu sammeln.

Durch den hauseigenen Sprachassistenten Amazon Echo, besser bekannt als Alexa (so lautet der Name der darin enthaltenen künstliche Intelligenz), dringt Amazon noch viel tiefer in unseren Alltag ein. Und auch im Digitalen gilt: Sex sells. Dazu muss die Technik möglichst weiblich werden. Alexa jedenfalls hat eine attraktive Stimme. So gehen digitale Verführung und Sexismus heute.

Und wer als Kund*in einfach nur mit seiner Stimme bestellt, schaut nicht vorher ins Portemonnaie, aufs Konto oder auf den Preis. Wir laden Amazon jeden Tag zu uns nach Hause ein, wenn wir Alexa nutzen. Das Gerät wird unsere tägliche Gesprächspartnerin, die alle Kommunikationen auswertet – und mithört, worüber wir sprechen, wenn wir nicht mit Alexa sprechen. Dadurch erfährt Amazon, was wir konsumieren, und kann entsprechend sein Sortiment ausbauen. Kein anderes Unternehmen kommt so nah an uns und unser Privatleben heran. Die Folgen, die das für uns, aber auch für unsere Demokratie hat, stelle ich im nächsten Kapitel vor.

Ein Unternehmen zu kritisieren ist leicht. Haben Sie sich aber beim Lesen nicht gefragt, ob Sie als Prime-Abonnent*in oder Amazon-Kund*in nicht Teil des geschilderten Problems sind? Haben Sie als Kund*in nicht auch eine Mitschuld an den Arbeitsbedingungen von Amazon? Hat Ihre Konsumhaltung nichts mit sozialer Verantwortung zu tun? Wie beeinflussen Sie durch den Amazon-E-Commerce die Entwicklung des Einzelhandels? Und wenn Sie Alexa nutzen, zeigen Sie, dass Ihnen Konsum wichtiger ist als die selbstbestimmte Kontrolle über Ihre Privatsphäre. Diese Fragen muss ich mir auch selbst stellen, denn ich habe ein Amazon-Prime-Abonnement und bestelle regelmäßig bei Amazon, nutze aber auch

Amazon Prime: Video-Streaming als Teilservice

das Prime-Video-Angebot. Allerdings kommt mir Alexa nicht ins Haus. Nehmen Sie sich ein bisschen Zeit, um über diese Fragen nachzudenken. Ich komme im 5. Kapitel darauf zurück.

Auf den zuvor beschriebenen Grundlagen baut die Idee zu Prime Video auf, dem stärksten Konkurrenten von Netflix unter den mittlerweile zahlreichen Streaming-Anbietern. Man verliert hier leicht den Überblick. Wie viele Streaming-Dienste fallen Ihnen spontan ein? Nutzen Sie selbst mehr als einen? Am Ende dieses Kapitels werde ich die Frage beantworten, welche der von mir vorgestellten Streaming-Dienste in Zukunft erfolgreich bleiben und wie sich der Streaming-Markt in Zukunft entwickeln wird.

Im Februar 2014 startete Amazon die Online-Videothek und das Video-on-Demand-Angebot Amazon Instant Video in Deutschland. Im Jahr 2015 wurde dieses Angebot in Amazon Video umbenannt und schließlich 2018 in Prime Video. Alle Videoinhalte werden seitdem von Amazon in der Kategorie Prime Video vermarktet. Die Integration der von Amazon seit 2005 betriebenen Online-Videothek »Lovefilm«, die Film-DVDs und -Blu-rays vertrieb und zusätzlich Video-on-Demand-Angebote enthielt, in den Prime-Service war hierfür die Grundlage. In Deutschland konnte man »Lovefilm« seit 2006 nutzen. Dann stellte Amazon im Jahr 2017 den Betrieb von »Lovefilm« endgültig ein. Der erste Amazon-Video-Shop in Deutschland startete übrigens im Jahr 2000.

Die Grundidee von Prime Video verweist daher direkt zurück auf die des gesamten Prime-Services: Der Streaming-Bereich ist für den Onlinehändler mehr Kundenbindungsinstrument als Kerngeschäft. Der/die Kund*in König*in wird mit dem Gratis-Versand geködert und mit den Zusatzangeboten überzeugt.

Ich habe im vorausgehenden Kapitel zu Netflix ausführlich über das Prinzip Video-Streaming gesprochen. Über die dazugehörigen Produkte, Preise, Services, aber auch die Beziehungen zwischen den Streaming-Anbietern und den Abonnent*innen oder die personalisierten Empfehlungssysteme. Das alles ändert sich nicht durch und mit Prime Video. Bei diesem Amazon-Angebot hat man alles Wichtige vom Konkurrenten Netflix gelernt und dessen Erfolge nachgemacht. Das Bild ähnelt sich, ich zeichne es hier nicht erneut nach. Bei allen großen Streaming-Anbietern, auch bei AppleTV oder Disney+, auf die ich gleich eingehen werde, gilt das Prinzip: mehr vom Gleichen. Und: Augen auf für die kleinen Unterschiede.

Prime Video überzeugt wie Netflix mit einem immer größer werdenden Angebot an Originalserien und -filmen. Diese überzeugen ebenfalls durch ihre eindrucksvollen Geschichten, die hervorragenden Schauspieler*innen und bedeutenden Regisseur*innen. Auch Prime Video Originals werden seit einigen Jahren für zahlreiche Preise nominiert. Ein prominentes Beispiel ist das US-amerikanische Filmdrama »Moonlight«[109], das bei der Oscar-Verleihung 2017 in acht Kategorien nominiert und mit zwei Oscars in den Kategorien Bester Film und Bestes adaptiertes Drehbuch ausgezeichnet wurde. Auch bei den Emmy Awards 2019 räumte der Streaming-Anbieter ab. Besonders viele Preise gingen an die beiden Serien »Fleabag«[110] und »The Marvelous Mrs. Maisel«[111].

Prime Video investiert sehr viel Geld in seine Eigenproduktionen. Die veröffentlichten Zahlen variieren in den Jahren 2018 und 2019 zwischen 6[112] und knapp 9 Milliarden US-Dollar. Dadurch soll die Attraktivität des Prime-Abo-Modells vergrößert werden, was neue Wettbewerbsvorteile schafft – das klassische Fernsehen gerät immer weiter ins Hintertreffen. Mittlerweile leidet auch das Kino. Denn die Amazon-Serien- und Filmkultur leistet häufig etwas, was sich das Fernsehen thematisch und ästhetisch nicht leisten kann: Das Fernsehen musste immer auf Massenwirkung setzen und daher Kompromisse eingehen.

Das ist im Streaming-Bereich anders. Hier entscheiden nicht die Aufrufzahlen, sondern der Zuwachs an Abonnent*innen quer durch das vielfältige Programm – für die Masse und in der Sparte. Die Vergleichszahlen für Netflix liegen im gleichen Zeitraum bei etwas über 15 Milliarden US-Dollar.[113] Netflix steigert seine Investitionen in Eigenproduktionen im Jahr 2020 nochmals auf etwa über 18 Milliarden US-Dollar.[114] Zudem kaufte Amazon, ebenso wie Netflix, zahlreiche Filmstoffe auf internationalen Filmfestivals ein, die dann exklusiv vom Streaming-Anbieter gezeigt werden, oder zuerst kurz im Kino und dann nur noch beim Streaming-Dienst. Die Flexibilität der Streaming-Anbieter bringt daher das traditionelle Kino in Schwierigkeiten, das sich zunehmend auf Blockbuster konzentrieren muss, um profitabel zu sein.

Prime Video zeichnet sich aber im Vergleich zu Netflix auch im Video-Bereich durch seinen Marktplatz-Gedanken und die daraus resultierende Sortimentvielfalt aus. So werden auch Streaming-Kanäle von anderen Anbietern in den Service aufgenommen und für eine zusätzliche Gebühr angeboten. Hierzu zählen unter anderem MUBI, realeyz, BBC Player, Sony AXN, RTL Living, MTV+, MGM, Sundance Now oder Eurosport Player. Amazon ist auch für diese Anbieter interessant, weil sie durch die Kooperation Zugriff auf die aktivste und wertvollste Kundschaft erhalten: die Prime-Abonnent*innen. Für diese Abonnent*innen ist es wiederum interessant, alles an einem Ort zu haben und auch Angebote zu erhalten, die es bei Netflix nicht gibt, wie zum Beispiel Sportkanäle.

Halten wir abschließend fest: Es ist vor allem das umfangreiche Wissen über die Amazon-Kund*innen, das Amazon auf den zuvor beschriebenen unterschiedlichen Wegen einsammelt und auswertet, das, im Verbund mit dem Prime-Abo-Verführungsmodell, die Kund*innen in die Amazon-Falle lockt und dabei, wie beschrieben, einige demokratiegefährdende Aspekte offenbart, die ich im Kritik-Kapitel erläutern werde. Denn nie war Entscheiden so einfach – ich muss nur auf diese eine Website gehen, dann erfahre ich, wohin ich will.

& Co. Alle gegen Netflix:
Die neuen Konkurrenten Apple TV+ und Disney+

In Deutschland haben sich also besonders Netflix und Amazon Prime Video als On-Demand-Video-Streaming-Anbieter etablieren können. Sie sind bisher die beiden beliebtesten Anbieter. Nun kündigt sich aber eine Reihe neuer Streaming-Dienste an. Zwei davon sind bereits gestartet: im November 2019 Apple TV+ und kurz danach im März 2020 Disney+. Die Pluszeichen verdeutlichen, dass das On-Demand-Video-Streaming, wie bei Amazon Prime Video, ein Zusatzangebot und nicht das Kerngeschäft des Unternehmens ist. Gleichzeitig vermittelt das Plus, dass die beiden Streaming-Dienste jetzt zusätzlich auf dem Markt sind und den bisherigen Marktführern Konkurrenz machen wollen.

Streaming ist eben das globale Leitmedium unserer Zeit und bestimmt damit unseren Zeitgeist. Kein Unternehmen, das zum Beispiel in den Bereichen Telekommunikation, Technologie, Medien und Unterhaltung erfolgreich sein will, darf den Anschluss an diesen Zeitgeist verpassen. Im Unterschied zu Netflix sind Amazon, Apple und Disney allerdings nicht primär vom Erfolg ihrer Streaming-Modelle abhängig.

Mit Blick auf den globalen Erfolg des schwedischen Musik-Streaming-Dienstes Spotify, der im Jahr 2006 startete und schon seit Längerem der unangefochtene Marktführer ist, sind Amazon und Apple zuerst mit einem jeweils eigenen Musikangebot in den Streaming-Markt eingestiegen. Daher wollen wir uns einmal ansehen, ob und wie erfolgreich es für die beiden Anbieter jeweils war – und was sich daraus für den nun gestarteten Streaming-Dienst ableiten lässt.

Amazon bietet zwei Musik-Streaming-Modelle an: Amazon (Prime) Music ist im Jahr 2007 gestartet und ebenso die Flatrate-Variante Amazon Music Unlimited, die einen Zugriff auf über 50 Millionen Songs ermöglichen. Die Zahl der Abonnements wächst beständig. Zum Jahresbeginn 2020 hatte Amazon Music weltweit 55 Millionen Nutzer*innen. Im Vergleich dazu hatte Apple Music nach eigenen Angaben vier Jahre nach dem Start im Sommer 2019 bereits 60 Millionen Nutzer*innen.[115] Spotify ist mit klarem Abstand zu Amazon und Apple, aber auch zu allen anderen Musik-Streaming-Anbietern, mit 248 Millionen monatlich aktiven Nutzer*innen der Marktführer.[116]

Beide Unternehmen hatten also schon mit ihren Musik-Streaming-Angeboten großen Erfolg. Ein Versuch, daran mit einem eigenen Streaming-Dienst anzuknüpfen, war naheliegend, wenngleich Apple und Disney vergleichsweise spät in das Streaming-Geschäft einsteigen.[117] Der Druck wächst, entsprechend erfolgreich zu sein und schnell gute Zahlen präsentieren zu müssen. Disney hatte allerdings bisher kein eigenes Musik-Streaming-Angebot und startet ganz neu im Bereich Streaming.

Was ich daraus schließe, ist, dass Apple TV+ und Disney+ beim Video-Streaming von vornherein ein exklusiveres Programm anbieten müssen als Netflix und Amazon Prime Video, um erfolgreich zu sein, da sie sich ansonsten nicht wesentlich von den beiden Marktführern unterscheiden würden. Warum sollte man sie sonst abonnieren, wenn die anderen das schon alles haben, was Apple TV+ und Disney+ jetzt anbieten? Mit einer großen Auswahl an Serien und Filmen allein kann heute kein neuer Streaming-Dienst mehr erfolgreich sein. Über die Positionierung im Streaming-Markt entscheidet auch nicht der Abo-Preis. Die Geschäftsmodelle der verschiedenen Streaming-Anbieter variieren, doch exklusive Inhalte und Services bleiben der wichtigste Faktor im Kampf um die Kund*innen. Es geht um Marktwert, Medienwirksamkeit – und Macht. Ich komme gleich noch mal darauf zurück.

Bleiben wir noch einen Moment bei den Zahlen, denn sie sind »zur Leitwährung der digitalisierten Gesellschaft geworden«[118]. Und diese Zahlen haben nicht lange auf sich warten lassen. Nach Angaben des Wall Street Journal soll Apple TV+ zu Beginn des Jahres 2020 bereits 33 Millionen registrierte Nutzer*innen allein in den USA zählen. Disney+ kommt im gleichen Zeitraum angeblich auf 23 Millionen Nutzer*innen.[119] Diese Zahlen sollen ein Staunen und einen Wow-Effekt erzeugen.[120] Und sie sollen den Eindruck vermitteln, dass die beiden Angebote spektakulär sein müssen, wenn die Kundenzahlen unmittelbar nach dem Start so beeindruckend sind.

Sieht man allerdings genauer hin, sind diese Zahlen so glaubhaft nicht. Sie gehen zumeist auf Schätzungen zurück oder auf die Angaben von Apple und Disney, also der Unternehmen selbst. Dennoch reicht eine solche Zahlenangabe heute aus, um Aufmerksamkeit auf sich zu ziehen – wer durchschaut schon Statistiken oder macht sich überhaupt die Mühe, Eigenangaben der Unternehmen auf ihren Wahrheitsgehalt abzuklopfen? Wichtig ist mir an dieser Stelle festzuhalten, dass sowohl Apple als auch Disney sich gleich zum Start ihres jeweiligen Streaming-Dienstes auffällig erfolgreich im Markt zu positionieren suchen – gleichsam als ernst zu nehmende Konkurrenz von Netflix und Amazon Prime, den beiden Marktführern. Die von den Unternehmen genannten Zahlen sind darauf ausgelegt, Interessierte zu bewegen, zumindest ein Gratis-Test-Abonnement abzuschließen, um sich von den neuen Streaming-Anbietern überzeugen zu lassen.

Es gehört zum Zeitgeist, immerzu die Zahlen im Blick zu

haben und fortwährend mit guten Zahlen glänzen zu müssen. Wir als Kunden sind nur die »Komplizen« dieses Zeitgeistes.[121] Zahlen machen vergleichbar und erzeugen einen Vergleichsdruck. Mit Zahlen zeigt man öffentlich den sozialen Status an, die soziale Wertigkeit und die damit verbundene Position im gesellschaftlichen Gefüge, aber auch die eigene Leistungsfähigkeit und Glaubwürdigkeit. Das ist ein Resultat der Digitalisierung, die unser Leben umfassend bestimmt. Ich komme darauf im 5. Kapitel zurück.

Die Zahlen sprechen auch in einer anderen Hinsicht für Apple und Disney. Sie beweisen, wie erfolgreich, etabliert und beliebt diese Unternehmen seit Jahrzehnten sind – Disney ist seit immerhin fast einhundert Jahren eine bekannte Marke. Beide Unternehmen haben weltweit einen großen und treuen Kundenstamm, der sich entsprechend für die beiden neuen Streaming-Angebote interessiert.

Aber auch Apple hat ja durchaus einen Ruf zu verlieren. Die Apple, Inc. wurde 1976 von Steve Wozniak, Steve Jobs und Ron Wayne als Garagenfirma gegründet. Ich möchte hier hervorheben, dass Apple mit seinen Personal Computern ein Massenprodukt für einen Massenmarkt entwickelt hat. Apple hat Computer erst wirklich populär gemacht und gehört zu den größten und erfolgreichsten Unternehmen der Welt; die Firmenzentrale befindet sich im kalifornischen Cupertino. Im Geschäftsjahr 2019 erzielte Apple, Inc. einen weltweiten Umsatz von 260 Milliarden US-Dollar.[122] Beim Ranking der wertvollsten Marken der Welt belegt Apple, Inc. den zweiten Platz hinter Amazon und weist einen Markenwert von rund 310 Milliarden US-Dollar aus.[123] Apple ist mit einem Börsenwert von rund 1,3 Billionen US-Dollar nach dem saudi-arabischen Ölkonzern Saudi Aramco das zweitwertvollste Unternehmen der Welt.[124]

Kaum weniger wertvoll ist die Walt Disney Company, die bereits 1923 von den Brüdern Walt und Roy Disney als Disney Brothers Cartoon Studio gegründet wurde. Das Unternehmen erreichte mit seinen Zeichentrick- und Unterhaltungsfilmen weltweite Bekanntheit und Beliebtheit. Der Hauptsitz befindet sich im kalifornischen Burbank. Heute ist Disney ein Konzern, der unter anderem Filmstudios, die in der Walt Disney Motion Pictures Group, Inc. zusammengefasst sind, sowie gleich mehrere Subunternehmen umfasst. Hinzu kommen die Themen- beziehungsweise Erlebnisparks beziehungsweise Ferienresorts von Disney. Die Abteilung Walt Disney Parks and Resorts wurde 1971 gegründet. Auch der große US-amerikanische Fernsehsender ABC ist im Firmenbesitz. Mit Disney+ wagt das Unternehmen den Sprung vom analogen Fernsehen hin zum digitalen Streaming-Dienst.

Die Walt Disney Company erzielte im Geschäftsjahr 2019 einen weltweiten Umsatz von rund 69,6 Milliarden US-Dollar.[125] Beim Ranking der 25 wertvollsten Marken der Welt nach ihrem Markenwert im Jahr 2019 belegt Disney den siebzehnten Platz und weist einen Markenwert von rund 57 Milliarden US-Dollar auf.[126] Der Börsenwert von Disney im Jahr 2019 betrug rund 238,1 Milliarden US-Dollar.[127]

Mit welchen beiden Begriffen würden Sie Apple und Disney beschreiben? Nehmen Sie sich einen Moment Zeit, bevor Sie weiterlesen. Und, was ist Ihnen eingefallen? Ich denke, viele von Ihnen haben an diese beiden Begriffe gedacht: Design und Familie. Zumindest denke ich immer zuerst an diese beiden Begriffe. Vielleicht aber auch an den ein oder anderen Werbeslogan: »Think Different«, so lautete der berühmte Apple-Slogan aus dem Jahr 1997. Das Selbstbild von Apple ist seit der Firmengründung immer schon eindeutig: Business Punk. Einfachheit, Schlichtheit und Eleganz bestimmen das Design der Apple-Produkte.[128] Und Design bedeutet für Apple nicht nur die Form und den Look der Produkte, also die Oberfläche, sondern auch deren Benutzerfreundlichkeit und Leistungsfähigkeit.

Und bei Disney denken Sie vielleicht an einen dieser beiden Werbeslogans: »Never too old for Disney« – und entsprechend ist man nie zu alt für Disney, bestimmt können auch Sie sich mit dieser Aussage identifizieren. Denken Sie an die Disney-Filme, erinnern Sie sich bestimmt daran, wie verzaubert man dasitzt und zuschaut, nicht umsonst heißt der Slogan des Unternehmens: »Disney – Where the magic comes to you«. Wann haben Sie sich das letzte Mal mit Ihren Eltern, Kindern und Enkelkindern zusammen einen Disney-Film angesehen und sich von der Magie verzaubern lassen? Tatsächlich ist es das Erfolgsgeheimnis von Disney über Jahrzehnte hinweg, eine, wenn nicht sogar die erfolgreichste Marke im Bereich Familienunterhaltung zu sein.

Der Erfolg von Unternehmen hängt ja gemeinhin vom Preis-Leistungs-Verhältnis mit ab. Betrachten wir einmal beide Unternehmen unter diesem Gesichtspunkt.

Bei Apple denken wir nun wirklich nicht zuerst an den Preis, sondern an das Design. Apple hat sich bei seiner Preisgestaltung schon immer am Luxusgütermarkt orientiert. Es bleibt zu prüfen, ob auch der Streaming-Dienst auf dieses Segment zugreifen wird. Das Design gilt als unfassbar sexy und ist wohl in den meisten Fällen mit ausschlaggebend für den Kauf. Es ist schon erstaunlich, wenn man sich jeden Tag umsieht und einmal darauf achtet, wie viele Menschen Apple-Produkte verwenden. Ich gehöre seit meiner Jugend auch dazu. In den Seminaren, die ich an der Hochschule gebe, verfügen fast alle Studierenden über ein MacBook und ein iPhone. Aber das ist nicht anders, wenn ich Vorträge auf Tagungen halte oder im Medienbereich arbeite. Hier kommen dann noch die iMacs dazu, an denen die Beiträge bearbeitet werden. Im Sportstudio haben viele seit einigen Jahren eine Apple Watch am Arm, um ihre Fitness zu kontrollieren. Bei meinen regelmäßigen Zugfahrten fallen mir die unzähligen Menschen in den Zugabteilen auf, die sich Filme auf ihren iPads ansehen. Vor vielen Jahren war es noch der iPod, mit dem man seine eigene Musikauswahl in jeder Hosentasche mit sich rumtragen konnte. Ein Stückchen mobile Freiheit und Identität, die das Unternehmen uns bisher schon bietet. Apple genießt Kultstatus. Und Apple-Produkte zu besitzen, das hat etwas mit Sozialprestige zu tun. Apple ist eben eine Glaubens- und Gefühlssache. Mit Rationalität hat der Apple-Konsum wenig zu tun. Es bleibt zu prüfen, ob das Streaming-Verhalten dem ebenfalls Rechnung trägt.

Die Zahlen des Unternehmens deuten in diese Richtung, und wir stellen fest, dass dieses neue Apple-Produkt mit Offenheit, Neugier, Sehnsucht und Kauflust von den Kunden aufgenommen worden zu sein scheint. Der amerikanische Wirtschaftsexperte Richard Greenfield stimmt dieser Einschätzung zu:

> »Jedes Jahr verkauft Apple 245 Millionen Geräte. Und jeder Käufer kann das Angebot ein Jahr umsonst nutzen. Apple will hier ein robustes Abo-Geschäft hochziehen.«[129]

Es muss sich allerdings erst noch zeigen, ob diese Käufer*innen sich auf Dauer für den Streaming-Dienst interessieren und nicht nur das Probeangebot mitnehmen, zumal das Unternehmen nur mit sehr wenigen Filmen und Serien gestartet ist.[130] Aber das entspricht ja dem berühmten Werbeslogan »Think Different«[131], den Apple in den Jahren 1997 bis 2002 verwendet hat: Das Unternehmen verändert die Welt. Warten wir ab, ob es auch die Streaming-Welt nachhaltig verändert.

Das geht allerdings nur, wenn Apple TV+ einen ganz eigenen Weg beschreitet. Bisher war es dem Unternehmen wichtig, sich gegen das Establishment aufzulehnen und die Regeln für das Zusammenspiel von Kreativität und Innovation immer wieder neu zu bestimmen. Apple muss, um auf Dauer erfolgreich zu sein, wohl auch im Streaming-Bereich unangepasst und mutig bleiben. Nur so kann das Unternehmen zu jeder Zeit die fortschrittlichsten Ideen und Ideale der Zeit verkörpern beziehungsweise bestimmen. Ich für meinen Teil bin gespannt, ob die kreativen Technologie-Rebellen, die wie kein anderes Unternehmen die kreativen Köpfe repräsentieren, nun auch Streaming-Klasse beweisen.

Schmunzeln Sie gerade, oder liegt Ihnen ein Halleluja auf den Lippen? Ich hoffe, doch. Denn mir geht es so, bei aller Kritik, die ich dem Streaming gegenüber äußere. Wichtig ist es mir dennoch, hier festzuhalten, dass die Strategie von Apple gerade darin besteht, nicht alles für die Kund*innen zu tun. Die Philosophie des Unternehmens wird nicht wie die von Amazon von der Kund*innenorientierung und Zufriedenheit bestimmt. Apple ist nicht nur an Kund*innen interessiert, sondern an Apple-Jünger*innen, für die Apple eine Glaubensgemeinschaft darstellt – und bei den meisten Produkten der Linien bin ich Jünger, zugegeben.

Die Produktneuvorstellungen vom früheren Firmenchef Steve Jobs, die ich vorhin erwähnt habe, veranschaulichen das Kultpotenzial eindrucksvoll. Er ist die Personifikation der Marke Apple und wurde dadurch zum Gegenstand eines gewaltigen Personenkults.[132] Aus der Perspektive seines Biografen Walter Isaacson hat Steve Jobs der digitalen Welt mit der Kultmarke Apple Ästhetik und Aura verliehen. Damit ist er zur Stilikone des IT-Zeitalters geworden.[133] Steve Jobs wurde sogar häufig als Christusfigur der Technologiebranche bezeichnet. Der amerikanische Wirtschaftswissenschaftler Scott Galloway bringt es auf den Punkt:

»Durch ein eigenes Glaubenssystem, Gegenstände der Anbetung, eine Anhängerschaft und eine Christusfigur hat es [gemeint ist Apple] quasireligiösen Charakter. Zudem zählt es die wichtigsten Menschen der Welt zu einer Glaubensgemeinde: die ›Innovationsklasse‹ [deren Ikone Steve Jobs ist].«[134]

Die Apple-Kund*innen können also dankbar sein, Apple-Produkte zu nutzen und ihr Leben durch die Firmenphilosophie zu verbessern. Blind allerdings bin ich als Jünger des Unternehmens nicht. Denn wenn Unterwerfung die Haltung ist, die den Konsum hier anleitet, passe ich dankend. Apple appelliert wesentlich – und mehr als die anderen Streaming-Anbieter – an die Bedürfnisse, Wünsche und Instinkte seiner Kund*innen.

Das aus blindem Gehorsam und affektgesteuertem Konsumverhalten resultierende demokratiegefährdende Potenzial diskutiere ich noch eingehender im 5. Kapitel.[135] An dieser Stelle geht es mir weniger um die konkreten Inhalte der Serien und Filme, sondern vielmehr um die spezifischen Geschäftsmodelle der beiden Unternehmen, wie ich es in den vorangegangenen Kapiteln bereits mit Blick auf Netflix und Amazon beschrieben habe. Wie aber sieht es bei Apple und Disney in Bezug auf die unterschiedlichen Strategien der Gewinnung, Beziehung und Bindung der Kund*innen aus?

Mit Apple TV+, das direkt in über 100 Ländern und Regionen gleichzeitig gestartet ist, soll die Erfolgsgeschichte von Apple fortgesetzt und das Unternehmen zeitgemäß weiterentwickelt werden. Die Gestaltung der Apple TV+-Website und die Benutzerfreundlichkeit entsprechen den hohen Erwartungen an das Apple-Design. Die Bild- und Tonqualität ist zudem hervorragend.[136]

Apple TV+ ist nicht nur auf Apple-Geräten abspielbar, sondern macht seinen Dienst auch über zahlreiche Geräte anderer Hersteller verfügbar. Damit soll eine gute Marktdurchdringung ermöglicht werden. Allerdings setzt der Gebrauch von Apple TV+ eine Apple-ID voraus. Auch so kann ein Unternehmen also seinen Kundenstamm immer weiter vergrößern. Wer bislang kein Apple-Kunde war, muss sich vor der ersten Inanspruchnahme zunächst eine Apple-ID erstellen. Das Monatsabonnement ist mit 4,99 Euro bedeutend günstiger als das von Netflix und Amazon Prime Video. Anscheinend sollen die Interessierten gar nicht lange darüber nachdenken müssen, sich für ein Abo zu entscheiden. Dies deutet darauf hin, dass AppleTV+ ein Zusatzangebot sein will, nicht der alleinige Marktbeherrscher. Entsprechend bescheiden ist das eigentliche Streaming-Angebot zum Start. Konkret gibt es zunächst nur neun Produktionen, als da sind acht Serien und Filme sowie eine Dokumentation. Allerdings handelt es sich dabei ausschließlich um Eigenproduktionen. Das Versprechen von Apple TV+ ist, dass es in jedem neuen Monat weitere Apple Originals geben wird. Die Zusammenarbeit mit renommierten Regisseuren, Schauspielern und Medienpersönlichkeiten ist sichergestellt und wird eifrig auch mit journalistischen Mitteln beworben. Und schon gleich zum Start erhielt die US-amerikanische Dramaserie »The Morning Show«[137] mehrere Preis-Nominierungen, allein drei bei den Golden Globes 2020. Apple TV+ setzt im Unterschied zu Netflix und Amazon Prime Video also nicht auf ein möglichst umfassendes Angebot, sondern auf ein ausgewähltes und kuratiertes Programm, bei dem die Eigenproduktionen im Zentrum stehen.

Apple wäre aber nicht Apple, wenn das schon alles wäre. Lassen Sie uns daher einen Blick auf die deutsche Startseite von Apple TV+ werfen. Dort werden wir mit diesem Satz begrüßt:

> »Lasst die Storys beginnen. Du bekommst ein Jahr Apple TV+ dazu, wenn Du ein Apple Gerät kaufst.«[138]

Bei jeder Form des Fernsehens geht es um Geschichten. Serien und Filme erzählen uns Geschichten. Und wir alle lieben Geschichten. So weit, so klar. Die Geschichte, um die es Apple hier geht, ist aber eine andere: Dem Unternehmen geht es um die Geschichte der Kund*innenbindung, die Apple uns mit seinem neuen Angebot entsprechend neu erzählt. Apple, die Luxusmarke, meine Luxusmarke, schenkt mir etwas. Und die Reaktion ist impliziert: Unglaublich, da muss ich gleich zugreifen. Der oben zitierte Satz, der klarmacht, worum es eigentlich geht, wird mit einem Fußnotenzeichen beendet. Klickt man darauf, wird man in die Tiefen der Startseite heruntergeschickt. Dort angekommen, wird das Angebot erläutert:

> »Apple Gerät kaufen. 1 Jahr Apple TV+ dazubekommen. Du bekommst Apple TV+ für ein Jahr dazu, wenn du ein neues iPhone, iPad, einen iPod touch, Mac oder ein Apple TV kaufst.«[139]

Das neue Streaming-Angebot von Apple ist also ein Paketangebot, wie wir es schon von Amazon mit seinen Prime-Service kennengelernt haben. Apple will den Hardware-Verkauf ankurbeln und investiert dafür in einen Service, der sich kurzfristig nicht unmittelbar rentieren wird, denn die Investition in diese Eigenproduktionen[140] und die geringen Abonnement-Gebühren werden zunächst keine Gewinne abwerfen.

Es geht Apple also um Kunden*innenbindung durch Unterhaltung und Hardware-Verkauf. Nicht zu vergessen: um Reputation in neuen Bereichen und die damit verbundene zeitgemäße Weiterentwicklung des Unternehmens. Wichtiger als das Film- und Serienangebot ist die Rückbindung an das Kerngeschäft von Apple.

Diese Erkenntnis wirft die Frage auf, ob Disney mit dem neuen Streaming-Angebot ein vergleichbares Ziel verfolgt.[141] Lassen Sie uns hier auch zuerst einen Blick auf die Startseite von Disney+ werfen, die genauso klarmacht, worum es Disney mit dem Angebot Disney+ eigentlich geht:

> »Die besten Geschichten der Welt. Alle unter einem Dach.«[142]

Im Angebot sind ausschließlich firmeneigene Stoffe aus dem großen Disney-Universum, also von Disney, Pixar, Marvel und Star Wars, aber auch die beliebten Reportagen von National Geographic. Hinzu kommen die neuen und kommende Eigenproduktionen, die das Unternehmen in großer Zahl in Auftrag gibt. Wir sehen: Das Streaming-Angebot umfasst die Welt der Geschichten von Disney, gebündelt unter einem Streaming-Dach. Ich schließe daraus, dass es Disney+ nicht, genauso wenig wie Apple TV+, um die Anhäufung von Serien und Filmen geht und die Bereitstellung von neuem Material, sondern vielmehr um den exklusiven Aufbau und Ausbau der Disney-Welten. Durch das neue Streaming-Modell von Disney könnte dieses Vorhaben zur Perfektion gelangen.[143] Wie Apple TV+ kündigt auch Disney+ an, jeden Monat neue Disney Originals zu präsentieren.

Ein Streaming-Angebot für die ganze Familie: Das klingt nach einem Traum für Disney-Fans – und nach einem Albtraum für all jene Streaming-Dienste, denen Disney bisher Film-Lizenzen verkauft hat. Davon betroffen sind Netflix und Prime gleichermaßen.

Der langjährige Geschäftsführer von Disney, Bob Iger, kommentiert diese Entwicklung so:

> »Wir müssen relevant bleiben. Wir müssen auf den modernen Plattformen sein. Am wichtigsten aus Nutzersicht ist, dass sie Zugriff auf ihre Inhalte haben.«[144]

Im Unterschied zu Apple TV+ verfügt Disney bereits über ein großes eigenes Filmarchiv, das über Jahrzehnte zurückreicht und damit über genügend Stoff, das neue Streaming-Angebot langfristig und reichhaltig auszustatten. Disney hat in den letzten Jahren zudem zahlreiche Filmstudios und Filmfirmen aufgekauft, so zum Beispiel das Animationsstudio Pixar im Jahr 2006, das Marvel-Studio im Jahr 2009 oder Lucasfilm im

Jahr 2012. Zudem erwarb Disney 2019 auch noch das Medienunternehmen 21st Century Fox, allerdings ohne den Sender FOX News. Mit diesen Firmenkäufen sicherte sich Disney die exklusiven Filmrechte an einer überaus großen Menge beliebter Blockbuster. Damit wird Disney langfristig wohl das Lizenzgeschäft dominieren und verschafft sich dadurch, vor allem für sein neues Streaming-Angebot, eine große Marktmacht.

Natürlich entwickelt Disney darüber hinaus weiterhin eigene Filme und Serien – die das Unternehmen autonomer als viele andere selbst produzieren kann. Der Medienkonzern hat damit auch die Möglichkeit, seine Inhalte den Kund*innen direkt anzubieten. Die Hollywood-Studios gehören schließlich Disney.

Bei Apple TV+ führt der Weg vom neuen Streaming-Dienst direkt zurück zu Apple als Hardware-Hersteller. Welchen zusätzlichen Effekt soll das Streaming-Angebot von Disney erfüllen? Disney+ soll die Kund*innen in die Ferienparks locken, damit sie dort in die Erlebniswelten zu den Filmen und Serien eintauchen können. Darauf werden auch die zukünftigen Produktionen ausgelegt sein.[145] Das ist Disneys Weg, die eigene Marktmacht zeitgemäß auszubauen. Und wer abtauchen kann in eine Disney-Welt, der gibt auch gerne die eigene Entscheidungsmacht aus der Hand, wenn es um die reale Welt geht, oder?

Streaming für die Nische: Alternativen zu Netflix, Amazon Prime & Co.

Der Streaming-Markt wächst unaufhörlich. Netflix und Amazon Prime Video waren nur die ersten Monopolisten der noch jungen Streaming-Geschichte. Herausgefordert werden

Streaming für die Nische

diese beiden Streaming-Giganten mittlerweile von zahlreichen anderen Streaming-Anbietern – nicht nur von Apple TV+ und Disney+. Die beiden Monopolisten stehen mit ihrem Serien- und Filmangebot für den großen Querschnitt, die anderen beiden für ein spezielleres und überschaubareres Programm. Alle vier müssen aber den Mainstream und den Massengeschmack in ihren Bereichen ansprechen, um erfolgreich zu sein. Für jeden in der Familie muss etwas dabei sein. Allerdings fällt es selbst bei diesem riesigen Angebot schwer, immer etwas Passendes für jeden Geschmack zu finden.

Deshalb haben sich neben diesen großen Anbietern auch Unternehmen gefunden, die »Streaming für die Nische« anbieten.[146] Und dieses Nischenprogramm besteht aus internationalen Independent-Produktionen und Filmklassikern für ein ausgewähltes Publikum. Es geht um Klasse statt Masse.

Ich beschränke mich auf zwei dieser Anbieter, einen internationalen und einen nationalen, um zu zeigen, welche Alternativen es zu den Mainstream-Monopolen gibt. Interessanterweise entsteht durch diese Unterscheidung von Mainstream- und Nischen-Streaming eine digitale Variante zum öffentlich-rechtlichen Fernsehen und Privatfernsehen. Nicht ohne Grund spricht auch Apple mit Blick auf die Apple TV+-App davon, ein zeitgemäßes digitales Fernsehen darzustellen. Ich komme gleich nochmals darauf zurück und bewerte abschließend, ob auch diese Nischenprogramme unser Wahlverhalten weiter einschränken, statt es zu erweitern.

Mein erstes Beispiel ist Mubi[147], das früher zuerst »The Auteurs« hieß und 2007 vom türkischen Unternehmer Efe Çakarel gegründet wurde. Der Firmensitz war anfangs in Kalifornien. Heute ist das Hauptquartier in London. Schon dieser erste elitäre Name stellt klar, dass ausschließlich das klassische und zeitgenössische internationale Autorenkino, aber auch eine Sammlung von Filmklassikern über Indie-Filme bis hin zu Festivalkino-Produktionen zum Angebot gehören.

Das Independent-Kino wird hier zum digitalen Lifestyle-Produkt für Cineasten. Was früher die private Filmsammlung war, wird durch Mubi zur mobilen Cinemathek beziehungsweise zum eigenen kleinen Programmkino, das man immer und überall nutzen kann.[148] Es geht bei Mubi also nur um die ganz große Liebe zum Kino und um ein digitales Zuhause für das Arthouse-Kino und seine Fans. Serien gehören daher nicht zum Angebot – und werden es wohl auch in Zukunft nicht. Aktuell investiert Mubi zwar in Eigenproduktionen. Das erste Beispiel ist das Filmdrama »Port Authority«[149], das von Martin Scorsese als ausführendem Produzenten betreut wurde.[150] Dieses Filmdrama von Danielle Lessovitz wurde unter anderem bei den Internationalen Filmfestspielen von Cannes in zwei Kategorien nominiert. Doch eine Abhängigkeit durchs Serien-Binge-Watching wird nicht angestrebt.

Efe Çakarel betont immer wieder, dass das entscheidende Erfolgsrezept von Mubi nicht die *All You Can Eat*-Angebote wie von Netflix und Amazon Prime Video sind, sondern das von Filmexperten kuratierte kleine Angebot, das nicht die Bedürfnisse einer breiten Masse bedienen will:

> »Mubi steht und fällt mit Kuratierung. Das ist unser Rezept für Wachstum.«[151]

Mubi ist dadurch geradezu der Antipode zu Netflix und Amazon Prime Video. Das Angebot von Mubi besteht darin, dass es jederzeit dreißig handverlesene Filme zum Ansehen und Downloaden bereitstellt. Zudem wird jeden Tag ein neuer Film gezeigt, der sogenannte Film des Tages. Und jeden Tag wird ein Film aus dem Angebot herausgenommen.

> »Von vergessenen Geheimtipps bis zu den frischesten Festival-Hits. Von Kult-Klassikern zu preisgekrönten Meisterwerken … Unter diesen 30 gibt es kleinere ausgewählte

Streaming für die Nische

Sonderreihen. Dazu zählen Double Features, Retrospektiven von einzelnen Filmemacher*innen, der Fokus auf die großen Filmfestivals und weitere aktuelle Themen.«[152]

Mubi möchte aber nicht nur anspruchsvoll unterhalten, sondern auch Filmwissen und Filmbildung vermitteln – ein pädagogischer Mehrwert, der bei den oben beschriebenen vier großen Streaming-Anbietern keine Rolle spielt, bei denen die Massenunterhaltung das Programm bestimmt. Mubi hat zusätzlich das internationale filmjournalistische Forum »Notebook«[153] eingerichtet, das täglich neue Inhalte zur Verfügung stellt – und zwar in Form von kostenlosen Filmnachrichten, Filmbesprechungen, Filmkolumnen und Interviews. »Notebook« soll alle Filmliebhaber*innen, die Mubi abonniert haben, bei ihrem Weg durch die überwältigende Vielfalt klassischer und zeitgenössischer Filme informativ, aber auch kritisch begleiten. »Notebook« nutzt hier Texte, Videos und Bilder, die bereits verfügbar sind und nun über den engen Kreis der Filmexperten hinaus allen Abonnent*innen zugänglich gemacht werden.

Während wir als Amazon-Prime- oder Netflix-Kunde den Empfehlungen der Unternehmen folgen, bietet Mubis Forum »Community«[154] den Abonnent*innen die Möglichkeit, Filme zu bewerten, Kritiken zu schreiben und über Filme mit der Mubi-Community zu diskutieren. Nach eigenen Angaben beläuft sich die Anzahl der Kino-Liebhaber*innen mit einem Mubi-Abonnement im März 2020 weltweit auf über 9 Millionen Kunden.[155] Mubi versteht sich, das wird hieran deutlich, nicht primär als Streaming-Dienstleister, sondern als Filmclub in den und für die digitalen Zeiten. Also als eine Gemeinschaft von Film-Liebhaber*innen, die sich als Gemeinschaft begreifen und daher ganz aktiv miteinander austauschen sollen.

»Fast wie in einem kleinen Café, in dem man sich treffen kann, um alternative Enden zu besprechen, Director's Cuts und was zum Teufel diese Frösche in *Magnolia* eigentlich zu bedeuten haben. Hitzige Diskussionen und leidenschaftlicher Meinungsaustausch sind willkommen.«[156]

Mubi ist zwar keine Konkurrenz für Netflix, Amazon Prime Video, Apple TV+ und Disney+. Aber Mubi besitzt starke Alleinstellungsmerkmale, die diesen Nischen-Streaming-Anbieter interessant und für seine Zielgruppe attraktiv machen – und mir darüber hinaus den Glauben daran zurückgeben, dass sich ein erwachsenes Wahlverhalten und Streamen nicht gegenseitig ausschließen. Die Foren »Notebook« und »Community« verbinden darüber hinaus drei einflussreiche digitale Kulturen miteinander: den Journalismus, die sozialen Medien und die Wikis. Dadurch wird Mubi zu mehr als nur einem Streaming-Dienst und stärkt damit zugleich sein spezifisches Nischen-Streaming-Modell. So weit zum internationalen Angebot. Doch wie bekannt ist Mubi in Deutschland? Ich habe dazu keine aktuellen Zahlen vorliegen. Allerdings weitet auch das Mubi-Angebot nicht gerade den Blick, sondern verstärkt eher das Filmnerd-Sein.

In Deutschland ist alleskino[157] im Februar 2013 angetreten, um eine andere Nische zu besetzen: Der Anbieter hat es sich zum Ziel erklärt, ausschließlich deutsche Filme beziehungsweise Filme, die mit maßgeblicher künstlerischer und finanzieller deutscher Beteiligung entstanden sind, zu zeigen. Und zwar alles von 1920 bis zum aktuellsten Film.[158] Der Streaming-Dienstleister, der sich als ein Online-Filmclub versteht, hat dieses Ziel bisher zwar nicht erreicht, aber das Angebot vermittelt einen umfangreichen Querschnitt durch die deutsche Filmgeschichte. Durch alleskino soll das deutsche Filmerbe lebendig gehalten werden:

»Der deutsche Film hat eine lange Tradition. Allerdings sind weit über 90 Prozent des deutschen Filmerbes online nicht zugänglich. alleskino ermöglicht es, das deutsche Filmerbe in all seinen Facetten kennenzulernen.«[159]

Das Filmportal ist wie das von Mubi eher ein Filmclub für Cineasten. Mit seiner klaren Fokussierung auf deutschsprachige Kinoproduktionen grenzt sich dieser Filmclub von den bewusst internationalen Blockbuster-Plattformen Netflix, Amazon Prime Video, Apple TV+ und Disney+ ab und erzielt damit – ebenso wie Mubi mit Blick auf die internationale Arthouse-Filmszene – eine Alleinstellung im deutschen Streaming-Markt.

Und ebenso wie Mubi legt alleskino viel Wert auf die Vermittlung von Filmbildung. Diese soll durch das redaktionell aufbereitete Filmangebot gewährleistet sein. Die Filme werden dazu in ihre filmhistorischen Kontexte gestellt. Es gibt Hintergrundinformationen zu den Filmschaffenden, insbesondere den Regisseuren, Produzenten und Darstellern, denen bei alleskino mit eigenen Personenseiten ein besonderer Platz eingeräumt wird. Aber auch Schwerpunktthemen kommen in den Blick. Durch weiterführende Links wird den Mitgliedern des Filmclubs die Möglichkeit gegeben, sich gezielt tiefergehend mit den Filmen zu beschäftigen. Im Unterschied zu Mubi gibt es aber keine Möglichkeit, dass die Nutzer*innen selbst Filmkritiken verfassen und mit den anderen Mitgliedern in einen Austausch kommen.

Die beiden kleinen Nischen-Anbieter ergänzen das Programm der großen Player, stellen für sie allerdings überhaupt keine marktrelevante Konkurrenz dar. Aus diesem Grund hat Amazon Prime Video für seine Kund*innen unabhängige Channels in sein Streaming-Angebot mit aufgenommen. Mubi und alleskino können so von den Amazon-Prime-

Kund*innen bequem gegen eine monatliche Gebühr hinzugebucht werden. Bildung auf Bestellung sozusagen. Sie helfen Amazon Prime Video, das eigene Angebot zu vergrößern, aber sie binden dadurch die eher nerdigen Zuschauer an den Mainstream-Anbieter; und als unabhängige Plattformen erleichtern sie dem internationalen Publikum den Zugriff zum Beispiel auf das deutsche Filmschaffen.

Ich stelle mir bei dieser Art der Kooperation die Frage, ob die beiden Nischen-Anbieter nicht ihre Glaubwürdigkeit als unabhängige Streaming-Portale verlieren. Sie bauen ihre Geschäftsmodelle auf einer Liebeserklärung zum Independent-Kino auf. Sie bieten ein exklusiv kuratiertes und redaktionell betreutes Spezialprogramm für Film-Liebhaber*innen und Film-Expert*innen an. Als Amazon Prime Video Channel sind sie aber in einen Kontext eingebettet, in dem die Abonnent*innen dazu bewegt werden sollen, bei Amazon einzukaufen. Sie werden von Amazon manipuliert. Und die Filme sind dazu nur das Mittel zum Zweck.

KRITIK

Kultur: Der Weg in die eigene Unfreiheit

Über »Dark« ist viel gesprochen und geschrieben worden. Es ist die erste deutsche Eigenproduktion von Netflix. Einige meiner Freunde haben die Serie, die am 1. Dezember 2017 bei Netflix Online Premiere hatte, lange vor mir gesehen und waren begeistert. So läuft das eben: Der eine guckt eine neue Serie und erzählt es dann weiter. Und die Nächste auch. Und so weiter und so weiter. Das erzeugt Nachfrage, Netflix freut das. Auch ich habe mir das natürlich nicht entgehen lassen. Und über den Inhalt zunächst den Kopf geschüttelt, weil er so viele Fragen aufwarf. Eine Ratlosigkeit, die suchterzeugend wirkte.

In der Nacht, in der ein Mann namens Mikkel Nielsen verschwindet, wird Peter Doppler Zeuge, wie der Körper von Mads Nielsen plötzlich in Helge Dopplers Hütte auftaucht. Währenddessen fällt Charlotte Doppler ein Artikel aus dem Jahr 1953 über Helges Entführung in die Hände. Auf dem abgedruckten Foto ist Ulrich Nielsen zu sehen.

Als Jonas Kahnwald ins Jahr 1986 zurückkehrt, um Mikkel wieder mit in die Zukunft zu nehmen, wird er von Hanno Noah Tauber und Helge Doppler entführt. Jonas erwacht im Beisein des Fremden, dessen wahre Identität er schließlich erkennt und der von seinem Vorhaben nicht abzubringen scheint. Noah ist davon überzeugt, dass Jonas der Schlüssel zur Erschaffung des Wurmlochs ist, das die dramatischen Ereignisse in der fiktiven deutschen Kleinstadt Winden überhaupt erst ausgelöst hat.

Winden ist ein Ort, der zwar prototypisch für die deutsche Provinz steht, mit seiner Lage am Rande eines dunklen Waldes und dem alles überragenden Atomkraftwerk, es ist aber auch ein Ort, der viele Geheimnisse zu bergen scheint und in dem schon seit Jahrzehnten immer mal wieder merkwürdige, bedrohliche Dinge geschehen. Ein Ort, der gut für die Angstlust bei der Serienunterhaltung ist, in dem man aber nicht wohnen möchte.

Jonas kann später fliehen. Er ist leicht verletzt, trägt seinen gelben Anorak, einen dunklen Wollpullover und eine schmutzige Jeans. Er läuft verwirrt und orientierungslos durch ein postapokalyptisches Szenario: ein ausgebrannter Wald, leichter Schneefall. Alles wirkt tot. Er passiert ein Warnschild, das auf radioaktive Strahlung hinweist, und ein zweites, das Winden als radioaktiv verseuchtes Gebiet ausweist. Er blickt in langsamem Gehtempo auf die zerstörte Natur und auf einige brennende Autos.

Ein Geräusch kündigt ein Fahrzeug an, das man nicht sofort sieht. Jonas hält inne. Ein umgebautes Militärfahrzeug, auf dem sich zahlreiche Kämpfer*innen in zerschlissener und schmutziger Kleidung befinden, fährt auf ihn zu. Eine sehr bedrohliche, angsteinflößende Atmosphäre. Gänsehaut-Feeling, Kribbeln und Unruhe stellen sich ein. Was passiert jetzt? Wird Jonas sterben? Er kniet sofort ängstlich nieder und hebt die Hände. Die Anführerin der Gruppe bewegt sich auf Jonas zu und blickt ihn streng an. Das machen auch alle anderen, teilweise vermummten Kämpfer*innen auf dem Fahrzeug. Auch als Zuschauer fühle ich mich auf meinem Sofa bedrängt und umzingelt. Die ganze Szene erinnert mich an den Filmklassiker »Mad Max«[1] oder an das Sperrgebiet von Tschernobyl. Nach einer Weile fragt Jonas die Anführerin:

»Wer seid ihr? Wo bin ich hier? Welches Jahr ist es?«

Ein nicht zeitgemäß aussehendes Flugzeug erscheint am Himmel und überquert die Gruppe. Jonas ist dadurch noch

Kultur: Der Weg in die eigene Unfreiheit

verwirrter. Alle Kämpfer*innen blicken ihn regungslos an. Er selbst schaut die ganze Zeit hektisch hin und her, um sich zu orientieren. Seine Augen sind meine Augen. Wir sehen dem Abgrund entgegen. Ich bekomme langsam das Gefühl, Jonas zu sein. Ich mache das beim Zuschauen genauso. Die Anführerin sagt:

»Willkommen in der Zukunft.«

Und dann schlägt sie Jonas mit ihrem Gewehr bewusstlos. Schwarzblende. Genauso wie Jonas in das Dunkel der Ohnmacht fällt, falle auch ich in das Dunkel der Unwissenheit. Durch die Namenseinblendungen im Abspann werde ich langsam verwirrt zurückgeholt. Ende.

»Alpha und Omega«. Das war die letzte Folge. Geschafft. Nach zehn Folgen der ersten Staffel und vierhundertfünfundneunzig Minuten, also knapp achteinhalb Stunden. Ich habe die erste Staffel der deutschen Fernsehserie »Dark«[2] in einem Tag auf Netflix weggebingt. Ich habe mir das mit nur kleineren Unterbrechungen angesehen, weil es mich so sehr hineingezogen hat.

Ist das denn so anders als früher beim Fernsehen? Sicher nicht, auch da hat man »seine« Serie unbedingt zu Ende schauen wollen. Nur konnte man das nicht, es wurde ja alles höchstens im Wochenabstand ausgestrahlt. Aber die Serien-Staffeln auf Videos haben das durchaus schon möglich gemacht. Anders ist jetzt durch das Streaming, dass wir – ohne Aufpreis oder Neukauf – an die erste gute Serie gleich die nächste gute Serie anschließen können: Serien-Bingen ohne Ende.

»Dark« hatte aber nicht nur diesen Suchtfaktor. Für mich viel entscheidender ist, dass bei dieser Serie aus deutscher Produktion die Empfehlungen eine immens wichtige Rolle gespielt haben. Meine Freunde und Bekannten und auch die Student*innen haben mir das empfohlen.

Für mich heißt das: Die Verbreitung, die Sichtbarkeit und die Vervielfachung dieses Redens über eine Serie – zum Beispiel in den sozialen Medien oder in Blogs – erzeugt ein viel größeres und aktiveres Publikumsecho. Und damit immer auch mehr Zuschauer*innen, die wie ich mitreden wollen, die sich das ansehen, um buchstäblich im Bild zu bleiben. Die professionellen Medienexpert*innen aus dem Journalismus oder der Wissenschaft sind hierbei nur noch eine Stimme unter vielen, aber sie sind nicht mehr entscheidend, um den Erfolg oder Misserfolg von Serien zu beeinflussen. Professionelle Medienkritiker*innen liefern nicht mehr die Argumente, die Menschen dazu bewegen könnten, sich einer Serie zuzuwenden. Diese Deutungshoheit und Empfehlungsautorität besitzen mittlerweile fast ausschließlich die Fans und deren Aktivitäten in den sozialen Medien.[3] Oder, um der Wahrheit Genüge zu tun: die Algorithmen-Empfehlungen und die Fans.

Eine deutsche Serie, die auch großen internationalen Erfolg hat und zu den besten sowie erfolgreichsten nicht englischsprachigen Serien auf Netflix zählt, ist etwas Besonderes, denn in dieser Form hatten wir das noch nie.[4]

Den Zweifel, ob das, was vom und für das deutsche Fernsehen produziert wird, auch für den internationalen Markt taugt, gibt es, solange ich denken kann. Die Streaming-Anbieter haben an dieser Skepsis gegenüber deutschen Unterhaltungsproduktionen nicht grundsätzlich etwas geändert. Im 2. Kapitel habe ich Ihnen von meiner Fernsehliebe berichtet. Ich vergleiche daher immer alles, was mir beim Streaming begegnet, zuerst mit meinen Fernseherfahrungen. Sie sind für mich bis heute prägend. So auch bei »Dark«.

In meiner Kindheit und Jugend war es die ZDF-Krimiserie »Derrick«[5], die bis heute eine der weltweit meistexportierten deutschen Serien ist. Sie wurde in über hundert Ländern ausgestrahlt. Das Leben und Leiden des fiktiven Oberinspektors Stephan Derrick, gespielt von Horst Tappert, das war die tele-

Kultur: Der Weg in die eigene Unfreiheit   **161**

visionäre Inkarnation des Deutschseins.[6] So stellte man sich
im Ausland die Deutschen vor. Die Figur des Derrick war ein
Mann nach Maß und immer in Maßanzügen. Er war groß,
aufrecht, höflich, ruhig, beharrlich, pünktlich, korrekt, zuverlässig, verantwortungsbewusst und natürlich immer im
selbstlosen Einsatz für Ordnung und Gerechtigkeit. Dazu
stand er fest auf dem demokratischen Boden des Grundgesetzes: die Inkarnation eines guten Deutschen. Zudem genau so,
wie man sich einen Beamten vorstellt: unendlich konservativ
und humorlos.

Bei »Derrick« ging es immer um Traditionsverbrechen.
Denn auch das Verbrechen muss sich in Deutschland an Regeln halten, bevor es in Serie gehen kann. Die Serie kultivier-
te allerdings die damals neue Perspektive, dass wir in Deutschland geradezu von Verbrechern und Mördern umzingelt sind,
insbesondere auch im privaten Umfeld. Es war daher Bürger*innenpflicht immer Angst zu haben, Opfer eines Verbrechens zu werden. »Derrick« war in dieser unsicheren Welt
das Versprechen auf Sicherheit. Flankiert wurde »Derrick« –
und damit die Kultivierung von Angstbereitschaft im Fernsehen – durch die seit 1967 beim ZDF ausgestrahlte Sendung
»Aktenzeichen XY … ungelöst«. In dieser Sendung wurden
die Zuschauer*innen um Mithilfe bei der Aufklärung realer
und bisher ungelöster Verbrechen gebeten. Sie konnten in
dieser Sendung, die für mich immer mehr zum Denunzieren
der Mitmenschen als zur Aufklärung aufgefordert hat, zu
Fernseh-Ermittler*innen werden, indem sie ihre Mitmenschen unter Dauerverdacht stellten. Diese Sendung sollte zudem den Eindruck vermitteln, dass nicht nur die Bürger*innen vom Verbrechen bedroht sind, sondern sich in Deutschland auch kein/e Verbrecher*in sicher fühlen sollte. Frei nach
dem Motto: Wer nichts zu verbergen hat, kann sich auch beobachten lassen. Derrick war letztlich eine öffentlich-rechtliche Werbung für die Kontrollgesellschaft. Klar, Vertrauen ist

gut, aber Kontrolle eben besser, wenn sogar meine Familien-
mitglieder Verbrecher*innen sein könnten.

Der internationale Erfolg zeigte, dass es »Derrick« wie keiner anderen deutschen Fernsehserie in dieser Zeit gelungen
ist, ein repräsentatives Deutschlandbild vorzustellen. Der internationale Erfolg von »Dark« wird von diesem Thema mitbestimmt. Fast dreißig Jahre nach dem Ende von »Derrick«
hat sich im Jahr 2017 an dem Deutschlandbild in der Welt
kaum etwas geändert. So wurden etwa die Zuschauer*innen
in den USA in unterschiedlichen Blogs dazu aufgefordert, die
Serie am besten in Originalsprache mit Untertiteln zu sehen,
weil alles durch die deutsche Sprache noch viel bedrohlicher,
brutaler und unheimlicher wirken würde.[7]

War die Welt bei »Derrick« schon bedrohlich, aber durch
den unermüdlichen Einsatz für Recht und Ordnung noch zu
bewältigen beziehungsweise zu stabilisieren, ist die Welterfahrung bei »Dark« nur noch chaotisch, verschwörungstheo-
retisch aufgeladen[8] und außer Kontrolle:

Alle sind immer auf der Flucht – von Zeit zu Zeit und vor
allem vor sich selbst und den anderen. Geradlinig läuft alles
auf die Apokalypse zu. In der ersten Staffel geht es immer hin
und her zwischen den Jahren 2019, 1986 und 1953. Die
Zeitachsen in der zweiten Staffel sind die Jahre 1954, 1987,
2020 und 2053. Und alles hängt immer irgendwie zusammen
oder auch nicht. Das bleibt vollkommen offen. In beiden Serien wird der Unterhaltungsgenuss der Zuschauer*innen also
von der Angstlust und den Erwartungen an das dargestellte
Deutschlandbild mitbestimmt.

Ich habe bereits in der Einleitung an den Beispielen der
Corona-Krise und des postapokalyptischen US-amerikanischen Kinos der Jahrtausendwende gezeigt, dass Angst ein
grundlegendes Mittel ist, um die Aufmerksamkeit der Menschen zu binden und die persönliche Wahrnehmung der Welt
mit zu formen. Das wirkt besonders nachhaltig in der Verbin-

Kultur: Der Weg in die eigene Unfreiheit 163

dung mit der Lust, sich diesen Themen zumindest fiktiv zuzuwenden. Nichts anderes machen »Derrick« und »Dark«. Sie
kultivieren Angst und Unsicherheit. Und beeinflussen unser
Bewusstsein und die kollektive Wahrnehmung.

Bereits vor fast achtzig Jahren haben die beiden Philosophen Max Horkheimer und Theodor W. Adorno an den populären Medien ihrer Zeit, wie zum Beispiel dem Film, dem
Radio und den illustrierten Magazinen, kritisiert, dass der
Erfolg von Kulturangeboten, sie sprachen von Kulturwaren,
ich komme gleich noch darauf zurück, gerade in ihrer Ver-
gleichbarkeit begründet ist, die auf den Massenkonsum zugeschnitten ist:

> »Kultur heute schlägt alles mit Ähnlichkeit. [...] Jede Spar-
> te ist einstimmig in sich und alle zusammen.«[9]

Aus der Perspektive von Horkheimer und Adorno führt diese
Ähnlichkeit zur Anpassung von Unterschieden und damit
zur Auflösung von Vielfalt. Gerade dann, wenn jedes Kul-
turangebot, also in meinem Beispiel »Dark« und »Derrick«,
sich als unterschiedlich und individuell präsentiert. Der internationale Erfolg der Fernsehserie »Derrick« und der Streaming-Serie »Dark« ist daher wesentlich in ihrer Ähnlichkeit
begründet: also in dem dargestellten Deutschlandbild, so
zeitbedingt unterschiedlich dieses auch ausfallen mag.

Darüber hinaus führt der Vergleich von »Dark« mit der
US-amerikanischen Science-Fiction-Mystery-Erfolgsserie und
Netflix-Eigenproduktion »Stranger Things« zur weiteren
Auslöschung von Unterschieden. In diesem Fall durch eine
internationale Perspektive, die zur Anpassung an die Spiel-
regeln des internationalen Serienmarktes führt.

Für Horkheimer und Adorno besteht das Modell der populären Kultur genau in dieser »falsche[n] Identität von All-
gemeinem und Besonderem«[10]. Was zurück bleibt sind, wie

bei »Derrick« und »Dark«, Standardisierungen und Serien-
produktionen, die unseren Blick auf die Welt mitbestimmen
und verengen.

»Derrick« ist TV-Vergangenheit. Die Gegenwart der deutschen Serienproduktionen ist, wie »Dark«, aber doch anscheinend vielfältiger und globaler anschlussfähig geworden.
Aber eben weiterhin auch immer deutsch grundiert. »Dark«
ist ein Beispiel für diese Entwicklung, aber nicht die erste
deutsche Serie, die einen internationalen Erfolg verbuchen
konnte.

Vor »Dark« war es unter anderem die RTL-Fernsehserie
»Deutschland«.[11] Die Serie spielt in der Zeit von 1983 bis 1989,
also noch im Kalten Krieg und bis zum Mauerfall. Im Mittelpunkt steht die Geschichte des DDR-Grenzsoldaten Martin
Rauch, gespielt von Jonas Nay, der vom DDR-Geheimdienst
als Spion nach Westdeutschland geschickt wird, um Nato-Mi-
litärstrategien herauszufinden. Diese Serie war nicht nur in
Deutschland erfolgreich, sondern auch international, wie
etwa die Auszeichnung bei den »International Emmy Awards«
in New York 2016 als beste Drama-Serie zeigte.[12]

Die Fernsehserie »Deutschland« und die Streaming-Serie
»Dark« verdeutlichen, dass sich deutsche Serien (das gilt auch
für viele deutsche Filme, die international erfolgreich sein
wollen) an die internationalen Erwartungen an das Deutsch-
sein und an die Deutschlandbilder anpassen müssen. Und es
sind hierbei häufig die kritischen Seiten der deutschen Geschichte, die diese Erwartungen bestimmen und die leider
damit gleichzeitig den Gestaltungsraum für das, was international erfolgreich ist, einschränken. Das ist – wohlgemerkt –
eine Selbstbeschränkung, die sich die Filmemacher*innen
auferlegen, um ihr Produkt Film in den Markt zu bringen.
Am Anfang der Lieferkette für den Serien-Markt und für den
Streaming-Markt in Deutschland steht also bereits eine
Selbstbeschränkung. Sehen Sie, wie ich auf den Gedanken

komme, dass Netflix & Co. unsere Demokratie gefährden? Und das ist ja noch nicht einmal der einzige Gesichtspunkt. Bei Weitem nicht.

Horkheimer und Adorno haben vor fast achtzig Jahren einen Begriff geprägt, mit dem diese von mir gerade geschilderten Zusammenhänge immer noch treffend beschrieben werden können: Kulturindustrie.[13] Der Begriff der Kulturindustrie soll verdeutlichen, dass die massenmedial verbreitete Kultur, in den von mir genannten Beispielen sind das Serien, eine industriell erzeugte Ware ist. Dabei ist dieser Begriff, wie Adorno[14] erläutert, nicht wörtlich zu verstehen. Mit dem Begriff Kulturindustrie weisen Horkheimer und Adorno darauf hin, dass populäre Kultur standardisiert wird, um massenhaft zu gefallen und leicht konsumierbar zu sein. Die Kulturwaren sollen massenhaft genutzt werden und viel Geld einspielen. Das Profitinteresse ist immer wichtiger als die spontanen Wünsche und Bedürfnisse der Menschen. Das führt aus der Perspektive der beiden Philosophen zur Verfestigung der »Macht der ökonomisch Stärksten«, die durch technologische Rationalität ökonomische und auch politische Macht über die Gesellschaft erlangen. In ihren Kulturwaren spiegelt sich die »Rationalität der Herrschaft« wider, gerade dadurch, dass sie der Rationalität der Konsument*innen entgegenwirken und hingegen ihren Geschmack, ihre Wünsche, ihre Gefühle und Bedürfnisse fördern. Gilt das auch heute noch? Ich meine: mehr denn je.

Amazon Prime ist hierfür ein gutes Beispiel. Im 3. Kapitel habe ich gezeigt, wie dieser Streaming-Anbieter die Kund*innenorientierung und -zufriedenheit seiner Nutzer*innen in das Zentrum seines Angebots stellt. Und Amazon Prime betont dazu noch, dass die permanente algorithmische Auswertung der Aktivitäten der Kund*innen erlaubt, deren spontane Wünsche und Bedürfnisse zu erkennen, um ihnen darauf aufbauend immer ein individuelles Angebot zu machen.

Letztlich geht es Amazon aber, wie beschrieben, um die Steigerung der Abonnent*innen-Zahlen und die Verstärkung der Kund*innenbindung, damit noch mehr Amazon-Konsum möglich wird.

Auch in dieser Hinsicht scheint sich in den knapp achtzig Jahren, die zwischen der Kritik von Horkheimer und Adorno und unserer Zeit liegen, grundsätzlich nicht viel geändert zu haben. Die populäre Medienkultur ist für die beiden Philosophen entfremdet und manipulativ, weil sie immerzu mit den Erwartungen der Konsument*innen spielt. Kultur wird so zur Ware, die auf der Basis eines monopolistischen Wirtschaftssystems organisiert wird. Amazon Prime ist, wie ich gezeigt habe, so ein Monopolist im kostenpflichtigen Video-on-Demand-Bereich. Es geht in diesem System um den Zwang, sich die Konsument*innen anzupassen und das Bewusstsein der Menschen mit Blick auf die Alltagswirklichkeit, in meinem Beispiel sind damit die Waren- und Dienstleistungsangebote von Amazon Prime gemeint, festzulegen und zu verstärken. Für Horkheimer und Adorno folgt daraus die Formung des Menschen zu einem uniformierten Massenmenschen. Und diese uniformierten Massenmenschen sind das Gegenteil von autonomen und aufgeklärten Bürger*innen.

»Anpassung tritt kraft der Ideologie der Kulturindustrie anstelle von Bewußtsein.«[15]

Das sind schon ziemlich drastische Behauptungen, finden Sie nicht auch? Können Sie diese Argumente nachvollziehen, wenn Sie über Ihren eigenen Kulturkonsum oder Streaming-Konsum nachdenken? Treffen diese Thesen überhaupt auf mein Beispiel »Dark« zu?

Nach meinem Binge-Tag bin ich richtig verwirrt. Wer ist wer? Ist Mikkel Nielsen etwa Michael Kahnwald? Ist Jonas Kahnwald vielleicht The Stranger? Und ist Aleksander Kohler tatsächlich Tiedmann Boris Niewald? Wer ist der Typ mit dem Priesterkragen, der sich Noah nennt?[16] Ich habe es nicht richtig verstanden. Was allerdings blieb, war der Wunsch, doch bitte bald mehr davon zu bekommen.

Haben Sie die Serie gesehen? Könnten Sie mir diese Fragen beantworten? Ist Ihnen alles sofort klar gewesen? Ich bin komplett daran verzweifelt. Mir platzte der Kopf. Sollte ich das überhaupt verstehen? Muss ich die erste Staffel so lange wiedersehen, bis ich es verstanden habe? Schließlich verstehe ich auch nicht immer jedes Buch auf Anhieb. Oder brauche ich zum Verständnis der ersten Staffel die zweite Staffel? Was für ein Glücksgriff durch die Macher: Um das Rätsel zu lösen, bin ich bereit, monatelang zu warten, zu grübeln, dann sehe ich es mir wieder an, um herauszufinden, ob ich inzwischen schlauer bin. Das ist gar nicht so leicht auszuhalten bis zur nächsten Binge-Watching-Session und dem Start der zweiten Staffel. Ein seltsames Gefühl ist das, dass jemand meine Aufmerksamkeit in dieser Weise auf ein zukünftiges Ereignis hin bindet. Auf ein zukünftiges Konsument*innen-Erlebnis hin, wohlgemerkt.

Sie kennen das bestimmt bei den Serien, von denen Sie begeistert sind und bei denen Sie es nicht abwarten können, bis die nächste Staffel losgeht. Das ist, als ob man am Ende jeder dieser Serien in ein Loch fällt. Zum Glück gibt es aber die unbegrenzte Vielfalt auf den vielen Streaming-Plattformen, damit ich in der Wartezeit die leere Zeit mit neuen Serien füllen kann. Früher ging ja der Trend – entschuldigen Sie, dass ich diesen unfassbar dämlichen Spruch hier zitiere – zum Zweitbuch. Bei Serien geht der Trend, um diesen unlustigen Vergleich aufzugreifen, zur Fünft-, Sechst- beziehungsweise XYZ-Staffel und zur verknüpften Serie. Netflix verschickt regelmäßige E-Mails an die Abonnent*innen mit der Frage: »Was kommt als Nächstes?« Diese E-Mail enthält natürlich gleich eine Auswahl mit Vorschlägen, damit der regelmäßige

Konsum nicht unterbrochen wird. Und bei Amazon Prime sehen wir, was andere Zuschauer auch gesehen haben – da finden wir ja bestimmt auch etwas für uns. Anklicken ohne Nachdenken – ein gefährlicher Weg, wie wir noch sehen werden.

So schnell kann heute jede/r zum Teil eines Serientrends werden, der uns Zuschauer*innen von Staffelkonsum zu Staffelkonsum treibt. Die wöchentliche Wartezeit auf die neue Folge, die den Serienkonsum-Rhythmus im Fernsehen bestimmt hat, wird beim Streaming zur Wartezeit auf die nächste Staffel. Am Anfang war das ein Jahr, das man warten musste. Inzwischen werden die Abstände immer kürzer. Aber es gibt ja Ersatzstoff. Wer schneller schaut, leidet länger. Aber der lange Wartezeitraum steigert die Spannung, Aufregung und das Begehren ins Unermessliche. Nach einem Jahr wirkt die Veröffentlichung der neuen Staffel wie ein Geschenk von Netflix & Co. an die Abonnent*innen.

Über Geschenke freut sich jede/r. Geschenke zeigt man seinen Freund*innen, teilt seine Gedanken dazu in den sozialen Medien und lässt sie zu Anlässen für Alltagsgespräche werden. So wird aus dem individuellen Konsum einer Serie die kollektive Mitarbeit am Erfolg einer Serie, das heißt das kostenlose Marketing für die Serie. Je populärer eine Serie ist oder durch die Fanarbeit in den sozialen Medien wird, desto weniger kommt man an ihr vorbei. Man wird indirekt dazu gedrängt, sich diese Serie auch anzusehen, um mitreden zu können. Streaming-Dienste brauchen diese Kommunikationsroutinen in den sozialen Medien, um erfolgreich zu sein.

Und überhaupt, worum geht es bei »Dark« konkret? Entschuldigen Sie, aber mich lässt diese Frage nicht los. Kindesentführung und Kindesmord? Experimente an Kindern? Zeitreisen in der ersten Staffel, die ich gerade gesehen habe, zwischen den Jahren 1953, 1986 und 2019? Weltuntergang durch atomare Apokalypse? Verschwörungstheorien? Geheimorganisationen? Religiöse Sekten? Verrückte Wissenschaftler? Das kann ich noch nicht wirklich einschätzen. Von allem anscheinend etwas. Kann aber auch alles ganz anders sein. Mich macht das verrückt. Das offene Ende und die ganzen losen Enden sowie Erzählstränge und Figurenkonstellationen haben bei mir bewirkt, dass ich auch die zweite Staffel sehen werde.

Eine Serie wie »Dark« steht mustergültig für diese Entwicklung der Produktionen für die neuen Streaming-Dienste. Die Lektüre eines Artikels bei ZEIT ONLINE mit dem Titel »›Dark‹. Deutschland, ein Streamingmärchen« von Kristoffer Cornils, bestärkt mich darin.[17] Der Autor bezieht sich auf die zweite Staffel der Serie, die ich noch nicht gesehen habe, aber glaube, sehen zu müssen, weil so meine anfangs beschriebene Verwirrung nach dem Anschauen der ersten Staffel vielleicht aufgelöst werden könnte. Vielleicht!

Ich möchte hier nochmals auf Horkheimer und Adorno zurückkommen, die auch für den hier beschriebenen Zusammenhang eine sehr eindringliche Kritik formulierten:

»Immerwährend betrügt die Kulturindustrie ihre Konsumenten um das, was sie immerwährend verspricht.«[18]

Womit »Dark« spielt, ist das Versprechen, die Geschichte aufzuklären: Wie hängt alles zusammen? Was will uns die Serie sagen? Oder ist das letztlich vollkommen egal, weil nur dieses Spiel mit der Sehnsucht nach Verstehen und Aufklärung entscheidend ist? In der Serie gibt es so viele Anspielungen und Verweise, denen man als Zuschauer*in ständig folgen kann, die aber letztlich alles und nichts bedeuten. Hauptsache, diese Erzählstränge schaffen es, dass die Zuschauer*innen dranbleiben und sich in den sozialen Medien aktiv dazu austauschen.

Die Serie spiele, wie Cornils betont, entsprechend mit dieser Spannung zwischen Souveränität und Manipulation. Sie rede dem Publikum ein, intelligent zu sein, um die zahlreichen Themen, Geschichten, Figurenkonstellationen, Verweise und Theorien der beiden Staffeln zusammenführen zu können und dabei zu durchschauen, worum es in der Serie eigentlich geht.

Allerdings wird das Publikum hierbei für dumm verkauft, weil auch nach der zweiten Staffel keine wirkliche Möglichkeit zur Auflösung besteht, so Cornils weiter in dem ZEIT-Artikel. Eine Auflösung, das Erkennen eines Zusammenhangs oder der Aus- und Weitergang der Handlung sind seiner Meinung nach gar nicht beabsichtigt, weil es einfach nur darum geht, das Publikum zu motivieren, »ihre Theorien in sozialen Netzwerken zu diskutieren und damit andere zu aktivieren, es doch endlich auch mal mit so einem Netflix-Abo zu versuchen«. Das Publikum wird in dieser Weise »als Marketing-Tool« in Bewegung gesetzt.[19]

In Zeiten des Überwachungskapitalismus[20] geht es größtenteils darum, menschliches Verhalten zu erfassen, auszuwerten und davon ausgehend neues Verhalten anzustoßen. In Zeiten wie den unseren, die für verschiedene Erscheinungsweisen des Populismus offen sind – auch hierin ist »Dark« treffsicher –, funktioniert diese Motivation besonders leicht mit Verschwörungstheorien, die die im Publikum bereits angelegten verschwörungstheoretischen Impulse, die vorausgehend medial (mit)erzeugt wurden, zu aktivieren. Manipulation mit dem Zweck, ein Erlebnis zu erzeugen. Eine Entscheidung, die auf dem freien Willen beruht, sieht anders aus.

Ironischerweise ist die große Leitfrage bei »Dark« tatsächlich die nach dem freien Willen und der vernunftbasierten Erkenntnis: Wenn wir die Zusammenhänge entschlüsseln, können wir dann den Lauf der Dinge ändern? Bei »Dark« führt diese Entschlüsselungsarbeit, folgt man den Überlegungen von Cornils, nur noch viel tiefer in die Lust am Streaming-

Kultur: Der Weg in die eigene Unfreiheit   171

Strudel und lässt uns daran mitarbeiten, den Netflix-Master-
plan zu erfüllen: mehr Abonnent*innen zu bekommen. Das
ist, wie ich im 3. Kapitel ausführlich gezeigt habe, der Master-
plan von allen Streaming-Anbietern.

Im Unterschied zur Manipulationsthese von Horkheimer
und Adorno, die beim Medienkonsum von einer nicht selbstbestimmten Anpassung der Nutzer*innen an das Bestehende
ausgehen, ist es im Kontext des kostenpflichtigen On-Demand-Video-Streaming scheinbar umgekehrt: Der Kunde ist
König, die Kundin Königin. Und wir alle entscheiden selbstbewusst, welche Manipulationskulissen für uns beim Medienkonsum akzeptabel sind und einen Mehrwert in Form von
Unterhaltung, Geschmack oder Freizeitgestaltung mit sich
bringen. Unterhaltung ist eben wichtiger als Erkenntnis. Und
Geschmack braucht keine Kritik. Warum soll ich mir sagen
lassen, was mir gefallen muss und was nicht? Aus einer kritischen Beurteilung nach transparenten Kriterien wird so eine
einfache Entscheidung: gefällt mir oder gefällt mir nicht.

Diese konsequente Kunden- und damit Unterhaltungs- und
Geschmacksorientierung ist die Grundlage für den Erfolg der
Streaming-Unternehmen. Das Ergebnis ist ein Geschmackspopulismus, der stärker ist als jedes bisher gewünschte Bil-
dungsinteresse oder Bildungserlebnis im beziehungsweise
mit dem Fernsehen. Der Programmauftrag der Öffentlich-
Rechtlichen verbietet geradezu diese Art der affirmativen
Kund*innenorientierung. Die Privaten fördern sie. Die Bil-
dungs- und Aufklärungsarbeit der Streaming-Dienste besteht
hingegen darin, die Zuschauer*innen über sich selbst aufzuklären. Sie bieten ihnen das an, was ihnen auf der Grundlage
ihres Sehverhaltens, das die Streaming-Dienste beim Zuschauen kontinuierlich erheben und auswerten, gefallen
könnte.

Streaming-Dienste wollen mich über mich selbst aufklären
und mich dazu anleiten, mein Leben, hier meine Freizeit,

nach eigenen Geschmacksprinzipien zu gestalten. Dass diese Geschmacksprinzipien zumeist Empfehlungen der Streaming-Dienste sind, die anschließend als eigene (an)erkannt werden, zeichnet das Erfolgsmodell ihrer Überredungskultur aus, die zur Selbsterkenntnis führen soll.

So ist eine digitale Kulturindustrie entstanden, die, im Unterschied zur Kulturindustrie-Kritik von Horkheimer und Adorno, aus Unmündigkeit eine scheinbare Mündigkeit und aus Selbstbetrug Selbstaufklärung macht. Diese Selbstaufklärung konzentriert sich aber ausschließlich auf den Geschmack und nicht auf das Denken. Wer streamt, kann sich gerade noch über den eigenen Geschmack klar werden. Dadurch ist der Streaming-Dienst aber auch in der Lage, sich gegen jede Kritik von außen zu wappnen.

In der digitalen Kulturindustrie der Streaming-Plattformen dominiert der Geschmack der Abonnent*innen. Die Bildung und das Bildungserlebnis resultieren aus dem Geschmack sowie der Treffsicherheit des Empfehlungsmanagements. Die amerikanische Ökonomin Shoshana Zuboff betont daher mit Blick auf den digitalen Überwachungskapitalismus zu Recht, dass das Ziel darin besteht, »uns *selbst* zu automatisieren«.[21]

Ich selbst automatisiere mich – unterwerfe mich einer eingeübten Handlung. Mich gruselt es da. Denn wo ist da der freie Wille, wenn mich ein äußerer Dienst an- und ausschalten kann, wie er will. Wenn ein Streaming-Dienst meine Aufmerksamkeit auf Knopfdruck aktiviert. Und ich als Konsument rede mir ein, doch den Knopf selbst gedrückt zu haben. Dabei ist das nicht mehr der entscheidende Moment. Der Antrieb ist es, der entscheidet, nicht mehr der freie Wille, sondern der Automatismus. Ich reagiere, also bin ich freier Konsument. Und dem sind wir unterworfen, ohne jede Möglichkeit zur Gegenwehr? Wie soll man denn dann konsumieren – wie schützen wir uns vor dieser Art der Manipulation?

Das beschriebene Empfehlungsmanagement kann den

Streaming-Diensten nur gelingen, wenn jede/r die Streaming-Angebote entsprechend intensiv nutzt. Streaming erfordert einen hohen Zeiteinsatz. Dieser Zeiteinsatz bündelt die Frei-Zeit und macht aus der Konsum-Zeit eine Arbeit an den eigenen Geschmackskulissen. Wir perfektionieren uns unser Unterhaltungsangebot im Gefängnis, das wir uns automatisch selbst bauen. Unser Zeit-Einsatz aber ist der Schlüssel, der uns befreit.

Netflix, Amazon Prime & Co. möchten Vielfalt ohne Zwang und Entscheidungsfreiheit ohne (große) Vorentscheidung darstellen. Streaming-Dienste setzen auf einen konsumorientierten Eingriff in unsere Alltagswelt, um eine pseudopersönliche Geschmackskultur zu etablieren, bei der Konsum zum entscheidenden Moment der eigenen Welt wird, in der es immer nur um mich, meine Gefühle, meine Befindlichkeiten, meine Interessen und meinen Wohlfühlbereich geht.

Wir Nutzer*innen der Streaming-Dienste wissen zwar oberflächlich, dass aus unserem Streaming-Konsum persönliche Daten erhoben werden. Wir wissen, dass uns der Streaming-Dienst tatsächlich digital überwacht. Aber das verstehen wir nur äußerst oberflächlich – die Macher*innen erklären das ja auch gar nicht erst, ja, es gibt noch nicht einmal einen Macher, den wir dazu befragen könnten, wie spätestens im Kapitel »Kritik« deutlich werden wird. Das ändert aber nichts daran, dass wir unseren freien Willen dazu benutzen, den Fernseher einzuschalten, die nächste Folge unserer Lieblingsstaffel aufzurufen, und damit dem unmittelbaren Bedürfnis gehorchen. Nein, wir gehorchen dem Streaming-Dienst, genau genommen, und das ist für mich hier viel entscheidender. Wir Konsument*innen sind permanent und konsequent auf uns selbst fokussiert. Was wir tun, das ist Spaß, das einzig Richtige für uns, das sollten andere auch tun – hast du schon gesehen? Und was wir beim Streaming lernen, dass wir nämlich unsere eigene Seh-Welt beeinflussen, das übertragen wir auch auf die richtige Welt, auf unsere uns umgebende Wirklichkeit. Ist mir veganes Essen wichtig, werde ich auch bei anderen versuchen, dieses Bedürfnis wiederzufinden. Dann betone ich die Bilder: die armen Tiere. Ihr Leid. Und was wir gewinnen, auch für den Umweltschutz, wenn wir alle auf Fleisch verzichten. Aber der innere Widerspruch, der bleibt bestehen. Machen wir es uns nicht zu einfach?

Das wird schon nicht mehr hinterfragt, wir sind ja automatisch schon in unsere Streaming-Welt abgetaucht. Und wer macht sich dann noch bewusst, dass die Umweltverschmutzung durch permanente Internetnutzung ein reales Problem ist. Was soll's: Wer nicht online ist, der ist eben nicht.

Wir lernen, sehenden Auges im Widerspruch mit uns selbst zu leben. Und wir gönnen uns die Inkonsequenz. Hauptsache, die Welt passt sich unseren Wünschen und Bedürfnissen an. Warum sollte diese Erwartung nur von Amazon Prime & Co. erfüllt werden? Warum sollten nicht überhaupt unsere Erwartungen an die Welt auf diese Weise funktionieren? Und ganz allmählich sind wir überzeugt, dass die Realität, die wir täglich beim Streaming vor Augen haben, tatsächlich unsere Welt ist. Denn auf sie haben wir Einfluss, wir klicken uns da aktiv hin. Die Realität ist dagegen unangenehm unbeeinflussbar. Irgendwie funktioniert sie auch nicht so, wie wir das wollen. Das macht uns die Realität fremd. Rein gefühlsmäßig ist das so. Wir entfremden uns von der Welt. Wieso sollten wir uns das bewusst machen? Weil in dieser Entfremdung von der realen Welt das größte Gefahrenpotenzial der Streaming-Dienste liegt.

Auf je mehr digitalen Plattformen wir uns bewegen, umso mehr werden unsere privaten Daten ausgeplündert, werden wir überwacht und kontrolliert. Wir bewegen uns nur noch scheinbar frei durch diese Konsum-Welt. Und arbeiten dabei ständig an unserer digitalen Selbstoptimierung. Wenn uns die neu vorgeschlagene Serie nicht zusagt? Zwei, drei Folgen hineingeschaut, dann passen sich unsere Geschmacksmuster an, und wir schauen weiter, weil es ja wie passend auf uns zugeschnitten ist. Vor der Digitalisierung sprach man von den arbeitenden Kund*innen, etwa mit Blick auf das Prinzip der Selbstbedienung in Supermärkten. Später, als die Digitalisierung im vollen Gange war, tauchte das Bild der Prosument*innen auf, das heißt der produzierenden Konsument*innen, die etwa in den sozialen Medien durch ihre Aktivitäten Inhalte schaffen, ganz ohne das Zutun zum Beispiel von Facebook. Die Geschäftsmodelle vieler digitaler Unternehmen bestehen gerade darin, nichts zu produzieren, sondern die Nutzer*innen zu unbezahlten Mitarbeiter*innen zu machen. Die Streaming-Konsument*innen sind aber keine arbeitenden und produzierenden Konsument*innen mehr, sondern nur noch Konsument*innen, die mit minimaler Aktivität, das heißt allein durch das Aussuchen des Streaming-Programms, schon alles getan haben, was zur Ausbeutung ihrer Daten und Vorlieben benötigt wird. Und sind wir einmal durchschaut, schauen wir alles, was man uns auf der Basis unserer Daten vorsetzt. Freiwillig, aber wie viel der freie Wille da noch zählt, sei dahingestellt.

Die Streaming-Dienste betreiben eine Gefühlsökonomie, wir kaufen uns ein wohliges Gefühl – und über den Preis denken wir nur ungern nach, denn er lässt sich nicht auf den Betrag beziffern, der monatlich fast unbemerkt und reibungslos vom Konto abgeht. Und wie alle Gefühlsbeherrscher unterstützt auch die Streaming-Industrie den Populismus. Wir werden bei unseren Gefühlen abgeholt. Wir mögen schließlich, was sich für uns gut anfühlt. Und das passt doch auch zu mir. Schließlich basiert alles auf unseren eigenen Daten. Ein Umdenken ist da nicht vorgesehen. Ein Umlernen – schon gar nicht. Was aber wird dann aus unserer geliebten Diskussionskultur? Wie viel Einfluss gewinnt der Populismus? Was ist mit dem Wert unserer Demokratie? Und wo bleibt das Recht auf freie Mitbestimmung? Denn auf welchen Daten genau meine schöne neue Geschmackswelt besteht, das werde ich nie erfahren. Und kontrollieren kann ich es ebenso wenig.

Und schon sind wir den Streaming-Diensten auf den Leim gegangen. Weil sie uns mit unseren eigenen Daten schlagen. Alles auf uns persönlich zuschneiden. Diese Art, von uns Daten zu erheben, übersteigt alles, was wir bisher und wenn auch nur dem Staat zugebilligt haben. Die Kontrolle darüber zu behalten ist ein hart erkämpftes Stück unserer Demokratie: Ein Staat muss seinen Bürger*innen gegenüber verantwortlich handeln und das Gemeinwohl fördern. Eine Unternehmen wie Amazon hingegen hat nur einen Auftrag: Ein Produkt zu fördern und seinen Anteilseigner*innen gegenüber ökonomisch verantwortlich zu handeln. Wo aber ausschließlich ökonomische Interessen walten, da gerät die Demokratie schnell ins Hintertreffen. Mit wem wollten wir denn darüber diskutieren? Wer ist denn Herr Netflix? Wo ist Frau Amazon Prime? Kein Ansprechpartner muss sich uns gegenüber persönlich für die uns vorgeschlagene Programmauswahl verantworten.

Keiner schränkt sie ein, diese neue Beliebigkeit. Wir verlieren vollends die Orientierung in unserer Konsumwelt, werden manipulierbar und müssen uns dem Empfehlungsmanagement fügen, wenn wir auf das Binge-Watching-Erlebnis und die Anerkennung durch Freunde und Kollegen, die unser Seh-Erlebnis teilen, nicht verzichten wollen. Lassen Sie mich daher abschließend noch einmal auf Adorno zurückkommen, der wusste, was er kritisierte, auch wenn er nicht ahnte, welchen Freiraum wir eines Tages den Streaming-Diensten freiwillig einräumen würden:

»[Kulturindustrie] verhindert die Bildung autonomer, selbständiger, bewusst urteilender und sich entscheidender Individuen. Die aber wären die Voraussetzung einer demokratischen Gesellschaft, die nur in Mündigen sich erhalten und entfalten kann«.[22]

Das Stichwort Mündigkeit ist gefallen, ein hohes Gut in jeder Demokratie: Also lassen Sie uns jetzt über Bildung sprechen.

Bildung: Der narzisstische Weg zur reduzierten Persönlichkeit

Bisher habe ich Ihnen fast ausschließlich meine Perspektiven vorgestellt. Doch es ist ebenso wichtig, ins Gespräch und in einen Austausch zu kommen. Wenn wir miteinander reden, lernen wir auch andere Positionen kennen. Das ist gut so. Und wichtig, damit wir uns verändern können. Wir kreisen sonst immer nur um unsere persönliche Sicht auf die Welt.

Bildung erfordert Mut zur Veränderung. Bildung erfordert es, den eigenen Standpunkt zu verlassen. Nur wenn wir uns mit der Welt um uns herum in eine Beziehung setzen, können wir diese Welt deutlich erkennen. Den eigenen Standpunkt zu verändern und eine neue Sicht auf die Welt zu ermöglichen, ist Aufgabe von Bildung, auch dadurch, dass sie die Bestätigung des Immergleichen verhindert. Bildung lässt uns aktiv werden und fordert uns zur Auseinandersetzung mit der Welt auf. Wir lernen, das sture Festhalten an dem zu hinterfragen, was wir sowieso schon denken und zu wissen glauben. Bildung ist immer ein Prozess. Daher spricht man zu Recht vom lebenslangen Lernen.

Die Streaming-Dienste verhindern diese Art, sich zu bilden, und zwar durch die algorithmische Personalisierung der Angebote und durch personifizierte Empfehlungssysteme. Sie sperren uns in personalisierte Ich-Gefängnisse ein und lassen uns täglich in Ich-Schleifen[23] immer wieder um uns selbst kreisen. Und diese Gefängnisse werden, wie alle anderen Gefängnisse, fremdbestimmt und überwacht. Allerdings sind die Gefängniswärter tatsächlich Abbilder von uns selbst – wer wirklich dahintersteckt, die eigentlichen Entscheider in den Unternehmen, sie bleiben ungreifbar.

Und hat man vor der Verurteilung zu einer Haftstrafe in der Regel auch eine reale Straftat begangen, ist das beim Streaming gerade nicht der Fall: Wir sitzen zwar nicht unschuldig im Streaming-Gefängnis, denn wir wissen, worauf wir uns einlassen, wenn wir Streaming-Dienste abonnieren. Ein Verbrechen haben wir nicht begangen, jedenfalls nicht im Sinne der Rechtsprechung. Aber die Strafe folgt auch hier auf dem Fuße: Wir tauschen unsere Daten ein gegen Unterhaltung. Schlimmer noch: Wir erlauben den Streaming-Unternehmen, dass diese mit unseren Daten machen, was sie wollen – weil wir die allgemeinen Geschäftsbedingungen akzeptieren, die immer wieder aktualisiert, aber fast nie gelesen werden. Wir verkaufen unsere Daten und erhalten dafür Unterhaltung in Dauerschleife.

Geht es in den realen Gefängnissen immer auch um Resozialisierung, also den Weg zurück in die Gesellschaft, ist es bei den Streaming-Gefängnissen genau umgekehrt: Lebenslang ist hier der Wunschtraum. Und das nicht nur auf der Seite der Streaming-Anbieter, sondern ich habe den Eindruck, dass so manche Nutzer*innen zu gerne ihr persönliches Unterhaltungsbedürfnis immer und überall befriedigen wollen, koste es, was es wolle.

Das einzig Gute daran: Im Unterschied zu den Strafanstalten in der wirklichen Welt können wir die Streaming-Gefängnisse jederzeit verlassen, wenn wir uns darauf besinnen, dass wir darüber selbst bestimmen.

Das sollten wir uns bewusst machen. Dies wäre der Beginn von Streaming-Bildung: sich diese Entscheidung offenzuhalten, einfach mal nicht zu streamen. Und als Nutzer*in Forde-

Bildung: Der narzisstische Weg zur reduzierten Persönlichkeit 179

rungen an die Streaming-Unternehmen zu stellen, damit das System Streaming demokratischer wird.[24] Ich komme weiter unten im abschließenden Kapitel zum Zusammenhang von Demokratie und Streaming darauf zurück.

Wie aber funktioniert das? Wie sperren wir uns ein?

Indem wir anschalten und streamen. Wir schauen das, was uns angeboten wird. Und folgen den Empfehlungen. So weit, so unschuldig. Oder?

Ganz so einfach ist es nicht: Wir müssen uns in diesen Streaming-Gefängnissen an die Regeln der Streaming-Unternehmen halten, sonst werden wir bestraft. Strafe bedeutet in diesem Zusammenhang: Streame ich zu wenig, dann bekomme ich nur ein Programm empfohlen, das mich wahrscheinlich mehr enttäuscht als erfreut. Nur durch eine höhere und konstantere Streaming-Aktivität kann ich das wieder ändern. Dazu müssen wir Serien, Filme, Dokumentationen anklicken, die der jeweilige Dienst uns anbietet. Ein Klick nach dem anderen. So machen wir uns allmählich zu dem, wozu uns die Streaming-Dienste formen wollen: dankbare Kund*innen. Und wir vergrößern gleichzeitig unsere Abhängigkeit von den Streaming-Anbietern. Nachdenken – ist nicht gewünscht. Weiter können wir uns wohl kaum von einem Bildungsanspruch und Selbstbestimmung entfernen.

Sie denken jetzt bestimmt, dass ich mit dieser Behauptung stark übertreibe. Das kann ich verstehen. Ich stelle Ihnen daher jetzt einige Fragen. Es sind ausschließlich persönliche Fragen, die für Sie vielleicht unangenehm sind. Lesen Sie aber bitte trotzdem weiter, und beantworten Sie die Fragen offen und ehrlich. Es geht schließlich um Sie und um das, was der Streaming-Konsum mit Ihnen macht. Dieser ist ein Spiegel Ihrer Persönlichkeit und Ihr Weg in die selbstbestimmte Unmündigkeit – jedenfalls ist er nicht einfach nur Unterhaltung, um von Bildung gar nicht erst zu reden.

Nicht, dass Sie mich hier falsch verstehen. Es geht mir nicht um die Filme und Serien, die die Streaming-Dienste zeigen, wenn ich über Bildung, Aufklärung, Mündigkeit und Selbstbestimmung spreche. Filme und Serien können für mich immer zur (Selbst-)Bildung beitragen. Hier geht es weniger um Inhalte als um den Weg, wie die Inhalte zu uns kommen. Denn für mich können Filme und Serien eine genauso gute Bildungsvermittlung leisten wie etwa die Schule oder die Universität.

Ich kritisiere vielmehr das demokratiefeindliche System Streaming, weil ich als Konsument irgendwann so im Flow des Anklickens bin, dass ich gar nicht mehr merke, wie der Streaming-Dienst mich zum Sehen bringt, wie ich unfreiwillig weiterschaue, mich treiben lasse. Und natürlich sehe ich das System kritisch, weil diese Form der Unmündigkeit und Abhängigkeit ausschließlich ökonomisch motiviert ist. Weil ich als Konsument kontrolliert werde, überwacht und ausgebeutet. Die Täter, das sind hier die Streaming-Unternehmen. Und schon sind wir bei dem Problem, das uns alle betrifft. Das unsere Demokratie angreift, weil wir als Bürger*innen mit einer eigenen Meinung, einer eigenen Haltung zu Kunden degradiert werden, uns selbst wie unmündige Kund*innen willig leiten lassen.

Aber zurück zu den Fragen, die ich Ihnen stellen wollte. Wie viel wissen Sie ganz persönlich über die Personalisierung Ihrer Streaming-Aktivitäten? Wo würden Sie sich darüber zuerst informieren, wenn ich Sie dazu jetzt aufforderte? Wahrscheinlich bei Google oder Wikipedia, oder? Hier darf ich Sie mit einem meiner zentralen Anliegen konfrontieren, nämlich der Frage: Warum brauchen Sie immer eine ganz schnelle Antwort auf Ihre Fragen? Warum sind Sie so ungeduldig und wollen digital immer alles sofort? Und wieso geben Sie sich mit den Antworten, die Sie dann digital finden, auch genauso schnell wieder zufrieden?

Wir alle haben eigentlich nie Zeit und Lust, genauer hinzu-

Bildung: Der narzisstische Weg zur reduzierten Persönlichkeit   181

sehen. Aber vertrauen Sie den Suchmaschinen und Wissens-plattformen? Ich frage mich gerade, ob Sie persönlich schon einmal versucht haben, genauer herauszufinden, wie etwa Netflix oder Amazon Prime Video entscheiden, was Ihnen angezeigt wird? Und was für Sie verborgen bleibt, wenn Sie die Stichworte »Action« oder »Komödie« eingeben?

Sind auch Sie oft erstaunt, wie Sie von den Streaming-Diens-ten gesehen werden? Ich wundere mich zumindest häufig, was mir zum Beispiel von Amazon Prime Video alles vorge-schlagen wird und mir angeblich gefallen soll. Meistens trifft das gar nicht meinen Geschmack. Geht Ihnen das auch so? Liegt das nur an Ihnen oder mir? Sind Sie und ich in diesem Fall einfach zu wenig aktiv bei Amazon Prime Video und des-halb selbst schuld daran, dass wir schlechte Empfehlungen bekommen? Erkennt der Streaming-Anbieter tatsächlich Ihre und meine wirklichen Bedürfnisse nicht? Oder ist uns das nicht eher Ansporn, aktiver zu werden? Was macht eine Fil-ter-Identität mit uns, die wir nicht mögen oder nicht wollen?

Können wir uns überhaupt vorstellen, in einer Filterblase gefangen zu sein? Was ist das überhaupt? Und was machen diese Filterblasen mit uns? Wie nehmen sie konkret Einfluss auf unser Leben? Geben sie uns Anleitung?

Und hier die wichtigsten zwei Fragen überhaupt: Wie weit wird die Personalisierung noch gehen? Wie weit sollte sie noch gehen?

Verwundert es Sie nicht auch, dass die Streaming-Unter-nehmen auf diese Fragen keine Antworten liefern, sondern uns alle nur mit Angeboten versorgen? Die Streaming-Diens-te könnten ihre Nutzer*innen daran teilhaben lassen, wie sie Daten sammeln und was mit den Daten gemacht wird, aus denen das jeweilige Programm entsteht. Das aber geschieht nicht. Stattdessen verstecken sich die Streaming-Unterneh-men hinter der Aussage, es handele sich um ein Geschäftsge-heimnis.

Für mich ist das nur eine faule Ausrede, die mir indirekt beweist, dass Transparenz und Offenheit ganz schnell zum Ende des Geschäftsmodells führen würden. Gerade weil die Streaming-Dienste mit den Nutzungszahlen so intransparent umgehen, kommt mir dieser Verdacht. Intransparenz, so weit das Auge reicht. Aber das reicht ja auch nicht weit – es sieht ausschließlich auf die Benutzeroberflächen. Tiefer geht es nicht.

Was aber ist, wenn wir auf unsere Fragen keine Antworten erhalten? Warum sollte uns das umso mehr interessieren?

Ich möchte gerne genauer wissen, warum mir vorgeschlagen wird, was mir die Streaming-Dienste zur Wahl geben. Inwieweit entspricht das dem, was ich sehe? Wie genau sieht mein persönliches Streaming-Spiegelbild eigentlich aus?

Stellt man den Unternehmen solche Fragen, dann erhält man keine konkreten Antworten. Geschäftsgeheimnis, heißt es – dabei sind es unsere Geheimnisse, die wir den Unternehmen verraten haben, aus denen diese jetzt wiederum uns gegenüber ein Geschäftsgeheimnis machen.

Das Einzige, was wir wissen, ist: Algorithmen der verschiedenen Streaming-Plattformen entscheiden, was wir sehen – und damit auch, wer wir sind, jedenfalls wenn wir auf unser jeweiliges, scheinbar individuelles und vielleicht sogar unverwechselbares Profil schauen. Sie denken wahrscheinlich nur selten oder gar nicht darüber nach, wenn Sie sich die Auswahl Ihres Streaming-Dienstes anschauen: Eigentlich starren Sie in Ihren persönlichen Streaming-Spiegel, oder?

Das ist das Versprechen der Personalisierung: Dass wir jeder eine andere, eine personalisierte Benutzeroberfläche antreffen, individuell angepasst bei jedem unserer Streaming-Accounts. Und jede dieser Oberflächen, das heißt Spiegel, ist anders. Nicht nur anders als der Spiegel der jeweils anderen Streaming-Dienste, sondern auch anders als der Spiegel der anderen Nutzer*innen beim gleichen Streaming-Anbieter.

Was aber macht so ein Spiegel mit einem?

Bildung: Der narzisstische Weg zur reduzierten Persönlichkeit 183

Wenn wir immer wieder in den Spiegel schauen, den uns die Streaming-Dienste vorhalten, dann sehen wir uns aus einer ungewohnten Perspektive. Denn die Streaming-Dienste gestalten unser digitales Spiegelbild und damit unsere Selbstwahrnehmung. Gut, wir sind alle oft nicht zufrieden mit dem, was uns die Spiegel zeigen. Vielleicht spreche ich hier auch nur von mir. Aber im Unterschied zu den Spiegeln, die uns die Streaming-Dienste vorhalten, suchen wir uns die Spiegel, in die wir im Privatleben hineinschauen, selbst aus und interpretieren selbstständig, was wir dort sehen. Wir bestimmen mit, was unser Spiegelbild über uns aussagt. Wir selbst können entscheiden, ob und was wir an uns verändern wollen, wenn wir uns nicht gefallen.

Wahrscheinlich haben Sie wie ich nicht nur ein Streaming-Abonnement. Haben Sie aber schon einmal Ihre unterschiedlichen Profile miteinander verglichen? Wenn nicht, dann machen Sie das doch bitte einmal. Wäre es nicht interessant zu wissen, ob Sie von den unterschiedlichen Streaming-Diensten als die gleiche digitale Person wahrgenommen werden?

Ich behaupte einmal, dass wir jeweils ganz anders interpretiert werden – und zwar ohne dass wir Einfluss darauf haben. Gar nicht so einfach, das eigene Spiegelbild zu kennen.

Meine These ist, dass wir trotz der Personalisierung unseres Streaming-Konsums von den unterschiedlichen Streaming-Anbietern nicht nur auf eine Streaming-Identität reduziert werden, die algorithmisch auf uns zugeschnitten wird. Das wäre ja logistisch eine Wahnsinnsleistung, oder? Warum nur fällt es mir so schwer, das zu glauben, wenn ich das sehe, was man mir anbietet? Nein, da bin nicht ich im Spiegelbild zu erkennen. Und ich lehne mich noch weiter aus dem Fenster: Das Gegenteil ist der Fall.

Jeder Streaming-Dienst braucht die Personalisierung zur Kund*innenbindung, wie ich im 3. Kapitel ausführlich gezeigt habe – jedenfalls unseren Glauben daran, dass wir als Kunde ganz individuell behandelt werden. Wir gewöhnen uns mit jedem weiteren Streaming-Abonnement daran, dass das Prinzip der algorithmischen Personalisierung etwas ganz Natürliches ist. Und wir glauben fest, dass es bei der Personalisierung nur um uns und unsere individuellen Bedürfnisse geht. Das behaupten schließlich die Unternehmen mit der geballten Kraft ihres Marketings: Die Kund*innenorientierung stelle das Grundinteresse der Streaming-Anbieter dar. Sagen zumindest die Streaming-Unternehmen. Für unsere Selbstwahrnehmung reicht das vollkommen – solange wir daran glauben, dass unser Spiegelbild uns selbst zeigt: Wir bekommen, was wir mögen. Uns wird angeboten, was wir lieben. Nur deshalb schauen wir immer mehr. Willkommen in unserer neuen Streaming-Welt.

Was aber passiert dadurch mit uns, dass wir überzeugt sind, personalisierte Inhalte gezeigt zu bekommen? Dass wir persönlich angesprochen werden? Dass wir unser Bild der Welt sehen? Genau den Ausschnitt der Welt, der uns interessiert? Und was ist, wenn dieser Ausschnitt noch nicht einmal unser eigener ist?

Was aber war noch einmal die Grundvoraussetzung für Bildung? Dass unsere Wahrnehmung nicht nur auf einen Blickwinkel verengt ist. Dass wir verschiedene Blickwinkel einnehmen können. Wir also über den Tellerrand hinausschauen.

Für mich ist das eine der Hauptgefahren des Streamings: dass unsere Bezugnahme auf die Welt eingeengt ist. Angeblich, weil wir das so wollen. Tatsächlich aber, weil es für die Unternehmen lukrativ ist. Und das gerät fast vollkommen aus unserem Streaming-Blick, weil wir ja überzeugt sind, dass wir unser Programm selbst gewählt haben und unser Spiegelbild uns selbst zeigt. Wo aber das eigene Ich nur ein trügerisches Bild ist – wie sehr ist dann dem Gesamtbild noch zu trauen?

Bildung: Der narzisstische Weg zur reduzierten Persönlichkeit   **185**

Wie schön ist es doch, an die Darstellung der Streaming-Dienste zu glauben. Daran, dass da ein Algorithmus ist, der mich besser kennt, als ich mich selbst kenne. Ein großes Vertrauen erwächst daraus, während wir uns immer weiter reduzieren auf diesen narzisstischen Blick. Angeblich kennt uns da jemand ganz persönlich. Und wir fühlen uns verstanden. Mit unseren Wünschen, unserer ganzen Persönlichkeit, denn wir werden angenommen, wie wir sind, und uns wird Unterhaltung gegeben, die uns selbst verstärkt und bestärkt in unserem Selbstverständnis. Willkommen in der Welt der Narzissten. Kein Wunder, dass wir uns da freiwillig in die Unmündigkeit hineinbegeben, uns da fallen lassen. Wie gern richten wir uns behaglich in unserer neuen Streaming-Unfreiheit ein und fühlen uns dabei pudelwohl. Es geht doch schließlich nur um die Selbstoptimierung unserer Bedürfnisbefriedigung.

Selbstoptimierung ist, wie ich im 1. Kapitel gezeigt habe, ein Grundbedürfnis unserer Gegenwart, das uns täglich dazu motivieren soll, beständig besser zu werden, weil wir niemals mit uns zufrieden sein können. Zufriedenheit bedeutet Stillstand. Die Selbstoptimierung überfordert uns im Alltag, weil sie zu viel Zeit und Aktivität verlangt – zum Beispiel mit Blick auf unsere Ernährung oder Fitness. Die digitale Selbstoptimierung ist hingegen bedeutend leichter. Dazu muss jede/r nur regelmäßig Software-Updates herunterladen oder eine hohe Internet- oder Streaming-Aktivität einplanen. Digital kommen wir daher viel leichter mit der Forderung nach Selbstoptimierung klar. Das sind wir schon fast gewohnt, jedenfalls nehmen wir es widerspruchslos hin. Denn auch im Alltag gelingt die alltägliche Selbstoptimierung nur dann besonders gut, wenn wir digitale Hilfsmittel, wie zum Beispiel die Smartwatch, die unsere Herzfrequenz misst, einsetzen, um an einer besseren Version von uns selbst zu arbeiten.

Zur Verführung zum Konsum gesellt sich rasch die Überzeugung durch Konsum. Beides erhöht unsere Abhängigkeit und sichert damit, dass wir auch in Zukunft weiter konsumieren. Wer von Ihnen glaubt ernsthaft daran, dass sich die totale Digitalisierung unseres Alltags noch umkehren oder demokratisch regulieren ließe?

Für mich steht fest: Jedes weitere Streaming-Abonnement und jeder neue Blick in den jeweiligen Streaming-Spiegel vergrößern unsere Bereitschaft zum freiwilligen Verzicht auf Bildung.

Werfen wir gemeinsam noch einmal einen Blick auf diese Streaming-Spiegel: Die Streaming-Spiegel sind nicht aus Glas gebaut, sondern aus Ihren personalisierten Daten gefertigt. Personalisierung ist immer etwas sehr Intimes. Und Personalisierung lässt tief blicken. Eigentlich sind wir alle es, die tiefe Einblicke gewähren. Die Streaming-Dienste hingegen geben – wie alle anderen Unternehmen der Digitalwirtschaft[25] – so gut wie keine Einblicke in ihr unternehmerisches Handeln. Denken Sie allein an die Daten- und Überwachungsmonster wie Amazon oder Facebook. Wie Sie wissen, waren Letztere schon oft verantwortlich für den Datenmissbrauch ihrer Nutzer*innen, allerdings ohne dass daraus nennenswerte Konsequenzen für Facebook et al. entstanden sind.[26] Von tiefen Einblicken und Transparenz, die die Digitalunternehmen gewähren, kann hier keine Rede sein.

Zur Streaming-Bildung, das heißt für ein differenziertes Verständnis der Streaming-Welt, brauchen wir dringend diese Transparenz und zusätzlich Technikkompetenz. Ohne ein Grundverständnis für Algorithmen und ohne die verantwortungsvolle Unterstützung durch die Streaming-Unternehmen, die ihre algorithmischen Verfahren für die Öffentlichkeit dazu zugänglicher und verständlicher machen müssten, werden wir weiter als digital dumme Datenware auf dem Streaming-Markt verkauft und durch Unterhaltung narkotisiert.

Bildung: Der narzisstische Weg zur reduzierten Persönlichkeit **187**

Die Bildungskonsequenzen aus diesem Vorgehen, ohne sich dabei allerdings direkt auf die Streaming-Dienste zu beziehen, formuliert der Philosoph Richard David Precht:

> »Wer sich an Zahlen orientiert, setzt seinem Denken enge Grenzen und weiß eigentlich immer, was er machen soll. In diesem Sinne ersetzt das Quantifizieren das Denken. Was auf der Strecke bleibt, ist die Pflege von Urteilsvermögen und Urteilsfreude, von Werten, Gesinnungen und Haltungen.«[27]

Das, was mich dann noch als Mensch auszeichnet, ist allein die Summe meiner Daten, die ich freiwillig immer wieder von Neuem zur Verfügung stelle. Meine eigene Biografie, mein Erleben und meine Selbstreflexion sind nicht mehr erforderlich. Die Algorithmen wissen doch besser als ich, wer ich bin, wenn ich digital bin und streame. Ich bin also nur noch meine zählbare Seite – und alles, was die Streaming-Dienste von mir wissen müssen, erzählen diese Zahlenwelten. Das entbindet mich zudem von der Verantwortung für mein Handeln, weil die Algorithmen für mich entscheiden, was gut für mich ist. Mich erschreckt das, dass wir uns freiwillig von der Verantwortung für unser Handeln lossagen.

Dabei wissen wir nicht einmal konkret, für wen uns die Streaming-Dienste halten. Sie verraten uns nicht, wie sie diese Informationen nutzen, die ich ihnen mit meinem Streamen frei Haus liefere. Wollte man so etwas wie Streaming-Bildung vermitteln, etwa an Schulen oder Universitäten, im Bildungsfernsehen oder auch durch die Eltern, dann müsste man genau hier ansetzen: bei den Daten. Wir müssen konkret zustimmen oder ablehnen können. Das wäre die Grundlage, um so etwas wie Streaming-Bildung aufzubauen und selbstbestimmt(er) zu entscheiden, was man beim Streaming macht und ob man seinen Streaming-Konsum verantworten kann. Ganz unabhängig von den persönlichen Unterhaltungsbedürfnissen. Ich finde, dass es keine unangemessene Forderung ist, dass die Nutzer*innen ein Recht darauf haben, die Daten, die von ihnen gesammelt werden, einzusehen. Und zu erfahren, was genau mit diesen Daten gemacht wird. Das ist eine Frage des Verbraucherschutzes und nicht durch das Loblied auf die Kund*innenorientierung oder den Schutz von Geschäftsgeheimnissen wegzureden.

Die Streaming-Unternehmen kommen dieser Forderung nach Transparenz aber bisher nicht nach. Die Begründung ist einfach: Durch die Offenlegung ihrer algorithmischen Verfahren würden sie ihre Geschäftsgeheimnisse offenlegen und damit ihr Geschäft gefährden. Mit diesem Argument machen es sich die Streaming-Unternehmen sehr einfach. Wir sollten sie damit nicht durchkommen lassen – das heißt wir als Nutzer*innen und uns flankierend die Politik. Ich komme später darauf zurück.

Und dennoch vertrauen Sie, auch ganz ohne Transparenz und Technikkompetenz, mittlerweile den digitalen Diensten und Dienstleistern vielleicht schon viel mehr an als Ihren Freund*innen. Haben Sie nicht auch schon mal nach Krankheiten oder sexuellen Präferenzen gegoogelt, bevor Sie darüber mit Ihren intimsten Freund*innen oder Partner*innen gesprochen haben? Bei den Streaming-Diensten tauschen Sie Ihre ganz persönlichen Einblicke in die eigenen Bedürfnisse und Stimmungen gegen Unterhaltung ein. Und gegen Ihr persönliches Streaming-Spiegelbild, das man Ihnen zurückspiegelt. Sie vertrauen hier blind den Algorithmen und verlieren die Fähigkeit, sich auf Inhalte einzulassen, die nicht speziell auf Sie zugeschnitten sind. Damit sind Sie in der On-Demand-Gesellschaft angekommen.

Schon merkwürdig, dass Sie dafür auch noch bezahlen. Und das gleich doppelt: einerseits mit der monatlichen Abo-Gebühr und andererseits mit den eigentlich doch vertraulichen Informationen zu Ihrer Person, die es den Streaming-Unternehmen erleichtern, Ihnen Unterhaltungsangebote zu machen. Dabei wissen wir, dass die Unternehmen jede Information über uns mit hoher Wahrscheinlichkeit auch sofort weiterverwerten beziehungsweise weiterverkaufen. Was bleibt, ist ein Abbild von Ihnen, Ihr digitales Spiegelbild.

Der US-amerikanische Internetaktivist und Leiter der politischen Internetplattform »MoveOn.org«[28], Eli Pariser, hat für diese Entwicklung einen Begriff entwickelt, den Sie bestimmt schon oft gehört und verwendet haben und den auch ich Ihnen schon genannt habe: »Filter Bubble«. Diese Filterblasen sind im Internet dafür verantwortlich, wie wir an Ideen und Informationen kommen. Vor allem tragen die Blasen aber dazu bei, unsere Wahrnehmung der Welt und unsere Selbstwahrnehmung zu verzerren. Diese vorgeblich persönlichen Filterblasen beeinflussen damit auch die freie Entscheidung über unser aller Leben.

> »Man meint vielleicht, man steuere sein Schicksal selbst, doch die Personalisierung führt uns zu einem Informationsdeterminismus, bei dem jeder getätigte Klick bestimmt, was man als Nächstes zu sehen bekommt – so sind wir gezwungen, unsere Suchgeschichte ewig zu wiederholen. Wir laufen Gefahr, in einer statischen, immer enger werdenden Ich-Welt gefangen zu werden – einer endlosen Ich-Schleife.«[29]

Im 2. Kapitel habe ich bereits davon gesprochen, welche Brillen uns das Fernsehen aufsetzt, um durch diese Brillen die Welt zu betrachten. Das Fernsehen unterscheidet sich hierbei nicht von den anderen Medien. Es geht immer darum, den Zielgruppen ein zur Persönlichkeit passendes Angebot zu machen, das so massenhaft wie möglich genutzt wird. Die medialen Mittel der meisten Medien, wie zum Beispiel die

Messung der Einschaltquote beim Fernsehen und Radio, sind aber viel zu ungenau, um der persönlichen Perspektive der Zuschauer*innen beziehungsweise der Zuhörer*innen wirklich nahe zu kommen. Das wird erst durch die algorithmische Auswertung der Aktivitäten der Nutzer*innen im Internet, in den sozialen Medien und bei den Streaming-Diensten sowie durch die daraus resultierenden Personalisierungsfilter möglich.

Für Pariser[30] besteht der Unterschied zwischen den Fernseh- sowie Radiobrillen und den Personalisierungsfiltern im Internet darin, dass wir beim Radio und Fernsehen üblicherweise wissen, welche Brillen wir aktiv auswählen und wie diese Brillen, etwa das Fernsehprogramm der ARD oder von RTL, unseren Blick auf die Welt beeinflussen. Zudem richten sich das Radio und Fernsehen immer an ein kollektives Publikum, mit dem wir einen medialen Bezugsrahmen teilen, und nicht, wie die personalisierten Filterblasen im Internet, an jeden Einzelnen von uns. Und genau diese Personalisierung, also die Filterung unserer persönlichen digitalen Aktivitäten und die daran anschließende Formung einer personalisierten Ich-Dauerschleife, nimmt uns die Möglichkeit der freien Entscheidung, wenn wir das Internet nutzen. Nichts anderes machen die Streaming-Dienste.

Die Personalisierung ist also der Weg zu Ihnen ganz persönlich. Ein Weg, für den Sie sich nicht bewusst entscheiden müssen, den Sie höchstens bewusst in Kauf nehmen. Das Ziel besteht darin, dass das digitale Datensammeln bis tief in das Alltagsleben hinein ausgeweitet wird, um als etwas ganz Natürliches zu erscheinen, über das Sie sich keine Gedanken zu machen brauchen. Es gibt schließlich immer und überall, solange Sie mit dem Internet verbunden sind, als Belohnung Informationen, Produkte, Räume zur Selbstdarstellung, Dienstleistungen oder Unterhaltungsangebote, die Sie anscheinend dringend brauchen oder die scheinbar perfekt zu

Bildung: Der narzisstische Weg zur reduzierten Persönlichkeit   191

Ihnen passen. Die Streaming-Dienste setzen die Personalisierung also vor allem als ein Mittel zur Verhaltensmanipulation ein. Ja, wir werden alle manipuliert. Mit den passend personalisierten Unterhaltungsangeboten zu kleinen Preisen und den designten Streaming-Wohlfühloberflächen führen uns die Streaming-Dienste in die Streaming-Falle.

Die ununterbrochene und unsichtbare Datenerhebung sowie die daraus entstehende Quantifizierung von allem und jedem ersetzt nach und nach das selbstständige Denken und Handeln. Mehr noch: Das Ganze geschieht im Verborgenen. Es ist unsichtbar und entzieht uns damit jede Möglichkeit der Kontrolle über diesen Vorgang. Um es noch weiter zuzuspitzen: Ein totaler Ausstieg aus der Personalisierung ist im Internet genauso unmöglich wie bei den Streaming-Diensten und von der Digitalwirtschaft auch nicht erwünscht. Die Rede vom Digital Detox – damit ist die selbstbestimmte Reduktion, aber auch der vollkommene Verzicht des Gebrauchs digitaler Geräte, Medien und Dienstleistungen gemeint – verkommt hierbei zur Phrase. Wer sich der digitalen Personalisierung und Überwachung entziehen möchte, der muss offline leben, kann das aber auch nicht mehr vollkommen autark, weil unser Leben schon in allen relevanten Lebensbereichen digital mitbestimmt wird. Bin ich ein Verfechter dieser neuen Enthaltsamkeit namens Digital Detox? Sehen wir uns dieses Phänomen einmal genauer an.

Digital Detox ist zweifellos ein Zeitgeistphänomen. Das, was die berühmte Besinnungsschrift »Walden oder Leben in den Wäldern«[31], erschienen im Jahr 1854, des US-amerikanischen Schriftstellers Henry David Thoreau für das 19. Jahrhundert war, und das Roman-Manifest »Das Beste, was wir tun können, ist nichts«[32], erschienen 2016, von Björn Kern für die Gegenwart, ist: eine gelebte Zivilisationskritik, ein selbstbestimmter Ausstieg aus den gesellschaftlichen Zwängen, eine Rückkehr zu sich selbst und dem, was wirklich wichtig für jeden Einzelnen von uns ist – und zwar durch das autarke Leben in Übereinstimmung mit der Natur.

Die Literatur zum Digital Detox wächst daher beständig. Diese Detox-Ratgeber wollen uns, häufig ziemlich esoterisch, auf den Weg zu einer analogen Selbstökologie führen. Weit weg von den Versuchungen und Verlockungen der digitalen Kultur, denen wir uns immer wieder drohen hinzugeben. Einen Weg, den wir alle anscheinend dringend nötig haben, weil unser Leben immer mehr von digitalen Medien bestimmt und wir dadurch weiter fremdbestimmt werden. Das setzt uns alle anscheinend enorm unter Stress und erfordert Maßnahmen, dieser selbst gewählten und fremdbestimmten digitalen Dauerüberforderung entgegenzuwirken.

Verstehen Sie mich bitte nicht falsch. Ich befürworte zwar den gelegentlichen selbstbestimmten Rückzug aus unserem digitalen Leben. Allerdings ist dieser Selbstentzug und die damit verbundene Aufwertung der nicht digitalen Realität gegenüber der Digitalität viel zu kurz gedacht. Unsere Gesellschaft und damit wir als Bürger*innen werden den digitalen Wandel nicht mehr rückgängig machen können. Ganz im Gegenteil. Spätestens 2050 wird unsere gesamte Gesellschaft in allen Lebensbereichen, und damit wir selbst in jedem Moment unseres Lebens, vollständig digital bestimmt sein. Ohne Ausnahme. Wer nicht digital ist, der wird asozial sein.

Es kommt daher jedoch heute umso mehr darauf an, einen aufgeklärten und demokratischen Umgang mit der digitalen Kultur gemeinschaftlich zu entwickeln. Unsere digitale Zukunft können wir nicht durch den individuellen – gelegentlichen oder vollständigen – Rückzug aus den digitalen Medien, den uns die Rede vom Digital Detox nahelegt, gestalten. Dabei würde es wieder ausschließlich nur um uns und unsere individuellen Bedürfnisse sowie Befindlichkeiten gehen. Wir sind heute als Bürger*innen gefragt, um zusammen mit der Politik die Entscheidung über die Frage, wie wir digital leben

Bildung: Der narzisstische Weg zur reduzierten Persönlichkeit   193

wollen, nicht ausschließlich den großen US-amerikanischen Medienunternehmen zu überlassen. Wir als Bürger*innen müssen aktiv werden.

Das ist alles andere als einfach. Wir werden als Menschen immer wieder von unseren Unterhaltungsbedürfnissen und unserer Bequemlichkeit abgehalten, uns konsequent zu entscheiden und zu engagieren. Wir setzen bequem darauf, dass es schon andere gibt, die das stellvertretend für uns tun. So wie es Greta für uns alle mit Blick auf den Kampf gegen den Klimawandel macht. Wir schauen uns in der Zwischenzeit lieber einen Katastrophenfilm an, in dem uns die Welt um die Ohren fliegt. Und wünschen Greta natürlich alles Gute. Wir werden in den Medien schon mitbekommen, wie es um sie und das Klima steht. So naiv waren wir doch alle das letzte Mal als Kinder – oder sind wir es immer noch?

Die politischen Entscheidungen werden zu sehr von ökonomischen Aspekten mitbestimmt, das steht außer Frage. Wir befinden uns aber in einer Wendezeit, die darüber entscheiden wird, in welcher digitalen Zukunft wir leben werden. Die Auseinandersetzung mit der digitalen Kultur muss als politische Debatte geführt werden, weil die Digitalisierung immer wieder unmittelbare gesellschaftliche Auswirkungen nach sich zieht. Und dabei darf die bisher größtenteils ignorierte Macht der Streaming-Dienste nicht übersehen werden. Das ist der Grund, warum ich dieses Buch schreibe.

Allerdings interessieren sich die Streaming-Anbieter nicht für Sie als Menschen beziehungsweise als individuelle Personen beziehungsweise Persönlichkeiten. Sie sind den Streaming-Diensten absolut egal. Für die Streaming-Unternehmen sind Sie nur als Kund*innen und Datenmaterial interessant, das heißt in Ihrer Rolle als Konsument*innen und unpersönliche Datenmengen. In Ihrer Rolle als Kund*innen dreht sich natürlich alles nur um Sie und Ihre individuellen Bedürfnisse. Und Sie haben als Kund*innen selbstverständlich auch immer recht. Als Mensch haben Sie allerdings gar keine Rechte und besitzen keinen Wert. Sie sind als Mensch nicht gut berechenbar und auch viel zu widersprüchlich, also nicht eindeutig genug, um Ihnen ein zu Ihnen passendes Konsumangebot zu machen.

Die Streaming-Unternehmen müssen daher von Ihnen als konkrete Menschen abstrahieren, das bedeutet, wir werden entmenschlicht, damit aus uns berechenbare digitale Personen gemacht werden können und damit die Personalisierung, der Konsum und die Empfehlungsökonomie überhaupt möglich sind. Für mich ist es vollkommen unverständlich, warum wir – ich beziehe mich hier selbstverständlich auch auf meine persönliche Streaming-Nutzung – an der Abschaffung von uns als Menschen ganz aktiv mitarbeiten. Und das alles nur, um als digitale Personen zu enden, denen es nur um Konsum geht, der wiederum zur Überwachung, Ausbeutung und Manipulation von uns als digitale Personen führt. Wir machen sogar noch aktiv mit und zahlen dafür sogar Geld. Sind wir alle nur noch Sklaven unserer Bedürfnisse? Und führen uns unsere Bedürfnisse in eine digitale Verblödungsmaschine, in der wir die Bedeutung von Bildung, Aufklärung und kritischer Partizipation, also von wichtigen Grundlagen unserer Persönlichkeitsbildung und Demokratiefähigkeit, freiwillig zu vergessen lernen? Mich erschüttert diese Einsicht zutiefst.

Noch erschreckender wird es, wenn wir nach dem Menschenbild der Programmierer*innen von Google oder Netflix fragen. Denn ihnen geht es ja gerade um die Abschaffung eines konkreten Menschenbildes, weil der Mensch eben nicht gut berechenbar und damit das Feindbild der algorithmischen Personalisierung ist. Und je weniger es um Sie als konkreter Mensch geht, desto befreiter ist das unternehmerische Handeln von jeder Moral und jedem Sinn für Gerechtigkeit. Die algorithmische Personalisierung ist daher der Weg vom

Bildung: Der narzisstische Weg zur reduzierten Persönlichkeit   **195**

konkreten Menschen zum digitalen Menschen, der ausschließlich von Bedürfnissen sowie von Konsum- und Unterhaltungswünschen bestimmt wird. Zur Befriedigung seiner Bedürfnisse und zur Erfüllung seiner Wünsche nimmt dieser digitale Mensch alles in Kauf. So wird jede/r von uns berechenbar – und damit manipulierbar.

Wollen wir darüber hinaus noch konkretere Einblicke in das unmenschliche Unternehmertum der Digitalwirtschaft erhalten, gelingt dies nur, wenn wir verstehen, welche konkreten ökonomischen und gesellschaftlichen Kräfte die Personalisierung im Auftrag der unterschiedlichen Unternehmen befördern.

Die Digitalwirtschaft setzt alles daran, die personalisierten Filter mit einer hohen Anziehungskraft auszustatten, um die digitalen Dienste und Dienstleistungen immer passend auf Sie zuzuschneiden. Zumindest dem Anschein nach. Das ist doch eigentlich sehr freundlich und kundenorientiert. Finden Sie nicht auch? Die digitalen Dienste entlasten uns alle dabei. Wir müssen uns immer nur auf unsere eigenen Bedürfnisse konzentrieren. Das Nachdenken übernehmen die Algorithmen für uns. Sie suchen einfach nur das für uns beste Ergebnis heraus, das wiederum durch das algorithmische Empfehlungsmanagement vorsortiert wurde. Damit lenken die Streaming-Unternehmen davon ab, dass es gar nicht um uns als individuelle Persönlichkeiten geht.

Erinnern Sie sich noch an den berühmten RTL-Slogan »Mein RTL«, den ich im 2. Kapitel erwähnt habe? Dieser Slogan formuliert auch einen Wunsch nach Personalisierung. Diese Personalisierung erfordert, dass sich die RTL-Zuschauer*innen aktiv mit dem RTL-Programm auseinandersetzen und es regelmäßig nutzen, um sich mit der Marke RTL und deren Sicht auf die Welt im besten Falle zu identifizieren. Das war ein Wunsch, mehr aber nicht. Werbung eben. Auch mit Blick auf die anhaltend guten Einschaltquoten von RTL, die gezeigt haben, dass ein großer Anteil der deutschen Fernseh-zuschauer*innen RTL auch tatsächlich als »Mein RTL« nutzt.

Durch die personalisierten Filterblasen bekomme ich aber das Gefühl, dass eine Perspektive wie »Mein Netflix« nicht nur ein Spruch, sondern Wirklichkeit ist. Ich bin Netflix oder Netflix formt mein Ich. Also nicht Sie, sondern das, was Net-flix aus Ihnen gemacht hat: Aus Ihnen als Person wird ein in Daten zerlegtes und personalisiertes Konsum-Ich, also ein inhumaner manipulierter Datenhaufen. Für Individualität ist hier kein Platz mehr.

Dieses Modell funktioniert. Solange zumindest niemand fordert, dass die Privatsphäre ein demokratisch geschütztes Recht ist, das der Personalisierung Einhalt gebietet, da der »Kern dieses Geschäftsmodells ist, jegliche Privatheit zunich-te zu machen«.[33]

Ein Bildungserlebnis hätten wir nur dann, wenn uns die digitalen Unternehmen und Streaming-Dienste mehr Einbli-cke in die Arbeitsweise ihrer Filterblasen und in das geben, was sie mit den Daten der Nutzer*innen konkret anfangen. Aber auch, wenn die Nutzer*innen mehr Kontrolle über den Einsatz der jeweiligen Filter hätten – in Form von Informati-on, Transparenz und Mitsprache. Ansonsten sind wir ver-dammt zu einem Dasein als Filtersklav*innen.[34]

Dieses Bild stimmt noch nicht ganz. Es ist zu menschlich gedacht. Mit Blick auf die zuvor beschriebene Strategie der digitalen Entmenschlichung sind wir, wenn wir streamen, Filterblasen-Cyborgs[35], die denken, sie wären Menschen. Und als Filterblasen-Cyborgs haben wir nur zwei Aufgaben, die uns die Streaming-Dienste stellen: Wir, also unsere Daten, müssen funktionieren, und wir als Streaming-Nutzer*innen müssen uns beständig optimieren, das heißt so viel und regel-mäßig wie möglich konsumieren.

Die klassischen Bildungswerte wie zum Beispiel Selbstbe-stimmung, Urteilskraft, Entscheidungssouveränität und Frei-

Bildung: Der narzisstische Weg zur reduzierten Persönlichkeit **197**

heit haben dabei nichts mehr zu suchen. Diese Säulen eines freien und selbstbestimmten Lebens wurden von uns gegen Bequemlichkeit, Bedürfnisbefriedigung und Komfort einge-tauscht.[36] Streaming ist aus dieser Hinsicht der Eingang in die selbstverschuldete Unmündigkeit.

Denn mit dem zunehmenden Streaming geht einher, dass wir verlernen zu entscheiden. Wir lassen für uns entscheiden, sind selbstentmündigt. Wir geben die Kontrolle ab. Für die Streaming-Bildung, also für die Suche nach dem Ausgang aus dieser selbstverschuldeten Unmündigkeit, sind wir selbst ver-antwortlich. Dazu brauchen wir aber die Freiheit, uns ent-scheiden zu können. Das ist wichtig, weil wir uns gerade in der Situation befinden, entscheiden zu müssen, wie groß un-ser Vertrauen noch in die Urteilskraft von Menschen im Ver-gleich zur computergestützten Urteilskraft ist, die immer häufiger Entscheidungen über Menschen trifft.[37] Streaming-Dienste sind hierfür ein eindrucksvolles und erschreckendes Beispiel.

Genauso verantwortlich wie für unsere Bildung sind wir für unseren eigenen Streaming-Konsum, der für uns aller-dings wichtiger ist als die Streaming-Bildung. Also lassen Sie uns jetzt über Konsum sprechen. Über Ihre Konsumhaltung und den smarten Weg, den die Streaming-Anbieter für Sie gebahnt haben, damit Überwachung, Kontrolle und Manipu-lation die negative Aura verlieren und endlich sexy wirken. Vielleicht suchen Sie sich vorher noch zur Entspannung ei-nen Film bei Netflix oder Amazon Prime Video aus.

Konsum: Der smarte Weg zur Überwachung

Die kanadisch/US-amerikanische Sängerin Alanis Morissette hat 1996 den Song »Ironic« veröffentlicht.[38] Im Song geht es um die Ironie des Schicksals. An einem Tag hat man wahnsinniges Glück, am anderen Tag trifft genau das Gegenteil zu. Im Song gewinnt ein 98-jähriger Mann in der Lotterie und stirbt am nächsten Tag.[39] Morissette singt auch über eine Freifahrt, die frei ist, weil man dafür vorher schon bezahlt hat.[40]

Ich finde, dass die Beschreibung der bezahlten Freifahrt ein gutes Bild für unseren Streaming-Konsum ist. Und darüber hinaus auch für unsere gedankenlose Nutzung aller vermeintlichen Gratisdienstleistungen im Internet. Unsere Konsumhaltung ist eindeutig, wenn es etwas umsonst gibt: Mehr ist mehr. Wie beim Buffet gilt: All-You-Can-Internet. Denken Sie allein an die Suchmaschine Google, die wir täglich mehrfach nutzen, oder an die Zeit, die wir mit Facebook, der Mutter aller sozialen Medien, verbringen. Vielleicht nehmen Sie sich einmal die Zeit und rechnen Ihre wöchentliche Facebook-Zeit zusammen, um zu sehen, welchen Einfluss Facebook auf Ihre Alltagsgestaltung hat und wie viel Zeit Sie Facebook schenken, nicht nur Ihren Facebook-Freund*innen.

Alle Gratisdienste und -dienstleistungen werden im Internet sehr teuer bezahlt, obwohl sie als Umsonst-Angebote[41] wahrgenommen werden: Sie selbst zahlen bei jeder Nutzung mit Ihren persönlichen Daten und mit tiefen Einblicken in Ihre Gedanken und Gefühle oder Wünsche und Bedürfnisse.[42] Und durch die permanente Personalisierung Ihrer Online-Aktivitäten kommen Sie aus dem Bezahlen gar nicht mehr heraus. Überwachung und Kontrolle inklusive. Und das rund um die Uhr. *Big Internet is Watching You!* Nicht zu Ihrer Sicherheit, sondern um sicherzustellen, dass Sie weitermachen. Konsum geht über alles.

Konsum: Der smarte Weg zur Überwachung

Das war nicht immer so. Das Internet wurde in der Anfangszeit, die mit der Kommerzialisierung und Alltagsnutzung in den frühen 1990er-Jahren begann, vor allem aber ab 2003 mit dem Siegeszug des sogenannten »user-generated content«, das heißt mit den von den Nutzer*innen produzierten Inhalten, mit einem großen Versprechen verbunden. Dieses Versprechen blendet uns heute noch und verführt uns immer wieder zur Naivität: Durch das Internet sollten neue und freie Kommunikations- und Handlungsräume entstehen, an denen alle Menschen gleichberechtigt teilhaben können. Vielfältige virtuelle Räume sollten entstehen, in denen sich neue virtuelle Gemeinschaften bilden. Das Internet sollte damit zu mehr Freiheit und Demokratie führen, weil alle Nutzer*innen die Chance haben, mitzumachen und mitzugestalten. Durch das Internet sollte die Welt zu einem globalen Dorf werden und die Menschen näher zusammenrücken. Ein unbegrenzter virtueller Raum, vollkommen basisdemokratisch, der auch ein utopischer Gegenentwurf zu den jeweils herrschenden politischen Systemen sein könnte. Alle Macht den Nutzer*innen.

Diese Utopie hat sich aber spätestens Mitte der 2000er-Jahre durch den nach und nach entstandenen digitalen Überwachungskapitalismus, der heute kaum noch unabhängige beziehungsweise freie und unkontrollierte Interneträume zulässt, in sein genaues Gegenteil verkehrt. Aus der Utopie Internet ist die Dystopie unserer Online-Datenkontrollgesellschaft geworden. Die versprochene Freiheit ist, um eine berühmt-berüchtigte digitale Redewendung aufzugreifen, die Eingang in unsere Alltagssprache gefunden hat: *fake for real* – die Taktik des So-tun-als-ob.

Die atemberaubende Erfolgsgeschichte des Internets und unsere täglichen Internetaktivitäten haben das Internet nach und nach zu einem virtuellen Ort der Unfreiheit und Überwachung gemacht. Ich gehe im nächsten Kapitel noch etwas genauer auf den Zusammenhang dieser sogenannten kalifornischen Ideologie und dem Verlust von Freiheit ein.

Wir Nutzer*innen sind dabei durchaus selbstbestimmt zu Datensklav*innen geworden. Unsere freiwillige Datenzwangsarbeit wird durch die Algorithmen der verschiedenen Plattformen immerzu kontrolliert. Unsere Strafe besteht in den schlechten Empfehlungen der digitalen Dienste, die wir nutzen, und zeigt, dass wir nicht hart genug gearbeitet, also konsumiert haben. Ganz egal, ob es um Wissen, Unterhaltung, Produkte, Dienstleistungen oder Kommunikation geht. Die Konsequenzen dieses Wandels von Freiheit zu Unfreiheit beziehungsweise das Umkippen der Utopie in eine Dystopie haben nicht nur Einfluss auf unsere digitalen Identitäten, sondern bestimmen, wie ich mit Blick auf das On-Demand-Video-Streaming im 3. Kapitel gezeigt habe, unser Alltagsleben. Das nenne ich die Ironie der Internetgeschichte.

Die Ironie des Schicksals gibt es, wie hätte es auch anders sein können, als Serie bei Netflix: »Der Verbrauchermarkt: Ein kaputtes System«.[43] Worum es in dieser investigativen Doku-Serie aus dem Jahr 2019 geht:

> »Diese Enthüllungsdokureihe veranschaulicht die gravierenden Konsequenzen von Fahrlässigkeit und Betrug bei der Produktion und Vermarktung beliebter Konsumwaren.«[44]

Verbrechen, Betrug, Mord, Vergewaltigung oder Drogen, das sind nicht nur bei Netflix sehr beliebte Stoffe und Streaming-Konsumartikel – vor allem im Serien-Format, egal, ob fiktional oder dokumentarisch. Die Abonnent*innen genießen die freie Auswahl und können sich zwischen diesen rechtlichen, ökonomischen, menschlichen und moralischen Abgründen frei entscheiden, welches aktuelle Angstlust-Bedürfnis befriedigt werden soll. Und auch hierbei gilt wie an

Konsum: Der smarte Weg zur Überwachung

der Wurst- und Käsetheke im Supermarkt: Darf es noch ein bisschen mehr sein?

Natürlich darf es das! Immer doch. Entsprechend werden die Informationen und der Überblick zu den einzelnen Folgen der Serie von einem kundenorientierten Empfehlungsmanagement begleitet, das die Nutzer*innen auf vergleichbare Netflix-Doku-Serien zu den zuvor genannten Themen hinweist. Ganz klar, gute Netflix-Abonnent*innen möchten doch nicht aus dem Binge-Modus, also aus dem Dauer-Netflix-Konsum, herausfallen. Denn das Streaming-Glück ist eine Gemeinschaftsproduktion von Netflix und seinen Abonnent*innen. Man kennt sich. Man schätzt sich. Man unterstützt sich. Man funktioniert nur als Team.

In den nicht aufeinander aufbauenden Folgen der Doku-Serie geht es um »Ätzende Kosmetik«; »Vaping« und die neue Tabaksucht von Jugendlichen, die daran glauben, dass E-Zigaretten die harmlosere Variante des Rauchens darstellen; Qualitätsmängel bei den und Umweltschäden durch die Billigmöbelhersteller; sowie die »Recycling-Lüge« bei vermeintlich recycelbaren Einwegprodukten, die dann doch auf Mülldeponien in Südostasien oder den Weltmeeren landen.

Schuld sind immer die anderen. Daher kann man sich eine kritische Verbraucher*innen-Dokumentation auch gemütlich zu Hause und ohne schlechtes Gewissen ansehen. Das kennen wir aus unserem Alltag. Es kommt gar nicht so selten vor, dass wir uns nicht eingestehen wollen, etwas falsch zu machen, und dann anfangen, von uns und unserem Fehlverhalten abzulenken. Es ist viel leichter, den moralischen Zeigefinger zu heben, wenn es nicht um uns selbst geht. Der Trailer zur Dokumentation bringt es auf den Punkt:

»Jeder will die neuesten, schönsten Dinge zum günstigsten Preis. Unfassbar, was sie sich einfallen lassen, um Geld zu machen. Was ist der wahre Preis der Produkte, die wir kaufen? [...] Es heißt, die Konsumenten müssen das Problem lösen, nicht die Industrie. [...] In keinster Weise sollte der Verbraucher die Last tragen. Wir müssen einsehen, dass das eine globale Krise ist. Niedrige Preise haben ihren Preis. [...] Die Wahrheit kommt bald ans Tageslicht.«[45]

Das System ist der Fehler – einerseits. Die Doku-Serie berichtet daher in allen vier Folgen von Unternehmen, die sich mit dem Ziel der Gewinnmaximierung von moralischen Ansprüchen oder der gesellschaftlichen Verantwortung verabschieden. Die teilweise sogar kriminell handeln. Dabei arbeiten die vorgestellten Unternehmen fleißig an der Konsum-Abhängigkeit der Kund*innen, weil sich mit der Sucht eben immer viel Geld verdienen lässt.

Im Fokus der Kritik steht die Mitverantwortung der Konsument*innen, die nicht nur Opfer des kriminellen oder rücksichtslosen Gewinnstrebens der Unternehmen sind: ob es sich dabei um Gruppenzwang beim Rauchen handelt; die mangelnde Bereitschaft, für Qualität mehr Geld zu zahlen; oder die Bequemlichkeit, das eigene Konsumverhalten zugunsten der Umwelt zu verändern. Die Doku-Serie hält den Zuschauer*innen den Spiegel vor, damit die kaputten Systeme vielleicht auch wieder repariert werden können. Jede Veränderung geht immer zuerst vom Einzelnen aus. Jede/r muss zunächst verstehen oder sich eingestehen, dass etwas schiefläuft, und sich dann dafür entscheiden zu handeln, damit eine Veränderung möglich wird. Das ist beim Streaming-Konsum nicht anders. Ich komme später darauf zurück.

Diese Serie »Der Verbrauchermarkt: Ein kaputtes System« ist wirklich einmal passend auf mich als Verbraucher zugeschnitten: Sozialkritisch. Multiperspektivisch. Interkulturell. Audiovisueller Verbraucherschutz mit hohem Unterhaltungswert. Ich bin kurz davor zu sagen: »Danke, Netflix!«

Aber ich bin eben nur kurz davor. Denn die Sorge um die

Konsum: Der smarte Weg zur Überwachung

Verbraucher*innen beziehungsweise Konsument*innen, die Netflix stellvertretend mitartikuliert, indem der Streaming-Anbieter diese Eigenproduktion in Auftrag gegeben hat, ist für mich ein gutes Beispiel für die Ironie des Streaming-Schicksals. Alles, was die Doku-Serie bei den ausgewählten Verbrauchermärkten und mit Blick auf die vorgestellten Unternehmen kritisiert, trifft, wie ich im 3. Kapitel und bisher im aktuellen Kapitel gezeigt habe, ganz eindeutig auch auf das Geschäftsgebaren von Netflix zu – genauso aber auch auf das der anderen großen Streaming-Unternehmen wie Amazon Prime Video, Apple TV+ oder Disney+. Ich darf unter anderem auf die dargestellte Ausbeutung und Manipulation der Interessen, Bedürfnisse und Daten der Nutzer*innen hinweisen, aber auch auf die ununterbrochene Erzeugung von Konsumabhängigkeit.

Sollte es Netflix als Unternehmen wirklich ernst mit dem Thema Verbraucherschutz sein, dann wäre die logische Folge, selbstkritisch eine Doku-Serie in Auftrag zu geben, die den Titel »Inside Netflix« tragen könnte. Und darin würden die Abonnent*innen, wie ich es im vorausgehenden Kapitel gefordert habe, ganz transparent über den Umgang von Netflix mit ihren Daten aufgeklärt, und Einblicke in die konkrete Arbeit des Unternehmens würden gewährt, etwa mit Blick auf das Netflix-Empfehlungssystem. Aber auch eine offene Diskussion mit den zahlreichen Kritiker*innen und Nutzer*innen müsste darin geführt werden: kein PR-Talk, sondern ein Dialog auf Augenhöhe. Dadurch könnte eines der Grundversprechen der digitalen Kultur, nämlich »Sharing is Caring«, das mittlerweile zur hohlen Phrase geworden ist, auch vom Streaming-Giganten Netflix ernst genommen werden. Das wäre ein Beispiel dafür, dass es dem Unternehmen wirklich ernst ist mit der Übernahme von gesellschaftlicher Verantwortung.

Netflix könnte beispielhaft vorangehen. Und die Abonnent*innen könnten sich entscheiden, ob ihr Netflix-Konsum persönlich und gesellschaftlich zu verantworten ist. Denn bisher ist es so, dass sich die Abonnent*innen einerseits relativ klar darüber sind, dass ihre Daten permanent von Netflix gespeichert und algorithmisch ausgewertet werden. Allerdings wird das andererseits zugleich in Kauf genommen, denn die persönlichen Unterhaltungsbedürfnisse sind bisher den meisten wichtiger als die selbstbestimmte Kontrolle über das digitale Leben und Erleben.

Für mich handeln die Streaming-Abonnent*innen aus dieser Perspektive wie Angehörige einer bildungsfernen digitalen Schicht. Verstehen Sie mich bitte nicht falsch. Ich spreche nicht davon, dass die Streaming-Abonnent*innen dumm oder verblödet wären – ich müsste mich selbst dazu rechnen. Vielmehr lautet meine These, dass sie keine Lust auf Streaming-Bildung haben, weil ihnen die Befriedigung der persönlichen Unterhaltungsbedürfnisse wichtiger ist – und der tatsächlich zu zahlende Preis bleibt ausgeklammert.

Konsum ist und bleibt auch in Zukunft der Dreh- und Angelpunkt der Streaming-Ökonomie. Konsum macht Personalisierung erst möglich und damit die gewinnorientierte Manipulation der Abonnent*innen. Denn erst der Konsum schafft den Wert des Streaming-Produkts. In unserer On-Demand-Gesellschaft, die eine vollkommen aus dem Ruder geratene Konsumgesellschaft[46] ist, kann man eben »nicht nur Güter und Dienstleistungen konsumier(en), sondern auch Gefühle, Erlebnisse und Erfahrungen«[47]. Konsum ist wichtig für unsere Gefühlsökonomien.[48] Konsum bedeutet beim Streaming die Herrschaft des Begehrens und der Bedürfnisse, die in der Regel keinen Besitz nach sich ziehen. Diejenigen von uns, die sich für ein oder mehrere Streaming-Abonnements entschieden haben, kaufen in der Regel keine Serien oder Filme mehr auf DVD. Und wir gehen durchschnittlich deutlich weniger ins Kino, weil das Kino durch die Streaming-Anbieter immer

Konsum: Der smarte Weg zur Überwachung

dort ist, wo man sich gerade befindet. Zumindest das Kino im Taschen-, Tablet-, Notebook- oder Wohnzimmerformat. Der Streaming-Konsumabetreibt aus meiner Perspektive vor allem eine Kommerzialisierung unserer Grundbedürfnisse und schlägt damit Kapital aus unserem ureigensten Sein. Wir verkaufen uns selbst. Und wundern uns am Ende darüber, dass unser Denken und unsere Freiheit auf der Strecke bleiben.

Ich werde im nächsten Kapitel fragen, wie frei und souverän man als Konsument beim Streaming überhaupt sein kann. Jetzt möchte ich abschließend an einem Beispiel, das Sie alle kennen, veranschaulichen, wie die Abhängigkeit der Konsument*innen beim Streaming entsteht und wie diese von den Streaming-Anbietern immer weiter gesteigert wird. Mein Beispiel dafür ist das sogenannte Binge-Watching. Daran lässt sich sehr gut veranschaulichen, wie beim massiven »Bingen« das Denken durch den ununterbrochenen Konsum ersetzt und die Streaming-Sucht von den Streaming-Anbietern ausgenutzt wird.

Mit dem Begriff Bingen wird vor allem eines veranschaulicht: das Serien-Sehverhalten bei Streaming-Diensten. Das Binge-Watching ist Teil eines internationalen Trends, der um 2013 eingesetzt hat. Der Begriff bezeichnet einen Serienmarathon, bei dem man mehrere Serienteile einer Serie oder die ganze Staffel am Stück schaut. Tatsächlich wurde 2015 der Begriff Binge Watch vom »Collins English Dictionary« sogar zum Wort des Jahres erklärt.[49]

Mit der Erfolgsgeschichte des Streamings oder Streamens (neudeutsch synonym gebraucht) von Video-on-Demand-Angeboten auf Streaming-Plattformen wie Netflix oder Amazon Prime Video ist Binge-Watching zu einem kulturellen Trend geworden, der sich großer Popularität erfreut. Es ist so populär, dass für den Begriff online gar keine deutsche Übersetzung mehr vorgeschlagen wird. Da Binge als Saufgelage Länge und Übermaß der Session zugleich signalisiert, schwingt bei dem Begriff im englischsprachigen Original etwas Unge-sundes mit. Hier konsumiert jemand eindeutig im Übermaß, allerdings freiwillig und mit einer gewissen – auch gemein-schaftlich geteilten, gar nicht einmal so sehr heimlichen – Freude.

Im Unterschied zum linearen Fernsehen, bei dem die Fol-gen einer Serie über mehrere Wochen und Monate verteilt sind, kann man sich eine Staffel an einem Tag ansehen und mehrere Staffeln an aufeinanderfolgenden Tagen. Keine Gren-zen mehr für Serienfreunde – abgesehen vom Serienende und dem Warten auf die nächste Staffel, die es hoffentlich bald ge-ben wird.

Auch vor dem On-Demand-Video-Streaming konnte man ganze Serien im Binge-Watching-Modus ansehen, solange man die DVD erwarb. Aber diese Serien mussten zuerst im Fernsehen ausgestrahlt worden sein. Seit einiger Zeit gibt es auch bei Streaming-Plattformen wieder den Trend, bei ak-tuellen Serien nur eine Folge pro Woche zu zeigen, also die lineare Fernsehlogik auch in den Stream zurückzuholen. Al-lerdings geschieht das nur bei sehr wenigen und hochkaräti-gen Serien, wohl um mit den Themen Verfügbarkeit und Vor-freude zu spielen – in Zeiten, die sich eigentlich durch die All- und Überall-Konsumierbarkeit von Serien und Filmen auszeichnen.

Somit ist Binge-Watching Teil einer Strategie der Strea-ming-Plattformen, um die verfügbaren Sehzeiten der Zu-schauer*innen vom statischen linearen Fernsehen zum flexi-blen und selbstbestimmten Video-Streaming umzuleiten – und die Dauer der Sehzeit auszureizen. Serien-Fans müssen wissen, wie es in ihrer Lieblingsserie weitergeht. Das erfordert Zeit und einen unbegrenzten Zugang. Netflix, Amazon Prime & Co. machen es möglich. Das lineare Fernsehen nicht. Die Streaming-Angebote einiger privater Fernsehsender in Deutschland, ich habe die Streaming-Plattform TVNOW be-

Konsum: Der smarte Weg zur Überwachung

reits vorgestellt und könnte unter anderem beispielhaft auch JOYN nennen, haben sich der Logik der Streaming-Anbieter angepasst und versuchen mit viel bescheideneren Mitteln eine zeitgemäße Mischung aus Fernsehen und On-Demand-Video-Streaming darzustellen.

Für das Binge-Watching ist es wichtig, dass keine Werbung den Seriengenuss unterbricht. Die Eigenwerbung für andere Produktionen von Netflix oder Amazon Prime Video vor dem eigentlichen Programm wird wie bei der Kinowerbung für andere Filme vor dem Hauptfilm als spannende oder lästige Empfehlung aufgefasst, die man sich gerne anschaut oder einfach aushält, bevor der eigentliche Genuss beginnt. Andere Unterbrechungen sind nur in Form von Toilettenpausen, dem Ausleben kulinarischer Gelüste oder durch Alltagsrhythmen wie Sport, Arbeit oder Schlaf erlaubt und ganz der Entscheidung des Zuschauers unterworfen, der mit der Fernbedienung allein darüber herrscht.

Forscher der University of Melbourne haben 2017 herausgefunden, dass Binge-Watching die Gedächtnisleistung beeinträchtigt.[50] Im Rahmen der Studie schauten die Teilnehmer die gleiche Serie, aber jeweils in unterschiedlichen Zeitabständen. Zwar konnten sich die Binge-Watcher*innen vierundzwanzig Stunden nach der letzten Folge besser Inhalte in Erinnerung rufen als die wöchentlich Konsumierenden. Nach einhundertvierzig Tagen war das genau umgekehrt: Die wöchentlichen Probeschauer konnten sich deutlich besser an die Handlung erinnern als die Binge-Watcher*innen.

Wenn wir eine Serie an einem Stück schauen, werden wir uns nach einer Weile nicht mehr besonders gut an den Inhalt erinnern. Diese kurzfristige Befriedigung führt in die Leere und lässt uns schnell innerlich nach Nachschub quasi schreien. Nach dem Binge-Watching ist vor dem Binge-Watching. Und im Land der unbegrenzten Streaming-Möglichkeiten gibt es mit Sicherheit immer eine neue Serie, die nur darauf wartet, von uns entdeckt zu werden. Bei dem Ganzen schwingt zudem der Reiz des eigentlich Verbotenen mit, denn jeder/ jedem Binge-Watcher*in ist klar, dass er/sie sich ein Gelage erlaubt, etwas jenseits des guten Tons – mit dem dann wiederum im Freundeskreis auch geprahlt werden kann. So wird aus dem Individualtatbestand ein Gemeinschaftserlebnis, das zur Nachahmung anregt. Ein Punkt für die Anbieter, denn die Streaming-Dienste können dabei nur gewinnen, und Binge-Watching ist längst kulturell akzeptiert – und das nicht nur bei Jugendlichen.

Diese Geschmackskultur und Konsumhaltung werden zudem vom Prinzip des Seriellen geprägt, rein von der Form her: Hier finden sich Wiederholung und Variation beisammen, zudem noch ohne Unterbrechung. Dadurch werden die Zuschauer*innen beim Schauen in einen Flow versetzt. Unter einem Flow-Erlebnis versteht man in der Psychologie ein als beglückend erlebtes Gefühl eines mentalen Zustandes völliger Vertiefung und restlosen Aufgehens in einer spezifischen Tätigkeit, die scheinbar wie von selbst abläuft. Streaming-Dienste wie Netflix ermöglichen mit ihrem Angebot die scheinbar unendliche Fortsetzbarkeit des Flow-Erlebnisses Serien-Schauen.

Als Dealer visueller Flow-Erlebnisse treibt die Streaming-Plattform die Abonnent*innen in die Abhängigkeit. Aus der Sicht der Abonnent*innen entsteht hierbei jedoch kein Abhängigkeitsverhältnis, sondern ein Möglichkeitsraum der Alltags- und Freizeitgestaltung, in dem es nur um den eigenen Geschmack und die persönlichen Vorlieben geht. Diese Auswahlmöglichkeit wird als Konsument*innen-Souveränität begriffen. Im Weinhandel darf ja auch probiert werden, dann kommt der Sechser-Karton frei Haus – und die Konsument*innen sind angefixt. Auch so entsteht Abhängigkeit – ein Erlebnismoment, den die Streaming-Dienste aufs Serien-Sehen übertragen haben.

Konsum: Der smarte Weg zur Überwachung

Jedes Jahr kündigen die Streaming-Giganten Netflix und Amazon Prime Video zumeist über hundert neue Serien und neue Serien-Staffeln an. Apple TV+ und Disney+ sind mit dem Versprechen gestartet, jeden Monat neue Serien anzubieten. Wer soll, realistisch betrachtet, diese ganzen Serien überhaupt sehen? Netflix, Amazon Prime Video & Co. eröffnen die Möglichkeit fast grenzenlosen Binge-Watchings. Bingen, bis die Augen rollen, damit die Kund*innenbindung möglichst maximal gesteigert werden kann. (Serien-)Konsum ist populärer als jemals zuvor und orientiert sich, dank der kontinuierlichen algorithmischen Echtzeit-Marktforschung beim Zuschauen, immer nur an mir, an meinem Geschmack, an meinen Interessen. Netflix, Amazon Prime Video & Co. werden zu meinen Vertrauten, werden mein Freund, so wie es früher VIVA einmal sein wollte.

Diese Entwicklung spiegelt unsere Gegenwart, denn unser Lebensstil ist durch ein hohes und weiter steigendes Konsumniveau gekennzeichnet.[51] In den digitalen Kulturen bedeutet Konsum aber nicht mehr die Gier nach Luxus und der Herrschaft über die Dinge sowie die unendliche Anhäufung von Besitz. Die digitalen Kulturen zeichnen sich geradezu durch eine Konsum-Ökologie aus. Man kann unendlich viel anhäufen (Musik, Filme, Bilder etc.), aber alles bleibt in den Clouds, wiegt nichts, kostet fast nichts, außer Zeit und Aufmerksamkeit – und selbst bei Fridays-for-Future-Demonstrant*innen ist fast unbekannt, wie viel Energie beim Streaming tatsächlich verbraucht wird. Die Verführungsstrategie des Digitalen besteht genau darin: Es geht hier nicht um materiellen Konsum, sondern um Ich-Konsum durch die Ich-Ausstellung und die Ich-Bestätigungskulissen in sozialen Medien sowie um die Ich-Einkäufe beim Streaming. Der Geschmack wird zur Richtschnur des Handelns.

Jeder Konsum erzeugt ein unstillbares Konsumbedürfnis danach, im Digitalen unendlich viel konsumieren zu wollen, weil man es überall und immer kann und alles scheinbar genau auf die eigenen persönlichen Bedürfnisse abgestimmt ist. Die Möglichkeit der permanenten Befriedigung von Ich-Konsumgelüsten wird fälschlich als Konsument*innen-Souveränität aufgefasst.

Zu dieser Souveränität der Konsument*innen gehört es dazu, dass die Einzelnen akzeptieren, bei einer konstanten Echtzeit-Marktforschung mitzumachen. So wird man zum/r Produzent*in von Werbeinformationen, aus denen das personalisierte Angebot resultiert und durch das man noch enger an den jeweiligen Streaming-Dienst beziehungsweise an das Streaming als bevorzugte Variante des Serien- und Filmkonsums gebunden wird. Auch beim Streaming ist das im Kontext von sozialen Medien pseudokommunistische Tauschprinzip bestimmend: *Sharing is Caring.*

Allerdings treibt einen hierbei, ich möchte den zuvor formulierten Gedanken nochmals aufgreifen, immer die digitale Grundsorge darüber, was eigentlich mit den persönlichen Daten geschieht, die beim Zuschauen gesammelt werden. Die konstante Selbstbeunruhigung führt jedoch unmittelbar wieder zu einer Selbstberuhigung. Nichts ist leichter, als gleich wieder das Konsum- und Unterhaltungsangebot zu nutzen, das mir von den Streaming-Diensten ohne Unterbrechung wie ein Narkotikum zur Verfügung gestellt wird, um die unguten Manipulationsgefühle oder Gedanken an sich selbst als »gläserner Mensch« im Binge-Watching-Modus einfach wieder zu vergessen. Um frei zu werden und eine Wahl zu haben, muss der Einzelne eben mit dieser Form der Selbstpreisgabe bezahlen, redet man sich den eigenen Konsum schön. Über die Konsequenzen dieses symbolischen Tausches denke ich wie wohl die meisten nur selten nach beziehungsweise nehme sie in Kauf, weil ich dadurch das Versprechen erhalte, mehr von dem konsumieren zu können, was mir gefällt oder gefallen könnte. Der Konsumsinn siegt über den Kritiksinn.

Ohne die parallel erhobenen Daten und ihre algorithmische Auswertung gibt es für mich als Konsument nicht diese Art der Freiheit. Um die Freiheit der Wahl auch genießen zu können, brauche ich im Digitalen wie bei den Öffentlich-Rechtlichen die Möglichkeit, mich zu oriektieren, damit ich nicht mehr unter der Qual der Wahl leide. Der Unterschied besteht darin, dass beim Streaming die künstliche Intelligenz für uns die Vorentscheidungen trifft, aus denen meine Angebote resultieren – auch das Angebot, mich zu bilden. Bei den Öffentlich-Rechtlichen übernehmen Bildungsgremien diese Aufgabe. Allerdings orientieren sich Letztere an einem festen Kulturkanon, den die künstliche Intelligenz nicht kennt, die sich allein an den Zahlen orientiert, die die Zuschauer*innen selbst produzieren, um damit ihr individuelles Programm zu erzeugen. Bildung wird auf diese Weise ebenfalls immer stärker individualisiert und nur dann kollektiv, wenn es darum geht, Trend-Gemeinschaften zu erzeugen, zum Beispiel die »Game-of-Thrones-Community«.

Halten wir fest: Die Algorithmus-basierte Personalisierung setzt Konsum voraus. Und Konsum lenkt vom Nachdenken ab. Wir werden von den Streaming-Diensten als Konsument*innen verführt, uns nur auf unsere Bedürfnisse zu konzentrieren und uns um uns selbst zu drehen. Bildung wird hierbei durch Konsum ersetzt – und Entscheidungen durch Empfehlungen. Damit führt für mich diese Form der Streaming-Kultur unweigerlich in die Unfreiheit.

Lassen Sie uns jetzt darüber sprechen, wie viel Freiheit uns die Streaming-Dienste noch lassen und wie viel Freiheit wir brauchen, um die Selbstbestimmung über unser Konsumverhalten zurück zu erlangen. Freiheit bedeutet hier naturgemäß nicht mehr die vorgefertigte Auswahl, sondern es bedeutet: die Konsument*innen-Souveränität zu stärken. Damit diese Konsumenten und damit wir alle befähigt sind, eine eigene Wahl zu treffen.

Freiheit: Der selbstbestimmte Weg
in die Entmündigung

Erinnern Sie sich noch an die digitale Offensive der FDP im
Bundestagswahlkampf 2017? Die Freien Demokraten wollten
die anderen Parteien auf der digitalen Datenautobahn über-
holen. Und mit ihrer Eigenwerbung viel Farbe in den Kampf
um die Wähler*innen-Stimmen bringen. Vielleicht aber auch
nur auf die eigenen Wahlplakate. Einer der Wahlkampf-Slo-
gans lautete:

> »Die Digitalisierung ändert alles. Wann ändert sich die Po-
> litik?«

Die Plakatgestaltung bestand aus einem Schwarz-Weiß-Bild
des FDP-Spitzenkandidaten Christian Lindner.[52] Das Foto
zeigt ihn mit entschiedener Miene bei einem Vortrag am
Rednerpult. Wir sehen einen Mann, der nicht nur die Digitalisierung in Deutschland kompetent steuern, sondern diese
auch politisch auf ein höheres Niveau heben will.

Eine zeitgemäße Digitalpolitik stand im Zentrum des freiheitlich liberalen Wahlversprechens. Digitalisierung ist eben
nicht nur eine technologische und wirtschaftliche Entwicklung, die darüber entscheidet, wie wir digital leben, sondern
auch eine politische. Die Digitalpolitik gehört allerdings bis
heute nicht zur Kernkompetenz der deutschen Politik.

Als Bürger*innen und Internet-Nutzer*innen können wir
die Bedingungen sowie Auswirkungen der Digitalisierung aber
nicht ohne die Unterstützung der Politik verändern – vorausgesetzt, wir wollen überhaupt Einfluss auf die Entwicklung der
Digitalisierung nehmen. Bei den Streaming-Diensten sind wir
offensichtlich auch mit den Verhältnissen zufrieden. Ausbeutung und Manipulation sind hier für die Mehrheit der Konsument*innen kein Grund, um die Streaming-Verhältnisse

selbstbestimmt zu verändern oder das Angebot der Dienste abzulehnen. Über den Zusammenhang von Streaming und Demokratie spreche ich zwar erst ganz konkret im nächsten Kapitel. Meine Auseinandersetzung mit dem Verhältnis von Streaming und Freiheit braucht aber dennoch schon hier den Bezug zur Politik. Das bedeutet aber auch: Ich spreche nicht mehr nur ausschließlich über das On-Demand-Video-Streaming, sondern etwas grundsätzlicher über die Digitalisierung, weil diese auch die Spielregeln für die Streaming-Unternehmen mitbestimmt. Das bedeutet: Die Freiheit der Streaming-Unternehmen hängt von den Entwicklungen der Digitalisierung, der Digitalwirtschaft und der Digitalpolitik ab. Und die Freiheit der Streaming-Nutzer*innen hängt wiederum von den Streaming-Unternehmen, der Digitalpolitik und von den selbstbestimmten Entscheidungen der Nutzer*innen ab.

Diesen Zusammenhang von Freiheit und Demokratie möchte ich mit einem anderen FDP-Wahlplakat und vor allem mit Blick auf den darauf präsentierten Wahlkampfslogan veranschaulichen:

»Digital First. Bedenken Second. Denken wir neu.«

Dieser Slogan zitiert das berühmt-berüchtigte Motto »America First«. Donald Trump hat seine Kandidatur für die Präsidentschaft im US-Wahlkampf 2016 unter dieses Motto gestellt und vertritt seit seiner Wahl eine Politik, die es konsequent umsetzt. Die Welt ist dadurch nicht gerade demokratischer und vernetzter geworden – weder in den USA noch international.

Die FDP hätte sich bei der Wahl ihres Slogans besser gründlicher überlegt, ob eine konsequente »Digital First«-Politik die richtige Haltung ist, um die Digitalisierung in Deutschland freiheitlich und demokratisch zu gestalten. Und das nicht nur mit Blick auf die Wirtschaft, sondern vor allem zur Stärkung der Bürger*innen. Ein Blick auf den affektgesteuerten Twitter-Populismus von Trump reicht, um zu verstehen, wie die Macht des Digitalen zur Ohnmacht der Demokratie beitragen kann. Die Ironie der Internetgeschichte, ich komme gleich darauf zurück, hat die FDP dann ganz unmittelbar nach der Bundestagswahl mit den täglichen Abgründen der Digitalwirtschaft konfrontiert und dabei gezeigt, wie wenig durchdacht die Kampagne und damit die Digitalpolitik der FDP war. Darüber hinaus wurde hier aber auch klar, wie schwierig es ist, Politik und Digitalisierung in ein demokratisches Verhältnis zu bringen.

Dieses Wahlplakat hat eine spöttische und kritische Diskussion ausgelöst. Das Plakat war gestaltet wie das zuvor beschriebene, nur mit einem anderen Bildmotiv von Christian Lindner. Wir sehen einen FDP-Parteivorsitzenden, der abgewandt und mit Kopfhörern in den Ohren ganz vertieft auf sein Smartphone blickt. Und irgendwie sieht die digitale Zukunft »so schwarz-weiß-traurig«[53] und überhaupt nicht verheißungsvoll aus.

Mit diesem Plakat wollte sich die FDP aber gerade im Gegenteil als eine technologiefreundliche und digital innovative Partei darstellen. Eine Partei, die zeitgemäße und zukunftsfähige Ideen für den digitalen Wandel und Wohlstand in Deutschland entwickelt.

Das Wahlplakat warnt entsprechend plakativ vor zu viel Bedenken bei der Digitalisierung, damit die Menschen in der Zukunft, die wesentlich durch digitale Technologien und die Digitalwirtschaft bestimmt wird, auch weiterhin frei, selbstbestimmt und mündig leben können.

Auch das On-Demand-Video-Streaming vermittelt uns das Gefühl, dass wir mehr Freiheit bekommen: Ich kann meine Konsumbedürfnisse den Situationen anpassen, in denen ich mich befinde. Es steht immer ein Angebot bereit – und das ist wunderbar! Diese Allverfügbarkeit verändert aber auch unsere Erwartungshaltung. Wenn ständig alles vorhanden ist und die Streaming-Dienste anscheinend permanent um uns buhlen müssen, entwickeln wir automatisch den Anspruch, dass uns auch in der realen Welt immer mehr zusteht – vor allem, wenn es unsere Bedürfnisse sofort und schnell befriedigen kann. Denn wir als Kund*innen und Konsument*innen sind mit unseren Nutzungsdaten im Mittelpunkt eines Wirtschaftszweigs, sind der Dreh- und Angelpunkt der Digitalwirtschaft. Es geht also nur um uns. Das ist digital kultivierter Narzissmus, der uns direkt und weiter in die durchaus unterhaltsame Selbstentmündigung führt.

Der freiwillige Verzicht auf den Schutz der persönlichen Freiheit, den jede/r von uns zum Beispiel mit dem Abschluss eines Streaming-Dienstleistungsvertrags ausübt, ist für mich kein Ausdruck der Freiheit mehr. Denn das Private ist, wie der Kulturwissenschaftler Harald Welzer betont, die »Grundbedingung für gesellschaftliche Freiheit«.[54] Daher werden unsere Freiheitsräume immer geringer, wenn immer mehr unserer Privatheit infolge der Digitalisierung (ver)schwindet. Die Freiheitsspielräume, die uns als Streaming-Abonnent*innen von den Streaming-Unternehmen noch zugestanden werden, verlaufen daher ausschließlich zwischen Anpassung beziehungsweise Akzeptanz der Geschäftsbedingungen oder Entsagung – durch die Kündigung unserer Abonnements.

Freiheit, wie ich sie verstehe, und zwar (nicht nur) als die Abwesenheit von Zwang, ist das nicht mehr. Und es ist auch keine Freiheit, wenn die Algorithmen der Streaming-Dienste für uns entscheiden, was uns gefällt, bevor wir uns überhaupt dafür oder dagegen entscheiden. Zwar erscheint die Entscheidungshilfe der algorithmischen Empfehlungssysteme immer mehr wie eine Steilvorlage für unsere eigene Entscheidung, doch wir werden dadurch in unserer Freiheit immer kontrollierbarer. Und diese berechenbare Freiheit hat eine Norm, die nicht mehr von den Abonnent*innen gesetzt wird, sondern von den Streaming-Anbietern. Diese Norm lautet: Popularität.

Durch alles, was mir, dem Konsumenten, als populär hervorgehoben wird, bildet sich ein neuer Mainstream heraus, mehr noch: eine neue digitale Volkskultur. Und diese hat nun wirklich nichts mehr mit den spontanen und freien Entscheidungen oder den Bedürfnissen des »Streaming-Volkes« zu tun, sondern ausschließlich mit den Entscheidungen der Streaming-Unternehmen. Wir sind da nicht mehr das Volk, sondern nur noch populär. Und wir fühlen uns dabei so wohl, dass erst die vollkommene Abgabe der Kontrolle über die persönliche Streaming-Freiheit, also die wohltuende Entlastung von der eigenen Wahlfreiheit, den erhofften Streaming-Genuss ermöglicht. »Konsum« ist dabei »das Tor zur Überwachung«.[55] Willkommen in der neuen Streaming-Diktatur.

Kehren wir zurück zur FDP-Kampagne, weil ich mich für die Demokratie und nicht für die Diktatur interessiere und es mir konkret darum geht, die Demokratie zu bewahren. Der Gedanke, dass auch die Bürger*innen unsere digitale Zukunft freiheitlich und demokratisch mitbestimmen und sich dieser Freiheit nicht nur anpassen müssen, spielte anscheinend bei der FDP-Wahlkampagne keine Rolle. Wir als Bürger*innen sollten mit der Unterstützung der FDP dazu befähigt werden, das positive Potenzial des digitalen Wandels zu erkennen und den technologischen Fortschritt offensiv zu unterstützen.

Mit dem FDP-Slogan »Digital First. Bedenken Second« sollten alle Bedenkenträger*innen aus den Reihen der politischen Gegner kritisiert werden, die ausschließlich vor dem Datenmissbrauch und den Gefahren durch die zunehmende Digitalisierung warnen. Skepsis ist bei der Digitalisierung allerdings durchaus angebracht, wenn wir allein an die vielen Länder denken, etwa an die USA, die die Digitalisierung massiver als Deutschland vorantreiben und kaum Bedenken bei den Themen Überwachung, Datensicherheit, Bürgerrechte

Freiheit: Der selbstbestimmte Weg in die Entmündigung   217

oder künstliche Intelligenz zeigen. Aus meiner Sicht: erschreckend wenig Bedenken. Und wohl genauso wenig wie die Streaming-Dienste.

Schränkt man nämlich in allen vier Bereichen unseres gesellschaftlichen Lebens die bürgerliche Freiheit des Einzelnen ein – Überwachung, Datensicherheit, Bürgerrechte und künstliche Intelligenz –, lässt sich eine ganz eigene digitale Wirklichkeit erzeugen, die zwar allen Spaß macht und die kurzsichtigen Unterhaltungsbedürfnisse befriedigt. Die aber erhebliche Gefahren birgt, wie ich meine.

Der FDP waren allerdings jegliche Bedenken bei den oben genannten Themen im Wahlkampf zunächst noch relativ egal. Sie verstand sich als Demokratie- und Digitalpolizei, bei der die Freiheit immer Vorfahrt hat. Also konnte nichts mehr schiefgehen, wenn die FDP die weitere Entwicklung der Digitalpolitik in Deutschland als Regierungspartei mitbestimmte – wenn es nach ihr ging. Darüber rege ich mich noch heute auf, wie Sie merken, denn das ist sowohl arrogant als auch bildungsignorant: »Digital First. Bedenken Second«, gerade durch den Nachsatz »Denken wir neu«. Wenn das durch den Zeitgeist bestimmte Machtstreben einer Partei die Inhalte der Politik bestimmt, spätestens dann müssen wir einsehen, dass wir mit Blick auf die Digitalisierung ein Demokratieproblem haben.

Wenn Sie mir bis hierher gefolgt sind, wissen Sie, welches Demokratieproblem ich meine. Denn die Streaming-Dienste verstärken es gerade durch den vermeintlichen Dienst an den Kund*innen. Die leere und zynische Rhetorik der Politiker*innen, dass sie Deutschland und den Bürger*innen dienen wollen, ist letztlich nicht mehr als das unternehmerische Versprechen, die Kund*innenorientierung über alles zu stellen. Doch eine Orientierung am Kunden ist ein zweischneidiges Schwert. Ich habe die Gefahren im 3. Kapitel ausführlich am Beispiel von Netflix und Amazon Prime veranschaulicht.

Führen wir uns den Kern unserer Demokratie dazu noch einmal vor Augen: Wer dienen will, muss gewählt werden. Das bedeutet aber auch: Und wer Kund*innen glücklich machen will, muss als Unternehmen in Anspruch genommen werden können. Wer steht denn persönlich gerade für Fehlentwicklungen beim Streaming-Dienstleister? Gibt es konkrete Ansprechpartner, die Rede und Antwort stehen? Die als Steuerzahler zum Gemeinwohl beitragen? Und mit sich auf der Basis unserer demokratischen Systeme diskutieren und auch rechten lassen? Aber das ist ja noch viel zu offensichtlich. Die eigentlichen Tücken der Streaming-Dienstleister liegen im Detail.

Ich darf Sie bestimmt an ein paar bereits von mir genauer hinterfragte Themen erinnern: Die Streaming-Dienste schränken unsere Freiheit ein, indem sie für uns entscheiden, was uns gefällt. Damit werden wir vom selbstbestimmten Denken entlastet, um viel selbstbezogener konsumieren zu können. Dieses Empfehlungsmanagement funktioniert nur reibungslos durch die lückenlose Überwachung unserer Streaming-Aktivitäten.

Das Ergebnis dieser Überwachung ist unser personalisiertes Streaming-Angebot, das uns nur noch um uns selbst kreisen lässt und unseren Blick auf die Welt verengt. Die Streaming-Dienste isolieren uns massiv auf unseren Benutzeroberflächen und machen uns nicht nur berechenbar, sondern vor allem beherrschbar. Und nicht zu vergessen, es geht den Streaming-Unternehmen meiner Meinung nach nicht um den Menschen, sondern nur um die Menschen als berechenbare Konsument*innen. Der Mensch wird dabei zur datenliefernden Manipulationsware.

Die Haltung »Digital First. Bedenken Second« fördert bei den Bürger*innen nicht gerade die Mündigkeit. Ganz im Gegenteil: Sie fördert Bedenkenlosigkeit. Und damit einhergehend das Lob einer naiven Bevölkerung. Die FDP leistet ei-

Freiheit: Der selbstbestimmte Weg in die Entmündigung **219**

nen – zugegeben, nach allen Regeln der Kunst durchaus demokratischen – Beitrag zur selbstverschuldeten Verblödung.[56] Wie gefährlich aber diese verblödende Naivität (die sich selbst als Aufklärung missversteht) im Umgang mit der Digitalisierung ist, lässt sich am Beispiel der Streaming-Dienste offenbaren. Hier gilt, um im Bild zu bleiben: »Streaming First. Bedenken Egal. Unterhalten wir uns neu.«

Ein ungehinderter und unregulierter Streaming-Kapitalismus produziert Konsumnarren. Und kann doch erschreckenderweise mit unserer täglichen Unterstützung rechnen, denn solange wir mittun, ohne die Entwicklungen grundsätzlich zu hinterfragen, sind wir automatisch »Mittäter«. Nicht, dass wir diese Entwicklungen schlicht nicht begreifen. Die meisten von uns beschäftigen sich allerdings leider gar nicht erst mit dem Problem, das noch dazu maßlos simplifiziert wird und reduziert ist auf: digital oder nicht digital? Dabei stellt sich diese Frage heute gar nicht mehr. Denn ein Ausstieg aus der digitalen Gesellschaft ist doch gar nicht mehr möglich. Unsere Gesellschaft und damit unser Leben sind mittlerweile untrennbar mit der Digitalisierung verwoben und davon sogar in Teilen bestimmt. Wir müssen aber die Konsequenzen aus dieser Entwicklung nicht widerspruchslos (mit)tragen. Wir haben die Möglichkeit – eben weil wir frei sind –, diesen Konsequenzen selbstbestimmt entgegenzuwirken, und müssen uns nicht den Entwicklungen anpassen.

Dieses Laufenlassen der Ereignisse mit den erkauften Folgen, dieser Zwangszusammenhang wird unser Leben in den nächsten Jahren noch viel lückenloser bestimmen. Mit einer demokratischen Wahl- und Entscheidungsfreiheit hat das nicht mehr viel zu tun. Wir können die Digitalisierung nicht mehr abwählen. Zum Glück müssen wir das meiner Meinung nach aber auch nicht. Denn nicht die Digitalisierung ist das Problem. Wir sollten vielmehr alles daransetzen, sie mitzugestalten, statt fraglos alle demokratische Macht an die Digitalunternehmen abzutreten, die sich, wie wir wissen, nicht besonders für Demokratie interessieren.

Wir sollten daher so bald wie möglich darüber nachdenken, wie wir die Digitalisierung freiheitlicher und demokratischer gestalten können. Wie wir uns die Digitalisierung passend machen und uns nicht umgekehrt immer wieder nur der Digitalisierung anpassen.

Die gegenwärtige Macht der Digitalisierung über die Politik und die ökonomische Einflussnahme der Digitalunternehmen auf die Politik zeigt, wie notwendig eine Neuausrichtung der Auseinandersetzung mit der Digitalisierung ist. Denn diese Macht- und Kapitalkonzentration im Spannungsfeld von Politik und Wirtschaft hat nachhaltige gesellschaftliche Auswirkungen, die unser Leben bestimmen. Bisher werden wir allerdings nicht als Bürger*innen wahrgenommen, die gestalten und mitwirken, sondern nur als Konsument*innen, die fleißig einüben, wie man am besten Entscheidungen abgenommen bekommt. Konsument*innen, die berechenbar sind und berechnet werden. Es ist wichtig, dass wir uns weiter darin üben, selbst zu entscheiden.

Wir sollten uns da wehren, wo unsere Freiheitsräume radikal eingeschränkt werden. Lassen wir es nicht zu, dass eine freie Gesellschaft selbstbestimmter Individuen und die gelebte Demokratie allmählich, zumindest mit Blick auf die Digitalisierung, in immer weitere Ferne rücken. Wir als Bürger*innen müssen in die Auseinandersetzung der Politik und der Wirtschaft aktiver einbezogen werden – und wir müssen dies auch einfordern. Wie das konkret aussehen kann? Nun, es muss mehr Schnittstellen geben, etwa in Form eines digitalen Ombudsrates, der zwischen den Interessen der Politik, der Wirtschaft und den Bürger*innen vermittelt.[57] Die Digitalisierung muss zu einem gemeinsamen Projekt werden. Ich führe diese Idee im nächsten Kapitel weiter aus.

Die Selbstorganisation und Selbstermächtigung der Bürger*innen ist von größter Bedeutung, damit wir, wie der Philosoph Richard David Precht eindringlich formuliert, als Menschen und Bürger*innen unsere Autonomie bewahren können:

> »Es [die Autonomie] ist ein Wert, Dinge selbst zu können und über Fähigkeiten und Fertigkeiten zu verfügen (…) Ein *betreutes Leben* jedenfalls, in dem einem alles abgenommen wird, (…) ist kein Menschheitsfortschritt. (…) Frei zu sein bedeutet, Verantwortung gegenüber sich und den anderen zu übernehmen, nicht, sich betreuen zu lassen. (…) Und Befriedigung ist etwas anderes als Lebenssinn.«[58]

Streaming-Dienste sind ein Musterbeispiel für ein derart betreutes digitales Leben. Der Slogan »Digital First. Bedenken Second« ist nicht nur zu kritisieren, er beschreibt auch einen Zustand, den wir alle nur allzu gut kennen und an dem ich etwas ändern möchte: Die Digitalisierung ist schon seit vielen Jahren die bestimmende gesellschaftliche, politische, wirtschaftliche und kulturelle Macht. Sie hat aber auch unser Alltagsleben und damit uns selbst nachhaltig verändert. Wir haben durchaus Bedenken, aber die Versprechen der Digitalunternehmen verführen uns immer wieder, wie ich am Beispiel des On-Demand-Video-Streamings gezeigt habe, weiter und mehr zu konsumieren. Wer heute nicht digital ist, der ist eben nicht. Analog wird unter diesen Umständen tatsächlich immer mehr zum neuen Asozial. Das sollten wir nicht widerspruchslos hinnehmen.

Wir verzichten freiwillig auf unsere Mündigkeit und richten uns ganz behaglich in unseren Komfort-Konsumzonen ein, damit wir jeden Tag so lange wie möglich auf der »Droge Digital«[59] sein können. Und als »Digital Junkies«[60] brauchen wir immer wieder eine höhere Dosis »Digital«, und das in immer kürzeren Abständen. Bedenken haben wir kaum. Das ist unfassbar, weil wir uns selbst weiter verblöden, und auch vollkommen unverantwortlich – nicht nur uns selbst gegenüber.

Wir verspielen bisher die Chancen auf unsere digitale Selbstbestimmung und Freiheit. Wir begreifen unter Freiheit nur noch die betreute Wahlfreiheit, das zu konsumieren, was uns die Digitalunternehmen anbieten. So machen wir uns zu einem, um eine prägnante Formulierung des US-amerikanischen Soziologen Richard Sennett aufzugreifen, »Konsumenten-Zuschauer-Bürger«, der seine Freiheit gegen Konsum und die digitalen Komfortzonen eintauscht.[61] Damit übertragen wir unsere demokratische Macht an die Digitalkonzerne.[62] Ich frage mich, ob dieser Vorgang wirklich so alternativlos ist, wie es bisher scheint. Meine bisherige Analyse der Streaming-Dienste lässt mich allerdings nicht besonders optimistisch sein. Aber meine Überlegungen sind noch nicht am Ende. Und vielleicht weiß ich ja demnächst auch Sie zumindest als Teilnehmer*innen einer lebhaften und produktiven Diskussion an meiner Seite.

Der Politikwissenschaftler und Autor André Wilkens hat in seiner Kritik an der aus meiner Perspektive digital bildungsfernen FDP-Wahlkampagne die Konsequenzen einer gedankenlosen Digitalpolitik überaus treffend formuliert:

> »Denken First, Digital Second. [...] Denn eigentlich kommt ja das Denken zuerst – und dann die Lösung. Und nicht umgekehrt. Digital kann Teil der Lösung sein. Aber die Lösung selbst ist es nicht. Außer man will das totale Digital, in dem der Mensch gar keine Rolle mehr spielt. [...] Wie gestalten wir die Digitalität so, dass sie uns Menschen dient und nicht nur den politischen und Geschäftsinteressen einiger weniger? Vor Digital kommt nämlich Mensch. Und der sollte das Denken nicht völlig dem Digital überlassen.«[63]

Freiheit: Der selbstbestimmte Weg in die Entmündigung　　**223**

Wer nicht genug denkt und wie Christian Lindner auf dem
FDP-Wahlplakat zu viel im Internet abhängt, den bestraft die
Ironie des Schicksals. Die Partei, die die Digitalisierung zeitgemäß vorantreiben wollte, versagte gleich schon auf dem
Wahlplakat. Warum? Bereits einige Monate nach dem Wahlkampf musste sich Lindner 2018 vom Wahlplakat und Wahlkampfslogan distanzieren. Schuld daran waren natürlich wie
immer die anderen und nicht die eigene politische Blindheit
oder die digitale Ignoranz, die nur die Ware Wählerstimme
vor Augen hatte, um den Bürger*innen ein vermeintlich besseres politisches Angebot zu machen. Gut unterhalten, geschweige denn auch nur ansatzweise überzeugt, hat mich dieses Angebot aber nicht.

In diesem Fall war es die Datenmafia Facebook, die der
FDP den digitalen Spiegel vorgehalten hat. Facebook, diese
ehrenwerte Gesellschaft digitaler Gutmenschen, die nur unsere tägliche digitale Mitarbeit in Form unserer Daten brauchen, um uns im Tausch unbegrenzten Raum zur digitalen
Selbstdarstellung und Vernetzung zu schenken. Ein zorniger
mittelalter Mann wie ich, der Böses dabei denkt. Oder doch
eher eine bekannte, aber im täglichen Gebrauch ignorierte
Wirklichkeit: Facebook veruntreut Daten und verkauft sie –
wie man in zahlreichen Berichten verfolgen kann. Die Nutzer*innen sind Facebook letztlich vollkommen egal. Die Verhaltensmanipulation ersetzt bei Facebook die Verantwortung,
die das Unternehmen seinen Nutzer*innen gegenüber eigentlich übernehmen müsste.[64] Und ausgerechnet dieser Konzern
brachte die gefährliche Inhaltsleere des Wahlplakats geradezu
plakativ zum Vorschein.

Der Datenskandal bei Facebook, durch den sich die FDP
von ihrer Digitalkampagne distanzieren musste, ist unter
dem Namen »Cambridge Analytica« in die Internetgeschichte eingegangen. Im März 2018 wurde bekannt, dass sich die
britische Datenanalyse-Firma »Cambridge Analytica« angeb-

lich illegal den Zugang zu den Daten von knapp 87 Millionen Facebook-Nutzer*innen verschafft hatte, vor allem aus den USA. Hierbei waren auch die Daten von ungefähr 310 000 deutschen Facebook-Nutzer*innen betroffen.[65] Und die Weltgemeinschaft und die Politik diskutierten über die Frage, ob Facebook der Firma »Cambridge Analytica« erlaubt hat, auf die Daten der Facebook-Nutzer*innen zuzugreifen, obwohl Facebook damit gegen die eigenen Richtlinien verstoßen hätte, oder ob »Cambridge Analytica« sich illegal Zugriff auf diese Daten verschafft hat. So weit, so bekannt. Und niemand sollte sich darüber noch wundern. Denn allein vom Wundern, Aufregen, Empörtsein, Reden und Teilen in den sozialen Medien ändert sich gar nichts.

Besonders pikant war bei diesem Facebook-Datenmissbrauch aber, dass »Cambridge Analytica« die Facebook-Daten, wie man in der internationalen Presse lesen konnte, angeblich für den Wahlkampf 2016 von Donald Trump ausgewertet und genutzt hatte, »um personalisierte Facebook-Werbung zu schalten und so Wahlentscheidungen zu beeinflussen«.[66] Es spricht daher einiges dafür, ohne dass es bis heute bewiesen ist, dass der Wahlkampfsieg von Donald Trump 2016 durch die illegale Datenauswertung von »Cambridge Analytica« und das darauf aufbauende manipulative politische Marketing begünstigt wurde.

Wenn Daten missbraucht werden, um Wahlen zu manipulieren, dann steht durchaus mehr als der Schutz der Privatsphäre auf dem Spiel.

Der konservative italienische Politiker und ehemalige EU-Parlamentspräsident Antonio Tajini fragte daher zu Recht, ob Facebook die persönlichen Daten der Nutzer*innen benutzt, »um die Demokratie zu manipulieren«?[67] Die Freiheit unserer Demokratie wird hier von der Freiheit der Wirtschaft eingeschränkt – der Digitalwirtschaft. Sie werden meinen Exkurs zu Facebook entschuldigen, denn das Datensammeln ist

Freiheit: Der selbstbestimmte Weg in die Entmündigung **225**

nun einmal Alltag bei jedem Streaming-Dienst. Und daraus erwächst auch unsere Verpflichtung, als Streaming-Kund*innen einzufordern, die Rechtsräume von uns Bürger*innen zu schützen, damit wir auch weiterhin digital frei handeln können. Denn die Preisgabe von persönlichen Daten muss uns stets bewusst sein, wir müssen eine Wahl haben und aktiv und selbstbestimmt zustimmen können.

Der Facebook-Chef Mark Zuckerberg zeigte sich der Öffentlichkeit und den Behörden gegenüber übrigens mit betroffener Ernsthaftigkeit, aber nur mäßig besorgt. Entscheidend für ihn war, Fehler einzuräumen, aber vor allem darauf hinzuweisen, dass Facebook letztlich unschuldig sei. Er entschuldigte sich wenig überzeugend für den Datenmissbrauch und kündigte eine Reihe von Reformen im Onlinenetzwerk an. Dazu zählte unter anderem die Neuformulierung der Datenschutz- und Nutzungsbedingungen, um die Datensammlung und -nutzung von Facebook klarer und transparenter zu machen. Mehr Informationen und mehr Sicherheit für die Nutzer*innen. Danke, Facebook! Jetzt wissen wir neuerdings schwarz auf weiß, was ihr alles sammelt. Und dann: weitermachen. Der gesellschaftliche Schaden, den dieser Skandal ausgelöst hat, kam bei Zuckerberg nicht zur Sprache.

Die Politik und die Weltöffentlichkeit diskutierten noch eine kurze Zeit über die Notwendigkeit und die Möglichkeit staatlicher Regulierung von sozialen Medien. Andere Politiker*innen hielten Facebook für kaum staatlich regulierbar. Es folgte unter anderem die Reform an bereits vorhandenen Internetgesetzen, wie zum Beispiel des sogenannten »Netzwerkdurchsetzungsgesetzes«[68], das in der Öffentlichkeit eher als Facebook-Gesetz bekannt ist. Die Facebook-Aktie fiel eine Zeit lang dramatisch. Die Facebook-Nutzer*innen waren verunsichert. Weitere Konsequenzen: keine. Konsequenzen für mich als Streaming-Nutzer hatte der gesamte Vorfall aber durchaus.

Für mich ist dieser Facebook-Skandal ein erschütterndes Beispiel für die Gleichgültigkeit der Nutzer*innen von digitalen Diensten und Dienstleistungen. Die persönliche Bedürfnisbefriedigung steht über allem, egal wie unverantwortlich und unvernünftig das immer wieder ist. Und zwar nicht nur für jeden persönlich. Die Digitalwirtschaft, die den virtuellen Lebensraum Internet maßgeblich bestimmt und gestaltet, und eben nicht die Politik, ist so nach und nach zu einer ernsthaften Gefahr für unsere Demokratie und unsere persönliche Freiheit geworden. Ich habe inzwischen das Kleingedruckte gelesen bei meinen Streaming-Dienstleistern. Und ich passe genau auf, was ich wann wie tue und warum.

Auch Richard David Precht[69] weist zu Recht darauf hin, dass wir ohne »Aufklärung, Information und Transparenz bei den Entscheidungsprozessen und größtmöglicher Bürgerbeteiligung« im digitalen Zeitalter nicht bestehen können, weder als Staat noch als Bürger*innen. Er blendet dabei leider vollkommen aus, dass die meisten Internetnutzer*innen gar nichts verändern wollen und letztlich zufrieden mit dem Internet sind, so wie es ist. Hauptsache, sie bekommen, was sie wollen, wann sie wollen und so viel sie es wollen. Das ist heute das pragmatische und selbstbestimmte Verständnis von Konsument*innen-Souveränität.

Aber mir geht es hier ja in erster Linie darum, Sie auf diese Gefahren aufmerksam zu machen. Darauf, dass wir – ohne es recht zu bemerken – das Streben nach einer selbstbestimmten Veränderung der Verhältnisse ersetzt haben durch den Wunsch nach einer unmittelbaren Bedürfnisbefriedigung. Weiter geht bei vielen von uns das pragmatische Verständnis von Selbstbestimmung und Souveränität nicht mehr. Und leider ist es so, dass Streaming-Dienste und soziale Medien so stark miteinander vernetzt sind und sich permanent aufeinander beziehen, dass sie wie ein sich selbst verstärkendes System uns, die Nutzer*innen, in die selbstbestimmte Abhän-

Freiheit: Der selbstbestimmte Weg in die Entmündigung   **227**

gigkeit getrieben haben – und dabei fühlen wir uns auch noch in der Mehrheit gut.[70]

Wir sollten uns – gerade angesichts des Facebook-Dilemmas – stets bewusst machen, was es heißt, viel Macht zu besitzen, aber von Verantwortung aus unternehmerischen Gründen abzusehen. Das gilt leider eben auch für die Verhaltenskontrolle und -manipulation durch die Streaming-Anbieter. Die Macht der großen Digitalunternehmen ist mittlerweile so groß, dass sie sich die Entscheidung vorbehalten, ob sie sich etwa an das bestehende Datenschutzrecht halten oder nach eigenem Ermessen darüber befinden, wie dieses immer wieder im Sinne des eigenen Unternehmens alternativ ausgelegt werden kann – was nichts anderes heißt als: nach Belieben.

Und die FDP? Die Freien Demokraten präsentierten sich mit einem Facebook-Post des Parteivorsitzenden Christian Lindner geläutert, selbstkritisch, entwicklungsfähig und vor allem wieder total handlungsbereit. Die Zukunft der liberalen Demokratie war nach dem Facebook-Skandal angekratzt. Und das neue Plakat? Es kündigte eine Zeitenwende der Digitalpolitik der Partei an: Wenn die Digitalunternehmen sich nicht für die Politik, die geltende Rechtsprechung und den Datenschutz interessieren, aber auch nur recht oberflächlich für das demokratische Recht der Bürger*innen auf Privatsphäre und Datensicherheit, dann muss die Politik eben entschiedener handeln. Allen voran natürlich die digital geläuterte FDP. Aus der Anbiederung wurde ein Angriff. Das Parteikürzel FDP steht scheinbar auch für flexibel. Der neue Slogan lautete daher:

»So zu tun als hätte die Politik keinen Einfluss auf Facebook und Co: Das ist zu defensiv.«[71]

Diesmal saß Christian Lindner im Wald auf einer Lichtung und neben ihm die Bäume. Das Bild könnte für Klarsicht und

Überblick stehen. Lindner sieht den Wald jetzt – trotz der vielen Bäume. Aber wie schon beim »Digital First«-Plakat ist der FDP-Politiker nicht in dieser Welt, sondern wieder vertieft in die digitale Welt – hier nun in ein Tablet. Im Text unter dem Bild wird darauf hingedeutet, dass die Probleme bei der rechtlichen Regulierung von Facebook die Politik nicht davon abhalten darf, die Einhaltung der geltenden Rechtsprechung durch die Digitalunternehmen zu kontrollieren und Verstöße demokratisch zu sanktionieren. Alles gut und richtig – so weit. Dann kommt aber ein Nachsatz, der zeigt, dass gegenwärtig die Digitalunternehmen anscheinend über mehr Macht verfügen als die Politik und auch unsere Demokratie manipulieren können. Die FDP forderte daher die Einrichtung eines »Digitalministeriums«, das sich exklusiv mit allen Themen, die die Digitalisierung betreffen, beschäftigt. Dieser Satz lautet:

»Es kann nicht sein, dass starke Spieler die Regeln bestimmen.«[72]

Wer jetzt denkt, dass das in erster Linie eine Kampfansage an Facebook & Co. war, der irrt sich leider. Lindner kritisierte eine Aussage von Věra Jourová, die von 2014 bis 2019 EU-Kommissarin für Justiz, Verbraucherschutz und Gleichstellung war und seit 2019 die Vizepräsidentin der EU-Kommission und Kommissarin für Werte und Transparenz ist. Jourová betonte 2018 mit Blick auf den Facebook-Skandal, dass Facebook äußerst schwierig zu kontrollieren sei. Die Aufgabe der europäischen Digitalpolitik bestünde jetzt darin, einerseits über eine »schlaue Regulierung« der digitalen Plattformen und hinsichtlich der Arbeit der Algorithmen, den »wichtigsten Instrumenten der Plattformen«, zu beraten, andererseits aber die Internetfreiheit nicht unnötig einzuschränken.[73]

Alles beim Alten daher: Politik bezieht sich zuerst auf andere Politik. Politiker*innen beziehen sich zuerst auf andere Politiker*innen. Die Digitalwirtschaft bezieht sich zuerst auf die Digitalwirtschaft. Und die Konsument*innen zuerst auf ihren eigenen Konsum. Die Digitalisierung, die Demokratie und wir: Alle gemeinsam sind wir gefangen in der Selbstbeobachtungsfalle und dabei auf uns selbst bezogen. Ein Leben in Filterblasen.

Das bedeutet aber auch, dass die Unternehmen, die die Filterblasen produzieren, unsere persönliche und demokratische Wirklichkeit wesentlich stärker beeinflussen, als es uns bewusst ist. Ja, sie formen sie sogar aktiv mit. Auch das schränkt unsere Handlungs- und Freiheitsräume stark ein. Nicht zuletzt zeigt das Hin und Her der FDP, wie machtvoll die Digitalunternehmen und wie ohnmächtig die Politik häufig ist, wenn es um die Digitalisierung geht.

Das klingt nach Science-Fiction? Nein, nicht wirklich. Denn es ist unsere Realität. Wir leben in genau dieser Welt. Also lassen Sie uns jetzt noch konkreter über den Zusammenhang von Digitalisierung und Demokratie nachdenken, natürlich mit dem Fokus auf dem Einfluss der Streaming-Dienste auf unsere Demokratie.

Demokratie: Der Weg in die Enttäuschung

Nutzen Sie Google Trends?[74] Ich mache das regelmäßig, um mich darüber zu informieren, welche Themen Google populär macht. Google Trends ist ein Online-Informationsdienst des Unternehmens Google LLC. Mit diesem Dienst können wir herausfinden, welche Suchbegriffe von den Google-Nutzer*innen wie oft, wann und wo eingegeben werden. Global und regional. Zu jedem Suchergebnis gibt es eine vorsortierte

Auswahl an Berichten zum jeweiligen Thema. Die kann man einfach anklicken und bei Interesse weiterlesen. Bei Google muss niemand selbst suchen. Google Trends erstellt für uns eine Art Best-of-Internet. Zumindest mit Blick auf die Interessen der Google-Nutzer*innen.

Streaming-Dienste machen nichts anderes. Sie werben mit einer großen Auswahl an Filmen und Serien und präsentieren, wenn wir ein Abonnement abgeschlossen haben, auf den persönlichen Benutzeroberflächen nur noch ein Best-of des jeweiligen Streaming-Angebots.

Warum benutzen Sie eigentlich immer zuerst die Datenkrake Google, wenn Sie eine Suchanfrage im Internet starten wollen? Kennen Sie keine anderen Suchmaschinen mit einem besseren Privatsphäre-Schutz?[75] Ist das eine bewusste Entscheidung von Ihnen, weil Google den besten Service bietet? Oder nur eine Wahl aus Bequemlichkeit oder Gedankenlosigkeit? Sind Ihnen Themen wie Datenschutz und der Schutz Ihrer Privatsphäre egal, solange Sie möglichst schnell an die gewünschten Informationen herankommen? Aus Selbstschutz sollten Sie eigentlich jede Entscheidung, die Ihre Internetaktivitäten betreffen, gründlich abwägen. Denn die Macht über unsere Weltsicht gehört im digitalen Zeitalter denjenigen, die die Welt für uns filtern.[76]

Und das tun Google & Co. Diese Suchdienstleister filtern für uns alle wichtigen Informationen. Facebook & Co. analysieren unsere Persönlichkeit und unser Verständnis von Gemeinschaft, Intimität, Identität, Kommunikation und Privatsphäre. Amazon & Co. sieben für uns die auf uns abgestimmten Warenwelten. Elitepartner, Tinder & Co. filtern die für uns potenziell infrage kommenden Partner*innen und Sex-Optionen. Spotify & Co. finden die zu uns passende Musik. Und Netflix & Co. reduzieren unsere Unterhaltungsbedürfnisse mit Blick auf Filme und Serien. Diese Aufzählung ließe sich noch lange fortsetzen.

Demokratie: Der Weg in die Enttäuschung

Die digitalen Dienstleister machen sie überflüssig. Es gibt sie nicht mehr, die Notwendigkeit einer nicht betreuten Selbstbestimmung. Entscheidungen selbst treffen? Eine eigene Meinung haben? Selbst erwachsen werden? Dies alles sind Voraussetzungen einer offenen und pluralen Gesellschaft. Doch so rundum von Dienstleistern bedient, verkommt jeglicher Antrieb dazu. Selbstwerdung, Selbstachtung erscheinen zunehmend illusorisch. Das Selbst wird zum Produkt von Algorithmen und der Algorithmus zum Subjekt. So werden »[t]ransparente Individuen im intransparenten System«[77] erzeugt. Wir sind dabei, als aktive Mitbürger*innen zu verschwinden. Was aber wird aus uns?

Wir als Menschen werden immer weiter verwandelt in ein technologisches Selbst, das von den Digitalunternehmen leichter berechnet, kontrolliert, gelenkt und beherrscht werden kann. Dadurch werden wir als autonome Bürger*innen aus dem politischen Prozess gleichsam herausgenommen. Aber nicht nur wir, sondern auch die Politik wird reduziert. Ich komme gleich darauf zurück.

Unser Selbst ist das Ergebnis von Versuch und Irrtum, also eines offenen und sich wandelnden Suchprozesses. Eines Prozesses, der im Leben niemals an ein Ende kommt. Zum Glück. Denn nur so können wir uns verändern, nur so können wir etwas wagen, aufbrechen, mutig sein – und eigen sein. Die Aufgabe von digitalen Suchmaschinen ist eine völlig andere. Unser Selbst wird bei jeder Suchanfrage, egal, ob es sich um Google oder Netflix handelt, mathematisiert und technisiert. Aufbereitet, damit die Informatik uns bearbeiten kann: Wir werden reduziert auf ein Thema. Und gleichzeitig wird unsere Wahrnehmung unserem Zugriff entzogen. Der Handlungsraum, über den wir am Ende verfügen, ist reduziert. Es geht nur noch darum, den algorithmischen Auswertungen, die unser Selbst festlegen, zu glauben, um digital handlungsfähig zu bleiben. Oder wir zweifeln diese Ergebnisse an und machen trotzdem weiter, weil wir nicht digital ausgeschlossen werden wollen. Jede neue Suchanfrage ist ein Beispiel dafür, dass wir immer weitermachen. Für mich ist dieses Sich-Fügen, dieses Wiederholen bedenklicher Handlungen auch wider besseres Wissen ein klares Zeichen von Internetsucht.

So liefern uns die Suchmaschinen zwar immer neue Ergebnisse, und wir können immer wieder neue Antworten anfordern, ja, wir können auch aussuchen, welche Ergebnisse uns am besten gefallen. Aber unterm Strich bleibt es doch dabei: Wir reagieren auf Ergebnisse, die wir letztlich nicht nachvollziehen können. Wir erhalten von den Digitalunternehmen keinen transparenten Einblick in die konkrete Arbeit der Algorithmen. Im Gegenzug müssen wir für diese Unternehmen so transparent wie möglich sein, damit die Geschäfte mit uns reibungslos funktionieren. Und wir sollten nicht verkennen: Die »für uns« aufbereiteten Ergebnisse haben einen erheblichen Einfluss auf unser Selbst- und auch auf unser Weltbild. Sieht man nur Krimis, wird der Nachbar zum möglichen Täter. Das ist unweigerlich so, auch wenn wir immer den Tatort sehen – und das ist ja im guten alten Bildungsfernsehen gerne so, wo ganze Filmabende auf diesem Programm beruhen. Doch sieht man eine Staffel Thriller, Krimi, Militäraufklärung nach der anderen, brutal, blutig und mit dem Hang zur Waffe, wie in amerikanischen Serien schon einmal »normal« und »unverzichtbar« – was tut das mit uns, mit unserer Weltsicht? Und beeinflusst uns das, wenn es bei der nächsten Wahl um die Frage des individuellen Waffenbesitzes geht? Wer wollte sich davon freisprechen? Immerhin, werden Sie einwenden, hat man doch noch eine Meinung. Und die hat man sich freiwillig gebildet, oder? Ist das nicht schon die berühmte Filterblase, die mich beeinflusst? Wenn dann meine Suchanfragen nur Antworten geben, die in eine Richtung tendieren? Wie entscheide ich mich dann? Oder zucke ich nur noch mit den Achseln? Und wenn ich nur gefragt werde, wie es um die Kriminalität in unserem Land steht? Könnte ich da beeinflusst sein – ohne mir über die Gründe Rechenschaft abzulegen?

Aus meiner Perspektive ermöglicht ein Prozess, der nicht zukunftsoffen und gestaltbar, sondern ausschließlich mathematisch determiniert ist, keine autonome Willensbildung mehr. Doch genau diese Autonomie verbinden wir in unserer Demokratie mit Wahlfreiheit. Und hier wird auch unsere Demokratie bedroht: Bald sind Programmierer*innen und Digitalunternehmen mächtiger und einflussreicher als Politiker*innen. Denn, wer Informationen über Menschen anhäuft, erlangt die Macht über Menschen und damit über die Gesellschaft. Die digitalen Codes werden zu unseren neuen Gesetzen. Bald. Oder sind sie das nicht jetzt schon?[78]

Unsere demokratischen Werte wie Gerechtigkeit, Freiheit, Selbstbestimmung und Chancengleichheit hängen plötzlich von den Programmierer*innen und deren Programmcodes ab. Meine These lautet: Wer die Fähigkeit verliert, selbst zu entscheiden, ist nur noch sehr eingeschränkt ein/e mündige/r Bürger*in. Wir werden entmündigt, wenn unsere eigene Urteilskraft zunehmend durch Programmcodes ersetzt wird. Und wir entmündigen uns permanent selbst, wenn wir das zulassen. Wir tragen damit selbst zur Abschaffung unserer Demokratie bei, denn wir reagieren nur noch, klicken auf Felder, die ein Algorithmus für uns vorbereitet hat. Damit aber ist ein Kennzeichen unserer Demokratie verloren, weil diese voraussetzt, dass wir autonome, selbstständige, bewusst urteilende und uns frei entscheidende Individuen sind. Unsere Demokratie kann sich nur durch mündige Bürger*innen erhalten, entfalten und weiterentwickeln.

Wir aber geben unsere Freiheit und Selbstbestimmung an die Digitalunternehmen und die digitalen Technologien ab. Wir gestatten es den Streaming-Diensten, über unseren Geschmack zu bestimmen. Uns zu »ähnlichen Produkten« zu leiten. Uns eine Welt zu zeigen, die scheinbar unserer freien

Wahl entspricht. Doch das tut sie nicht. Die Wahlmöglichkeiten sind beschränkt. Dabei fühlen wir in unserer Multioptionsgesellschaft uns manchmal förmlich erdrückt von Inhalten, von Wahlmöglichkeiten. Wer wollte uns vorwerfen, dass wir da einen Ausweg suchen? Dass wir unendlich dankbar sind, wenn uns die Entscheidungen abgenommen werden? Wenn wir nur klicken wollen oder wischen – aber möglichst ohne Für und Wider, ohne Wenn und Aber? Wer von uns will sie denn noch, die Fülle der Möglichkeiten? Und wer nutzt sie vollumfänglich? Wer sucht danach? Nach Wissen, nach Wahlmöglichkeiten und umfassender Information?

Im Gegenteil: Wir nehmen in Kauf, dass die digitale Welt uns permanent jede Entscheidung vorkaut, sie uns schmackhaft macht, sie uns abnimmt – und uns damit entmündigt. Kund*innenorientierung und -service hören sich doch so viel positiver an als Selbstaufgabe und Selbstentmündigung.[79] Für mich bedeuten diese Begriffe jedoch das Gleiche. Wer ständig »um den Verstand gebracht wird«, der ist eben nicht mehr mit Bedacht dabei, der verlernt zu denken.

Und soll uns das trösten, dass auch die Wahl, keine Wahl mehr haben zu wollen, nur aufgrund meiner Wahlfreiheit möglich ist? Dass wir uns freiwillig reduzieren lassen auf Mitläufer in einer willigen Herde? Dass wir angetrieben werden von Daten und Fakten, die wir selbst preisgegeben haben? Mich jedenfalls erschreckt, dass wir dadurch irgendwann auch keine Freiheit mehr haben, frei zu wählen – und dass wir das einfach ignorieren. Die Entscheidung über unsere Zukunft ist aktuell immer noch unsere Entscheidung. Und die »Auflösung der Demokratie geschieht« somit »im Rahmen der Demokratie«.[80] Das ist wieder ein Beispiel für die Ironie der Internetgeschichte, über die ich im 3. Kapitel schon gesprochen habe.

Doch unser Interesse schrumpft. Wir wollen immer seltener unsere Freiheit im Netz aktiv schützen. Uns ist das zu mühsam. Das überlassen wir gerne den Politikern, doch die haben ihre eigenen politischen Agenden – und auch nicht immer das Personal, das sich fürs Digitale interessiert.

Hinzu kommt: Wir fühlen uns als Alltagsmenschen im Vergleich zu unserem digitalen Leben zumeist minderwertig. Die Serienhelden, denen wir folgen, können in Bruchteilen von Sekunden immer die richtige Entscheidung treffen (oder sie scheitern so kolossal, dass es schon wieder Spaß macht). Ihnen gelingt, was uns im Alltag schwerfällt: Dialoge, denen man gerne folgt. Aktionen, die richtig Action bieten. Ein Leben, das uns Freude macht, schon beim Anschauen. Wie langweilig ist dagegen unser (Büro-)Alltag. Wie ungelenk sind wir sprachlich. Und wie selten gelingt es uns, das Alltagsgeschehen zu durchringen. Warum also sollten wir uns für politische Belange interessieren? Unsere Serienhelden interessiert das ja auch nicht. Jedenfalls ignorieren sie Politik, sie interessieren sich nur für Macht. Kein Wunder, dass wir auch »unseren« Politikern in der Wirklichkeit zumeist nur noch solches Machtstreben unterstellen. An Inhalten sind »die« doch nicht interessiert. Wer daran glaubt, den halten wir für naiv. Das haben uns die Filme doch gezeigt. »Die da oben«, das sind doch nicht wir. Aber »die da oben«, das sind eben doch unsere Politiker. Den Widerspruch schlucken wir gerne. Und übersehen dabei allzu oft, wie selbstentmündigend und demokratiegefährdend diese Haltung ist.

Für mich ist dies aber auch ein Grund, warum wir uns so sehr am digitalen Glanz unserer Internet-Profile und Benutzeroberflächen abarbeiten. Selbstoptimierung 4.0. Unser Online-Ich schillert vor optimierten Internet-Führungszeugnissen und digitalen Visitenkarten, die mehr zeigen, wer wir in den Augen der anderen sein wollen, als dass sie das widerspiegeln, was wir wirklich sind.

Warum sollten die Unternehmen der Digitalwirtschaft auch ein besonderes Interesse an der Demokratie oder an

»Chance[n] zu einem guten Gesellschaftsmodell« haben?[81] Unser Leben interessiert sie doch gar nicht, nur die Daten, die sie daraus beziehen, Daten, die uns als Konsument*innen begreifen. Und so ist für Streaming-Dienste nur eine Frage wichtig: Wie groß sind die Möglichkeitsräume, die die freie Marktwirtschaft ihrem unternehmerischen Handeln einräumt? Darüber hinaus sind die libertären Digitalunternehmer davon überzeugt, dass unsere Regierungen und ihr Verständnis von Demokratie dringend ein Update benötigen. Sie sind angeblich weder in der Lage, unsere »datengetrieben[e] Gesellschaft« zu verstehen noch sie zu führen. Bedenkenträger, das sind in ihren Augen die Ewiggestrigen. Die es eben noch nicht verstanden haben, wozu digitale Dienste gut sind. Im Umkehrschluss betrachten die Digitalunternehmen unsere Demokratie nur unter den Gesichtspunkten der ökonomischen (Eigen-)Interessen und aus den Perspektiven der Informatik, Mathematik und Technologie, also ausschließlich instrumentell.[82]

Die On-Demand-Video-Streaming-Anbieter spielen besonders perfide mit unserem Demokratieinteresse. Sie bieten uns zur personalisierten Bedürfnisbefriedigung zahlreiche Filme, Serien und Dokumentationen an, und ja, diese beschäftigen sich aus unterschiedlichen Perspektiven mit Demokratiethemen. Aber helfen sie mir dabei, mir eine Meinung zu bilden? Ist davon nicht auch vieles Futter zum Wegklicken? Erscheint mir der Inhalt als zu mühselig? Als zu bildungshuberisch? Wird die Qual der Wahl zu einem einfachen Wisch und Klick, sollte ich als Konsument misstrauisch werden.

Die Digitalunternehmen tragen mit ihrem auf Unterhaltung, plakative Inhalte oder Blockbuster reduzierten Programm dazu bei, dass wir als Bürger*innen entmündigt und die Demokratie geschwächt beziehungsweise bedroht wird. Insofern tragen wir durch unsere Abonnements ebenfalls zur

Demokratie: Der Weg in die Enttäuschung

Schwächung unserer Demokratie durch Selbstentmündigung bei.

Unsere Demokratie wird auch davon bedroht, dass wir inzwischen einen großen Teil unseres Lebens digital verbringen. Das tun wir gemeinsam, aber wir bleiben zugleich allein in unseren Filterblasen. Wir lassen uns dabei von den großen Digitalunternehmen nicht nur vorschreiben, was wir sehen, sondern, wie wir uns selbst sehen; wie wir konsumieren und kommunizieren sollten; was wir unter Arbeit begreifen; oder wie wir Partnerschaft und Sex erleben können. Zum demokratischen Austausch von Meinungen gehört, dass die Perspektiven von anderen immer als gleichberechtigt und gleichwertig berücksichtigt und in die Entscheidungsprozesse mit einbezogen werden. Nur so können auch gemeinsame Grundsätze entstehen. Unser digitales Leben in personalisierten Filterblasen verurteilt uns aber im Gegenteil dazu, in narzisstischen Filterblasen zu leben, die zwar parallel verlaufen, aber getrennt voneinander sind.[83] Ohne Konfrontation kein Austausch – und ohne Diskussion keine Demokratie. Parallele Existenzen, das sind leider keine demokratischen Existenzen. Wir reduzieren uns auf ein Nebeneinander statt auf ein Miteinander.

Auch Streaming-Dienste sind nichts weiter als Unterhaltungs-Suchmaschinen, die solche personalisierten Filterblasen erzeugen. Die Streaming-Plattform YouTube ist zum Beispiel die zweitgrößte Suchmaschine und die nach Google am häufigsten aufgerufene Internetseite. Netflix und Amazon Prime Video werden von allen On-Demand-Video-Streaming-Anbietern am meisten aufgerufen, wenn man nach Filmen und Serien sucht.

Ein Dienst wie Google Trends sortiert die Sortierung, die uns eine Suchanfrage bei Google als Ergebnis anbietet, für uns neu. Und es entsteht der Eindruck, dass wir uns für Themen interessieren, die auch viele andere Menschen, sogar weltweit, bewegen. Aus einer individuellen Suchanfrage bei Google produziert Google Trends also ein gemeinsames Thema, es ergeben sich neue Themen- und Trendgemeinschaften, die es vielleicht ohne diesen Dienst gar nicht gegeben hätte.

Nichts anderes machen die kostenpflichtigen Video-Streaming-Dienste. Die Ergebnisse von Suchanfragen werden nicht individuell präsentiert, sondern sie stehen immer in einem losen oder geordneten Zusammenhang mit anderen Filmen, die unter anderem entweder vom Titel her ähnlich klingen oder in bestimmte Kategorien, wie zum Beispiel Horror, eingeordnet werden. Jede dieser Kategorien präsentiert immer nur eine Zeit lang die gleiche Anordnung und wird beständig umsortiert – als Ergebnis unserer Streaming-Aktivitäten oder durch aktuelle Filme, für die wir besondere Streaming-Anreize bekommen – denn wenn wir diese aktuellen Filme schauen, tun wir den Anbietern einen Gefallen. Wir funktionieren wie berechnet.

So lückenlos transparent wie für Google oder Google Trends sind wir für die Streaming-Dienste zum Glück noch nicht. Doch meine Kritik greift trotzdem genauso. Wenn für Google Trends gilt: »Global gedacht. Und lückenlos«, dann kann das zwar kein On-Demand-Video-Streaming-Dienst leisten. Bei Google gehen eben keine Daten beim unternehmenseigenen Data-Mining[84] durch das digitale Sieb. Big Google is watching you! Und das tut Google mit nur einem Ziel:

> »Unsere Mission: Die Informationen dieser Welt organisieren und allgemein zugänglich und nutzbar machen.«[85]

Google ordnet die Welt für uns, um sie in Zonen der Sichtbarkeit und Bedeutung einzuteilen. Und nichts anderes machen die Streaming-Anbieter mit Blick auf Filme und Serien sowie ihre Zusatzangebote. Die Streaming-Dienste entscheiden, was sichtbar ist – und damit bestimmen sie darüber mit,

Demokratie: Der Weg in die Enttäuschung   239

was wir sehen. Sie entscheiden, was für uns Bedeutung gewinnt. Das geht von einzelnen Filmen, konkreten Serien bis hin zu Trendthemen und unserer Weltwahrnehmung. Im Grunde gewährt uns Google heute schon Einblicke in die digitale Glaskugel. Wir sehen die Zukunft schon heute. Nicht die ganze Zukunft. Das kann selbst Google nicht leisten. Zumindest aber sehen wir die Trends von morgen in der Suchmaschine von heute.

In dieser Weise tragen auch die Video-Streaming-Dienste täglich zum Entstehen einer neuen digitalen Volkskultur bei, genau wie Suchmaschinen oder soziale Medien. Aus der unüberschaubaren Vielfalt der Suchanfragen werden bei Google Trends so ganz Internet-demokratisch eindeutige Leitperspektiven auf die Welt. Ich stelle mir dabei die Frage, ob wir wirklich so einfältig sind oder, positiver formuliert: Haben wir alle ungefähr die gleichen Interessen oder werden wir von denselben Themen bewegt? Das wäre fast schon so etwas wie digitaler Kommunismus. Aber auch nur fast. Denn in der digitalen Welt gehört alle Macht den wenigen großen und transnational agierenden Digitalunternehmen, nicht dem Volk. Der Journalist Adrian Lobe beschreibt diese Entwicklung treffend als »populistische Tech-Internationale«, die »eine moderne Form der Selbstaufgabe« erfordert, also die Unterwerfung unter ein autoritäres »algorithmische[s] Diktat«.[86] Auch jeder Streaming-Kunde unterwirft sich diesem Diktat.

Dies aber ist eine Haltung, die sich einübt. Die Unterwerfung hat ihren Preis – auch gesellschaftlich. Das ist gar nicht so einfach festzustellen, denn Google vermittelt uns, genauso wie die kostenpflichtigen Streaming-Dienste, nach bestem Vermögen den Eindruck, dass die Welt bei aller Vielfalt gut überschaubar ist und die Interessen der Menschen miteinander verbunden sind. Das Internet ist schließlich das größte und einflussreichste Netzwerk der Welt, das uns alle miteinander verbindet. Zugleich aber sperrt es uns in Filterblasen ein, die uns dann doch wieder voneinander trennen. Filterblasen erscheinen so eher als ein persönliches Datengefängnis und nicht als digitaler Marktplatz.

Der Techniksoziologe Nikolaus Lehner spricht daher zu Recht von der »Internierung der Psyche«[87], auf die der digitale Überwachungskapitalismus abzielt und sich dabei zu einer »computergestützten Autokratie«[88] entwickelt. Eine Autokratie ist eine sich selbst legitimierende Herrschaftsform, bei der eine Einzelperson oder eine Personengruppe die an keine Schranken gebundene Macht ausübt. Insofern ist die digitale Autokratie das genaue Gegenteil einer digitalen Demokratie.

Das Internet ist heute die größte und mächtigste »Statistikbehörde«[89] der Welt. Nirgendwo auf der Welt werden mehr Daten gesammelt, ausgewertet und neu aufbereitet wie im Internet.[90] Die Möglichkeiten der Datenerfassung durch unsere demokratisch gewählten Regierungen erscheinen dagegen recht unbedeutend – solange sie die Grenzen der Demokratie nicht überschreiten.[91] Die Datenerfassung durch die Unternehmen der Digitalwirtschaft durchbricht allerdings täglich die digitalen Wände zur Privatsphäre, die für den Staat verschlossen bleiben. Die Digitalunternehmen »mutieren« somit, wie Lobe betont, »zu parastaatlichen Akteuren«.[92]

Im Unterschied zum Staat, den wir zumeist verdächtigen, uns ausspionieren zu wollen, laden wir die Digitalunternehmen sogar täglich ganz freiwillig in unsere Privatsphäre ein, zumindest aber in unsere »digitale Intimsphäre«[93], weil wir ihnen vertrauen. Sie dürfen unsere Abendgestaltung übernehmen. Und sie treffen für uns eine Programauswahl. Damit das klappt, müssen die digitalen Dienstleistungen beständig verbessert werden, und das funktioniert nur, wenn es ausreichend personalisierte Daten gibt, die ausgewertet werden können. Es geht hierbei also nur um unser Bestes und die bestmögliche Befriedigung unserer Bedürfnisse. Ich finde

Demokratie: Der Weg in die Enttäuschung 241

diese Einstellung unglaublich verantwortungslos, sie gefährdet unsere Demokratie.

Ich erinnere mich noch an das Jahr 1983. Und den massiven Widerstand und die Verfassungsklage gegen die Volkszählung, die für das Jahr 1987 geplant war. Dieser zivile Ungehorsam hat bis heute nachhaltige demokratische Auswirkungen, weil dadurch ein »Meilenstein in [der] Geschichte des Datenschutzes« erzielt wurde: Die deutsche Regierung musste die geplante Volkszählung nach einem abschließenden Urteil des Bundesverfassungsgerichtes mit Blick auf unser demokratisches »Recht auf informationelle Selbstbestimmung« für »verfassungswidrig erklären« und »datenrechtlich anpassen«.[94]

Ich kann mir beim besten Willen nicht mehr vorstellen, dass es heute noch ein vergleichbares zivilgesellschaftliches Engagement für die Einhaltung des Persönlichkeits- und Datenschutzes im Internet geben könnte. Über Gesetze zur stärkeren rechtlichen Regulierung des Internets und der Digitalwirtschaft denkt die Politik regelmäßig nach, um im digitalen Machtkampf nicht endgültig von der Digitalwirtschaft abgehängt zu werden. Aber natürlich auch zum Schutz der Grundrechte der Bürger*innen. Und wenn – wie jetzt in der Corona-Krise – das Datenabgreifen von Gesundheits-Apps gleich in der Planung verhindert wird, sind alle schon hochzufrieden.

Ich glaube mittlerweile nur, dass die Bürger*innen als Internetnutzer*innen gar nicht wirklich geschützt werden wollen, abgesehen natürlich von der Internetkriminalität, die den Einzelnen vorsätzlich schädigt und dabei gegen geltendes Recht verstößt. Die Bürger*innen, das ist jedenfalls mein Eindruck, wollen, sobald sie mit dem Internet verbunden sind, mehrheitlich zumindest, von niemandem eingeschränkt werden. Es geht dann nur noch um die absolut freie und individuelle Bedürfnisbefriedigung. Ich habe diese Beobachtung mit Blick auf das On-Demand-Video-Streaming in den vorangegangenen Kapiteln ja auch ausführlich plausibilisiert.

Die Angst, ein/e gläserne/r Bürger*in zu werden, hat sich in das genaue Gegenteil verkehrt: in den Wunsch, ein/e gläserne/r Konsument*in zu werden, damit die individuellen Bedürfnisse noch besser und schneller befriedigt werden können. Kein Datenskandal kann daran noch etwas ändern. Und kein Argument war bis heute überzeugend genug, um einen nachhaltigen Einfluss auf diese selbst gewählte Ignoranz zu nehmen. Diese Entwicklung veranschaulicht den Erfolg der »perfide[n] psycho-politische[n] Machttechnik«[95], die die Digitalunternehmen auf uns anwenden und uns damit glücklich und zufrieden machen.

Durch den unaufhörlichen Ausbau der digitalen Infrastruktur haben immer mehr Menschen weltweit Zugriff auf das Internet. Im Jahr 2019 belief sich die Anzahl der Internetnutzer*innen weltweit auf knapp über 4 Milliarden Menschen.[96] Tendenz steigend. Zum Jahreswechsel 2019/2020 waren wir 7 754 847 000 Menschen auf der Erde.[97] Mittlerweile nutzt also mehr als die Hälfte der Menschheit das Internet.

Sie können sich vorstellen, wie viel Macht den transnationalen Unternehmen der Digitalwirtschaft dadurch zukommt. Wie viel Einfluss diese Unternehmen auf die Nutzer*innen ausüben. Also auf Sie und mich. Und wie groß das Machtgefälle zwischen den Unternehmen und nationalen Regierungen ist.

Adrian Lobe macht in diesem Zusammenhang unmissverständlich klar, dass die Digitalunternehmen unsere Demokratie durch eine neue, smarte Regierungsform ersetzen möchten, die eine algorithmisch bestimmte Demokratie darstellt.[98] Ich finde, dass wir gegenwärtig schon erschreckend weit in diesem Wandlungsprozess vorangeschritten sind. Im vorausgehenden Kapitel habe ich Sie mit Blick auf Deutschland und am Beispiel der FDP bereits auf die Abhängigkeit

Demokratie: Der Weg in die Enttäuschung   **243**

der Politik von der Digitalisierung und damit auch von den Digitalunternehmen aufmerksam gemacht. Das Internet als Thema und als Raum zur digitalen Selbstpräsentation sowie Kommunikation mit den Wähler*innen, wohlverstanden. Politik ist heute ohne Digitalisierung nicht mehr vorstellbar. Allerdings haben die politischen Ideen zur digitalen Demokratie bisher, zumindest in Deutschland, mehr mit Bürger*innenservice und Verwaltungsabbau zu tun als mit konkreten politischen Inhalten, die auf der Höhe unserer digitalen Kultur sind. Die Digitalwirtschaft ist der Politik auch in dieser Hinsicht noch weit überlegen, wenngleich mit wenig Interesse für die Demokratie und die demokratischen Grundrechte der Bürger*innen. Ich hoffe sehr, dass sich dieser Zustand möglichst bald ändert. Unsere Politiker*innen und die Demokratie brauchen Sie dazu. Allein durch staatliche Regulierungen wird sich nichts ändern. Sie haben die Wahl.

Apropos Wahl. Im Internet haben wir, im Unterschied zur Politik, jeden Tag die Möglichkeit, individuelle Wahlentscheidungen zu treffen – und damit zur direkten Bürger*innen-Beteiligung. Das klingt superdemokratisch. Sie entscheiden jeden Tag von Neuem, ob Sie die Spielregeln des Internets und der Digitalwirtschaft mitspielen oder sich als Bürger*innen, wie bei der zuvor erwähnten Volkszählung, für Ihr Recht auf informationelle Selbstbestimmung, Datenschutz und Privatsphäre einsetzen.

Ich habe allerdings mit Blick auf das Internet kein großes Vertrauen in unser aller demokratischen Handlungswillen und damit in unsere Wahlentscheidungen. Aus meiner Sicht fühlen die meisten von uns sich, das veranschaulichen allein die Erfolgszahlen der Streaming-Dienste und der sozialen Medien, total wohl in unseren persönlichen Filterblasen. Uns Bürger*innen ist die individuelle Bedürfnisbefriedigung längst wichtiger als die Kontrolle über unser Privatleben und das freiheitliche Leben in einer Demokratie, die nicht nur von

Marktinteressen bestimmt und von Rechneroperationen erzeugt wird. Was muss geschehen, damit sich unsere Einstellung ändert? Wie bewahren wir unseren kritischen Geist?

Bis dahin bleibt alles wie immer: Je überschaubarer die (digitale) Welt, desto leichter ist sie auch zu lenken und zu beherrschen – auf legale wie illegale Weise. Mit Blick auf mein Eingangsbeispiel Google Trends genauso wie für alle anderen Digitalunternehmen gilt daher der »Vorrang des Marktes« über das Leben der Nutzer*innen. Mit dem Ergebnis:

> »Die Technologien der Freiheit werden zu Maschinen der Herrschaft.«[99]

Die Google-Trends-Zahlen werden entsprechend nicht nur von Nutzer*innen, sondern immer wieder auch von der Politik und Wirtschaft ernst genommen.[100] Bei den jeweiligen Suchanfragen wird allerdings nicht deutlich, welche Medienberichte und Meinungen die Nutzer*innen bewegt haben, nach den entsprechenden Begriffen zu suchen. Die Ergebnisse deuten nur an: Diese Themen interessieren die meisten Nutzer*innen, und es sind damit die populärsten Themen der Zeit. Weiter wird darüber nicht reflektiert, und das, was nicht populär ist, ist gesellschaftlich uninteressant und muss nicht weiter erinnert oder gespeichert werden. Ein Klick genügt, doch ein Klick ist noch keine Meinung – und schon gar keine innere Einstellung oder Haltung. Wir werden reduziert auf eine Strichliste.

Ich schreibe dieses Kapitel am 08.05.2020. Es ist Freitag. Sie werden das Kapitel Monate, vielleicht sogar Jahre später erst lesen. Ich möchte Sie dennoch jetzt auf eine kleine Reise zurück in die Zukunft[101] einladen. Eine Zukunft, die sich für mich heute vielleicht in den Google Trends des Tages abzeichnet, und eine Zukunft, die vielleicht Ihre Gegenwart beeinflusst und auf die Sie jetzt treffen, wenn Sie aus Ihrer Gegenwart den Blick zurück auf die Gegenwart meiner Zukunft werfen. Das klingt jetzt ein bisschen nach der Verwirrtaktik der Serie »Dark«, die ich Ihnen am Anfang dieses Kapitels bewusst verwirrend undurchsichtig vorgestellt habe. Einmal Verwirrung im Kapitel ist ausreichend. Sie haben vollkommen recht. Ich werde daher konkreter.

In den Top 15[102] der deutschen Suchanfragen bei Google Trends befinden sich unter anderem diese fünf Themen: »Tag der Befreiung« auf Platz 1. Die Profitänzerin »Kathrin Menzinger« aus der aktuellen Staffel der RTL-Unterhaltungsshow »Let's Dance« auf Platz 3. »Capital Bra Pizza« auf Platz 6. Der erfolgreiche Gangsta-Rapper »Capital Bra«[103] verkauft ab dem 11.05.2020 seine eigene Pizza in deutschen Supermärkten. Vorsicht: bestimmt kriminell gut. »Rupert Grint«, der »Harry Potter«-Star, wird Vater auf Platz 11. Und schließlich: »George Clooney« und seine vermeintlichen Eheprobleme auf Platz 13.

Ich frage mich, wie unsere Welt wohl in ein paar Monaten aussehen wird, wenn in diesen Themen unsere Zukunft und die neuen Trends enthalten sind? Vielleicht wissen Sie es, wenn Sie mein Buch jetzt lesen und diese Themen mit den aktuellen Google-Trends-Themen vergleichen, die die digitale Wundermaschine Ihnen am Lektüretag anzeigt. Mein Tipp: Die Welt wird sich kein Stück verändert haben. Wir stellen bei Google weiterhin zumeist vollkommen belanglose Suchanfragen, die unsere Zeit und Aufmerksamkeit in Anspruch nehmen. Die Zukunft ist kein demokratisches Projekt, an dem Google interessiert wäre.

Ich möchte wirklich keine durch Algorithmen kleingerechneten Zukunftsvisionen, die das Ergebnis von persönlichen Filterblasen sind. Vielmehr wünsche ich mir fantasievolle, wilde und eigensinnige Zukunftsspekulationen, die nicht berechenbar sind, sondern unser Denken und unsere Wertesysteme herausfordern. Für mich sind viele der Zukunftsspekulationen in den bedeutenden Werken der internationalen Science-Fiction-Literatur ein eindrucksvolles Beispiel dafür.[104] Google Trends tötet hingegen jede Fantasie, jede Spontanität, aber auch jedes Nachdenken über eine offene Zukunft.

Was folgt aus meinen Bemerkungen zu Google Trends? Zugespitzt formuliert: Alles, was die Welt ist und sein wird, zumindest die digitale Welt, ist letztlich ein Produkt von Google und entstanden aus einer der zahlreichen Google-Dienstleistungen. Natürlich als kostenloser Service für die Google-Nutzer*innen. Eine Orientierungshilfe, um in der Welt besser klarzukommen. Zumindest in der digitalen. Die Grenzen zu unserer nicht digitalen Alltagswirklichkeit verschwimmen aber zunehmend. Ich frage mich, ob mittlerweile eine Unterscheidung überhaupt noch trennscharf möglich oder sinnvoll ist? Für mich ist sie äußerst relevant, und ich möchte daran festhalten, denn sonst verlieren wir die Grundlage, um uns nicht komplett digital definieren zu lassen.

Die digitalen Orientierungsdienstleistungen von Google Trends wirken zum Beispiel primär auf die Realität zurück, die immer mehr digital gedacht und mitbestimmt wird. Aus dieser Perspektive sind unsere täglichen Google-Suchfragen eine Art digitale Wahlentscheidung, in welcher Welt wir leben wollen – und wer uns dabei leiten soll.

Apropos Wahl. Ich habe vor dem Verfassen dieses Kapitels Google Trends benutzt. Mich hat interessiert, was mir angezeigt wird, wenn ich die folgenden Begriffe eingebe und damit eine vergleichende Suchanfrage stelle: »Netflix« und »Demokratie«[105], »Amazon« und »Demokratie«[106], »Apple« und »Demokratie«[107], »Disney« und »Demokratie«[108]. Meine Suche habe ich auf Deutschland beschränkt, weil ich mich vor allem auf die deutschen Streaming-Verhältnisse beziehe. Meine Suchanfrage bezog sich auf den Zeitraum vom 12.05.2019 bis zum 08.05.2020. Entschuldigung, nicht ich habe das entschieden. Google Trends hat mir den Jahresvergleich vorgeschla-

Demokratie: Der Weg in die Enttäuschung

gen, damit ich mich dafür entscheide. Gratulation, Google: Zumindest diesmal war das Empfehlungsmanagement bei mir erfolgreich.

Was hat meine Suche aber ergeben? Nichts wirklich Erstaunliches: Nach dem Zusammenhang einzelner Streaming-Dienste und der Demokratie haben die Google-Nutzer*innen, mit ganz geringen Ausnahmen, nicht gefragt. Das verwundert Sie jetzt wahrscheinlich überhaupt nicht. Sie wundern sich bestimmt vielmehr darüber, dass ich diese Suchanfragen gestellt habe, nachdem ich in diesem Buch immer wieder aus verschiedenen Perspektiven das unsere Demokratie gefährdende Potenzial der Streaming-Dienste kritisiert habe. Streaming ist ein Trend-Thema. Demokratie hingegen nicht, wenn wir uns mit dem On-Demand-Video-Streaming beschäftigen.

DYSTOPIE

Der Grund, warum ich dieses Buch schreibe, besteht darin, dass On-Demand-Video-Streaming-Dienste bei der Kritik an der neuen digitalen Weltordnung und dem digitalen Überwachungskapitalismus bisher nicht als antidemokratische Akteure in den Blick genommen worden sind. Die Inhalte standen bei der Auseinandersetzung mit dem On-Demand-Video-Streaming immer im Vordergrund. Und genau deswegen hat die Strategie der Digitalwirtschaft funktioniert. Die Überwachungstechnologien, die sie benutzen, und die dazugehörige Idee der Ausbeutungswirtschaft sind relativ unsichtbar geblieben. Die Kritik konzentrierte sich vor allem auf Google, Facebook & Co.

Aus diesem Grund können die Streaming-Überwachungskapitalisten bisher alles machen, was die Demokratie zulässt – wie auch Google, Facebook & Co. Sie reizen unser System bis an die Grenzen der Demokratie aus. Dabei bieten die On-Demand-Streaming-Dienste viele Serien und Filme an, die – mit internationalem Publikum und aus unterschiedlichen Perspektiven – verschiedene Formen des Machtmissbrauchs in Demokratien thematisieren, dazu wird Kritik am entfesselten Neoliberalismus laut und auch der scheinbar unkontrollierbare Erfolgsdrang und das Machtstreben der Digitalwirtschaft eindrucksvoll und bedrängend in Szene gesetzt.

Einen kritischen Blick auf die Streaming-Dienste als Unterhaltungsindustrie suchen wir aber vergebens. Die Streaming-Plattformen stellen sich wesentlich in der Vermittler-

und Produzentenrolle dar. Mit den Inhalten, also mit den Serien und Filmen, wird somit offensiv und erfolgreich vom antidemokratischen System des Streamings abgelenkt.

Das können sich die On-Demand-Video-Streaming-Dienste erlauben, weil sie wissen, dass sie mittlerweile nicht mehr wegzudenkende gesellschaftliche Institutionen sind, die, wie ich gezeigt habe, auch wesentlich darüber mitentscheiden, wie sich unsere Gesellschaft und wir uns in unseren Gesellschaften entwickeln. Aber auch, wie wir auf die Welt sehen und wie wir uns immer mehr der inhumanen Logik des Computerdenkens anpassen. Dabei verlieren wir – ich werde nicht müde, das zu wiederholen – alles, was uns zu freien, selbstbestimmten und mündigen Bürger*innen macht. Hauptsache, wir bekommen dafür überall Service und Unterhaltung geboten, und die Entscheidungen werden ganz unkompliziert gleich für uns getroffen.

Und schlimmer noch, das hat meine Kritik an der FDP im vorausgehenden Kapitel gezeigt: Die Politik hat bisher so gut wie keine Idee davon, was eine Kultur der Digitalisierung ausmacht, was sie mit sich bringt – die Gefahr an sich ist noch nicht erkannt. Die Politik gerät selbst, das hat mein FDP-Beispiel veranschaulicht, in die Fallstricke der Digitalisierung, weil auch die Politik digital angeschlossen ist und ohne die Kultur der Digitalität kaum noch Wähler*innen erreichen kann.

Das klingt alles ziemlich dystopisch. Sie haben recht. Aber ich sehe mit Blick auf die On-Demand-Video-Streaming-Dienste als Unterhaltungsindustrie bisher auch keine utopische Möglichkeit zur Veränderung der Streaming-Verhältnisse. Erst recht nicht, wenn ich an die selbstbestimmte Entmündigung der Nutzer*innen denke, die wir alle unsere Mündigkeit gegen Unterhaltung eintauschen und die wir keinen Grund sehen, daran etwas zu ändern.

Ich habe eine literarische Lieblingsdystopie: »Unendlicher

DYSTOPIE

Spaß«[1] von David Foster Wallace. Dieser Roman ist 1996 erschienen und stellt eine große Inspiration für mein Buch dar. Die Handlung wirkt an vielen Stellen wie eine Kritik an On-Demand-Video-Streaming-Diensten, und er hat sie formuliert, lange bevor es diese überhaupt gab. In der Romanhandlung werden die Unterhaltung und der Konsum als strategische Waffen im Kampf um die Freiheit eingesetzt. Eine Freiheit, die nicht das demokratische Ziel einer Freiheit für alle Menschen verfolgt. Sondern eine Freiheit, die Manipulation, Entmündigung und sogar Zerstörung von Menschen bewirkt, ja sie von vornherein in Kauf nimmt. Willkommen in der heutigen Zeit.

Die Streaming-Dienste, die ich Ihnen bisher vorgestellt habe, aber auch das On-Demand-Video-Streaming als globale Unterhaltungsindustrie fördern die Manipulation und Entmündigung ihrer Abonnent*innen. Nicht nur das: Sie beuten die persönlichen Daten von uns Nutzer*innen aus. Das ist ein äußerst erfolgreiches und lukratives Geschäft – allerdings bisher nur für die wenigen Streaming-Monopolisten wie Netflix oder Amazon Prime Video.

Die Streaming-Unternehmen nennen dieses Handeln Kund*innenorientierung und -service. Das klingt natürlich bedeutend freundlicher und vertrauensvoller als alles, was ich unter diesen Deckmänteln hervorzerre. Und das tue ich, selbst wenn sich am Ende nichts an der Ausbeutung der Nutzer*innen ändern sollte. Was mich besonders fasziniert, ja erschreckt: Wir finanzieren unsere Ausbeutung auch noch selbst. Ich nenne das die doppelte Ökonomie der Selbstentmündigung, bei der die Streaming-Unternehmen, nicht aber die Streaming-Nutzer*innen gewinnen.[2]

Die Währung sind unsere Daten und unsere Zeit, um deren Preis wir von den Streaming-Anbietern in noch umfassender personalisierte Filterblasen eingesperrt werden. Wir alle bezahlen mit unseren Daten, wenn wir das Internet nutzen. Und wir leben im Internet in unseren Filterblasen. Durch die tägliche Internetnutzung akzeptieren wir unsere Datenausbeutung und lassen uns in Filterblasen inhaftieren. So konnte sich die digitale Datenwirtschaft mithilfe unserer aktiven Unterstützung global etablieren. Darüber hinaus zahlen wir alle für das Abonnement und die Zusatzleistungen, also dafür, Serien und Filme, die nicht im Abonnementpreis enthalten sind, auszuleihen oder uns zusätzlich zu kaufen.

Worum geht es aber konkret im Roman von Wallace? Und warum hat diese Dystopie meine Kritik am On-Demand-Video-Streaming inspiriert? Wallace beschreibt eine Welt, die beim Erscheinen des Romans im Jahr 1996 in der nahen Zukunft liegt, ungefähr Ende der 2000er-Jahre. Die Vereinigten Staaten von Amerika, Kanada und Mexiko haben sich zur »Organisation Nordamerikanischer Nationen (O.N.A.N.)«[3] zusammengeschlossen. Diese Organisation wird politisch von den Vereinigten Staaten angeführt.

Und auch in unserer Realität sind es vor allem die US-amerikanischen Unternehmen der Digitalwirtschaft, die auf dem lukrativen und beständig wachsenden Streaming-Markt die Monopolstellung einnehmen: Netflix, Amazon, Apple oder Disney.

Aber nicht nur das: Diese Streaming-Giganten formen die Sehgewohnheiten der Streaming-Weltbevölkerung und beeinflussen nachhaltig unser aller Weltwahrnehmung. Streaming ist eine Frage der Macht. Machtbesitz erfordert allerdings ein Gefühl der Verantwortung. Die Intransparenz der Streaming-Unternehmen beweist das Gegenteil. Wir können und sollten kein Vertrauen in das unternehmerische Handeln und die demokratischen Absichten dieser Unternehmen haben. Vertrauen könnte nur entstehen, wenn die Streaming-Filterer »ihre Filtersysteme für die Öffentlichkeit transparenter machen«, damit eine Diskussion darüber aufkommen kann, »wie sie mit ihrer Verantwortung umgehen«[4].

DYSTOPIE **253**

Das wird, wie ich Ihnen verdeutlicht habe, nur dann geschehen, wenn es in Zukunft Möglichkeiten zur politischen Regulierung der Streaming-Ökonomie gibt. Das wäre aber eine sehr klassische und fast schon fantasielose politische Reaktion.[5]

Bisher erscheint Regulierung aber noch als der einzig realistische Weg, weil die Streaming-Unternehmen auch in Zukunft nicht an einer Filtertransparenz interessiert sind. Genauso wenig wie an den Bedürfnissen der Abonnent*innen als Menschen und nicht als zählenden sowie bezahlenden Datenmassen. Ich verstehe allerdings unter Kundenservice und Kund*innenorientierung genau das: die Transparenz und Verantwortung des unternehmerischen Handelns in den Mittelpunkt zu stellen und die Kund*innen nicht ausschließlich als statistische Größe und manipulierbares Konsum-Ich zu betrachten.

Der Präsident dieses neuen Staatsgebildes in Wallaces fiktiver Welt, der O.N.A.N., ist Johnny Gentle, ein ehemaliger Schlagersänger. Kein Wunder, dass die Unterhaltungsindustrie in diesem neuen Staatsgebilde große politische Bedeutung besitzt. Der Staatschef war vor seiner Präsidentschaft schließlich Unterhaltungsprofi. Das ist gar nicht so unwahrscheinlich. Die USA sind schon einmal von einem ehemaligen Unterhaltungsarbeiter, dem B-Filmschauspieler Ronald Reagan, regiert worden. Und das auch gar nicht so gut und demokratisch, wie wir wissen.

Warum sollte es daher undenkbar sein, dass Mark Zuckerberg, der Gründer und Vorstandsvorsitzende von Facebook, oder der Amazon-Präsident und -CEO Jeff Bezos in ein paar Jahren zum Präsidenten der USA gewählt werden? Vielleicht bedeutet digitaler Wandel genau das: Die Politik wird als altes Machtzentrum abgelöst, weil dieser schwerfällige und exklusive Club altmodischer Machthaber*innen in den Regierungen nicht mehr zeitgemäß ist.[6] Weil wir, die globalen Wähler*innen, mit so etwas wie demokratischer Mitbestimmung gar nichts mehr anfangen können. Ein Horror-Szenario.

Für ein Streaming-Unternehmen wäre es allerdings undenkbar, eine/n Schauspieler*in als Geschäftsführer*in zu bestellen. Der Erfolg eines global agierenden Streaming-Unternehmens hängt davon ab, dass die Datenausbeutung nicht nur ein Spiel ist, sondern unternehmerischer Ernst. Ein Glaubensbekenntnis der Streaming-Branche. Als Geschäftsführer*in spielt man daher keine Rolle, das kann kein Act sein, sondern er/sie ist davon überzeugt, dass ein Streaming-Unternehmen nur durch die Ausbeutung der Nutzer*innen global erfolgreich geführt werden kann. Warum sollte das bedenklich sein? Die Unterhaltungsangebote entschädigen doch für alles. Genauso wie im Roman »Unendlicher Spaß«.

In der O.N.A.N. des Romans wird die Kontrolle über die Bürger*innen vor allem durch Unterhaltungs- und Zerstreuungsangebote aller Art ausgeübt. So gibt es kein klassisches Fernsehen mit vielen unterschiedlichen, auch internationalen, Fernsehprogrammen mehr, die die Zuschauer*innen selbst auswählen können. Ganz im Gegenteil: Jede/r Bürger* in wird mit einem personalisierten Programm kostenlos versorgt und dadurch in seine/ihre individuelle Filterblase[7] eingesperrt. Das sogenannte InterLace-System für Heim, Büro oder unterwegs, in dem ausschließlich On-Demand-Filme laufen, macht das möglich.

Klingt irgendwie nach Netflix, Amazon Prime & Co., finden Sie nicht? Nur dass diese Streaming-Dienste mit einem großen Angebot für sich werben, um dann die Streaming-Welt der Nutzer*innen auf gut überschaubare Filterblasen-Angebote einzuengen.

Das Leben in der O.N.A.N. ist, wie Sie sich denken können, auch nicht sonderlich erfreulich. Es handelt sich um eine totalitäre Organisation, die in alle Lebensbereiche der Bürger* innen hineinwirkt. Erinnern Sie sich noch? Die algorithmi-

DYSTOPIE **255**

sche Auswertung der personalisierten Daten der Nutzer*innen dringt beim On-Demand-Video-Streaming während der gesamten Zeit der Netflix-Nutzung in die Privatsphäre der Nutzer*innen ein und macht diese zum öffentlichen Thema – etwa in den Kategorien »Beliebt auf Netflix«, »Derzeit beliebt« oder »Die Top 10 in Deutschland heute«. Daraus entstehen wiederum Trendgemeinschaften, an denen sich die Netflix-Nutzer*innen orientieren. Netflix, Amazon Prime & Co. sind dadurch nach und nach zu einer neuen digitalen Volkskultur geworden. Über den Einfluss, den die On-Demand-Video-Streaming-Unternehmen auf ihre Nutzer*innen ausüben, und wie sie die Selbst- und Weltwahrnehmung zu ihren Unternehmensinteressen verändern, habe ich in den vorausgehenden Kapiteln ausführlich gesprochen.

Das Ziel der Roman-O.N.A.N. besteht darin, neue Menschen zu formen, die sich bedingungslos der Staatsideologie anpassen. Dazu braucht die Organisation aber die aktive Beteiligung der Bürger*innen. Die Streaming-Dienste benötigen ebenfalls hyperaktive Nutzer*innen, denn nur die regelmäßige und zeitintensive Nutzung verschafft den Streaming-Unternehmen die großen individuellen Datenmengen, durch die der sogenannte Kundenservice, der eigentlich ein Algorithmen-basiertes Ausbeutungsinstrument ist, noch personalisierter gestaltet werden kann. Dadurch erhöht sich die Wahrscheinlichkeit, dass das Angebot in der eigenen Streaming-Filterblase noch besser passt und die Kund*innenbindung gestärkt wird. Das verschafft den Streaming-Anbietern die Möglichkeit, die Kund*innen in ihrem Konsumverhalten und in ihrer Weltsicht noch stärker und präziser zu beeinflussen und damit zu lenken. David Foster Wallace, der sich 2008 das Leben genommen hat, hätte, wie Sie merken, seinen Roman heute gar nicht bedeutend umschreiben müssen, wenn er die Arbeit der Streaming-Unternehmen in seine Romanwelt aus den 1990er-Jahren neu integrieren wollte.

Die Menschen leben in der O.N.A.N. nicht mehr selbstbestimmt und mündig, sondern sind fast alle süchtig. Sie sind abhängig von den Drogen Leistung und Erfolg[8] oder von Alkohol und anderen Narkotika. Und dadurch sind sie leichter zu kontrollieren und zu manipulieren. Die innere Leere der Menschen wird mit Süchten und Unterhaltung aller Art ersatzweise gefüllt. Die eigenen Wünsche und Bedürfnisse werden dadurch genauso verdrängt wie das Verlangen nach Selbstbestimmung. Die Unterhaltungssucht verbindet und trennt dabei gleichermaßen – genauso wie unsere gegenwärtige Digitalsucht.

In den von mir beschriebenen Streaming-Welten geht es durchaus vergleichbar zu. Wir vertrauen blind den Algorithmen und verlieren die Fähigkeit, uns auf Inhalte einzulassen, die nicht speziell auf uns zugeschnitten sind. Wir sind in der On-Demand-Gesellschaft angekommen und in unseren Konsum-Filterblasen eingesperrt. Wir fühlen uns dabei aber scheinbar ganz wohl, weil wir vermeintlich das bekommen, was wir wollen: auf uns abgestimmte Unterhaltung rund um die Uhr, überall, wo wir sind, und genau zum Wunschzeitpunkt.

Damit geht einher, dass wir verlernen zu entscheiden. Wir lassen für uns entscheiden, sind selbstentmündigt, verstehen das aber paradoxerweise als freie Wahl. Bisher vertrauen wir den Streaming-Diensten fast blind, weil sie uns rund um die Uhr beliefern, so, wie wir es wollen. Wer aber die Fähigkeit verliert, selbst zu entscheiden, ist nur noch eingeschränkt ein/e mündige/r Bürger*in. Damit sind Netflix, Amazon Prime & Co. potenziell demokratiegefährdend.

Können wir damit die Schuld ausschließlich den Streaming-Anbietern aufbürden, oder wie ist das mit uns Nutzer*innen? Wir geben schließlich unser Einverständnis dazu, ausgebeutet und entmündigt zu werden. Das ist letztlich noch viel zynischer und unverantwortlicher als der Überwachungskapitalismus der Streaming-Unternehmen an sich.

Wir selbst sind es, die wir unsere Bedürfnisse beim Streaming nicht nur ins Zentrum unserer Welt stellen. Lassen Sie mich deutlicher werden: Durch dieses Verhalten werden wir sogar zu Gegner*innen der Demokratie, denn unser Ego ist völlig zufrieden mit einer Existenz in der durch digitale Filtersysteme als Dialogpartner angepassten Quasi-Wirklichkeit, in der wir genau das bekommen, was wir brauchen und was uns bestens unterhält. Nachdenken war gestern, Anklicken bringt die Erfüllung – aber auch die Unfreiheit. Das ist so, wie mit dem Auto in den Biomarkt zu fahren, um regionale Produkte zu kaufen. Oder zu einer Klimakonferenz nach Lima zu fliegen.

Die mündigen Bürger*innen werden zu Kund*innen und König*innen, die Erwartungshaltung ändert sich gegenüber der Unterhaltung: »Ich will nur noch das sehen, was mich unterhält.« So wird uns die wirkliche Welt, auch unser direktes Umfeld ist davon betroffen, relativ egal. Wir verstehen uns dann nicht mehr als Teil eines demokratischen Gemeinwesens, sondern als Stars in unseren eigenen Streaming-Filterblasen.

Die Wahlfreiheit (als Rest des Demokratieverständnisses, das wir noch aufbringen) sollte aber nicht mit dem Login bei einer Streaming-Plattform enden, und wir als Bürger*innen sollten unser demokratisches Verhalten nicht quasi an der Streaming-Garderobe abgeben. Auch die Bewohner*innen der O.N.A.N. im Roman von Wallace sind weit davon entfernt, mündige Staatsbürger*innen zu sein oder es jemals wieder zu werden. Die Mündigkeit haben die Bürger*innen in der O.N.A.N. mehr oder weniger freiwillig gegen Unterhaltung und Suchtbefriedigung eingetauscht. Ein Rücktausch ist ausgeschlossen.

Doch eine frankokanadische Separatistengruppe mit dem Namen »Assassins des Fauteuils Rollents (A.F.R.)« will die Unabhängigkeit erkämpfen. Nicht die der Bürger*innen, sondern die von Kanada. Denn die Vereinigten Staaten nützen im Roman das Nachbarland, um den eigenen Giftmüll zu entsorgen. Die Gruppe besteht aus gewaltbereiten »Rollstuhl-Attentätern«. Ihre erfolgreichste Waffe im Kampf gegen die Vereinigten Staaten, nicht nur gegen die Regierung, sondern vor allem gegen die Bevölkerung, ist die Unterhaltung: der unwiderstehliche Film »Unendlicher Spaß« des Wissenschaftlers und Experimentalfilmers James Incandenza. Incandenza hat sich im Alkoholrausch selbst mit dem Kopf in der Mikrowelle getötet. Der Film wird durch Kopien auf Videokassetten in Umlauf gebracht und soll in das »InterLace«-System eingespeist werden, um flächendeckende Verbreitung zu finden. Die Unterhaltungsgesellschaft soll mit ihren eigenen Waffen vernichtend geschlagen werden. Ist das wirklich noch ein Ausweg? Wie sollte man Netflix, Amazon Prime und Co. mit den eigenen Waffen schlagen?

Die flächendeckende Verbreitung von Serien und Filmen ist heute die Kernkompetenz von Streaming-Diensten. Und die Nutzungsdaten sprechen, wie ich Ihnen gezeigt habe, eine klare Sprache: Der Streaming-Boom hält an, und die Streaming-Sucht wächst rasant. Wir brauchen unsere tägliche Dosis an Streaming-Unterhaltung, um mit dem Alltag klarzukommen. Und unsere Streaming-Dealer sind rund um die Uhr für uns da.

Das Nutzungsverhältnis hat sich vom analogen Fernsehen hin zu den Streaming-Diensten verschoben. Nicht durch eine Staatsreform oder eine Revolution, sondern durch einen Medien- und damit Mentalitätswandel, den ein Medienwandel immer bewirkt. Wir haben unser kulturelles Empfinden eingeschränkt auf das personalisierte On-Demand-Video-Angebot. Kein Wunder, denn Streaming-Dienste sind entsprechend die neuen Leitmedien, sie dominieren die Medienlandschaft. Schluss mit Mitwirkung. Der Einfluss von Netflix, Amazon Prime & Co. auf unsere Selbst- und Weltwahrneh-

DYSTOPIE **259**

mung wird dadurch größer, denn wir werden über die neuen Medien anders angesprochen: Unsere Mediensozialisation verändert sich dadurch genauso wie unsere Selbstbildung.

Netflix, Amazon Prime & Co. ist Profitsteigerung eben wichtiger als Bildung und Demokratie, Unterhaltung steht im Zentrum. Geschmackskulissen ersetzen ein diverses Angebot und verengen den Blick. Unser Zugang zur Gesellschaft verengt sich, und mit der Selbstwahrnehmung verändert sich unsere Wahrnehmung der Welt.

Zurück zum Roman: Der Angriff der »A.F.R.« auf das unterhaltungs-, konsum- und vergnügungssüchtige Amerika ist am Ende tödlich. Alle Menschen, die den Film anschauen, können sich nicht mehr von ihm lösen und müssen ihn immer wieder ansehen, weil er so unterhaltsam ist und unmittelbar süchtig macht. Keiner kann der Versuchung widerstehen. Alle amüsieren sich zu Tode. Die Menschen bleiben vor den Fernsehern sitzen und vergessen zu schlafen, zu essen und zu trinken. Dadurch sterben sie oder werden unwiderruflich in einen infantilen Geisteszustand versetzt.

Die süchtig machende und betäubende Wirkung der Unterhaltung ist das Gegenteil des selbstbestimmten Denkens und Handelns, wie wir es kennen. Die Unterhaltung ist an die Stelle der Selbstbestimmung getreten. Wallace beschreibt so präzise wie ausführlich, wie der Alltag der Romanfiguren durch ihre Sucht nach Zerstreuung und Unterhaltung regiert wird. Die Schuld trifft dabei aber wesentlich die Menschen selbst, die eben auch anders denken und handeln sowie der Macht der O.N.A.N. widerstehen könnten, aber das scheinbar gar nicht wollen. Es ist ihre Entscheidung. Die jede weitere unmöglich macht.

Und genau hier setzt die entscheidende politische Frage an, die auch die weitere Entwicklung der von mir kritisierten Streaming-Dienste bestimmt. Die Frage, »ob die uneingeschränkte Freiheit des Einzelnen auch seine Selbstzerstörung einschließt, ja, ob unter den Bedingungen der modernen Unterhaltungs- und Freizeitkultur der Einzelne noch autonome Entscheidungen treffen kann«[9]. Ist es etwa keine freie Entscheidung, sich dafür zu entscheiden, tödlich gut unterhalten werden zu wollen?

Diese Frage wird im Roman nicht beantwortet. Eigentlich beantwortet der Roman gar nichts. Und das ist auch richtig. Wallace zeichnet vielmehr ein Panorama der US-amerikanischen Gegenwart seiner Zeit, also der 1990er-Jahre, und fordert die Leser*innen auf, sich aktiv zum Roman zu verhalten und selbst Antworten zu finden. Die Leser*innen sollen die Romanhandlung auf das eigene Leben und die Gesellschaft, in der sie leben, beziehen. Dazu müssen sie sich aber auch auf die radikale, dystopische Kulturkritik von Wallace einlassen. Hoffnung auf Besserung gibt es im Roman nicht. Die Utopie eines anderen, gerechteren, freieren, selbstbestimmteren und demokratischeren Lebens suchen die Leser*innen vergebens. Eine Utopie aber braucht das selbstbestimmte Leben und die Aussicht auf eine mögliche Zukunft. Die Widerstandskämpfer*innen der A.F.R. verfolgen aber wiederum auch nur nationale Ego-Interessen. Ihr Widerstandskampf endet daher durch den Einsatz des Videos »Unendlicher Spaß« zumeist tödlich.

Der Roman ist kein Gegengift zur Suchtgesellschaft der O.N.A.N., er bietet auch uns kein Allheilmittel. Was der Roman ist und bewirken kann, hängt allein davon ab, was die Leser*innen daraus machen.

Für mich ist der Roman »ein gnadenloser Abgesang auf eine von der Unterhaltungsindustrie vereinnahmte Gesellschaft«.[10] Die düstere Zukunftsvision von Wallace: Eine Existenz, die süchtig ist nach unendlicher Unterhaltung, mündet in »den Tod der Kultur und den Tod des Subjekts«[11]. Keine Atempause, Unterdrückung wird durch Unterhaltung erst möglich gemacht.

DYSTOPIE   **261**

Wie viel Freiheit bleibt uns da? Können wir uns noch frei entscheiden, ob wir durch die On-Demand-Video-Streaming-Dienste manipuliert, ausgebeutet und entmündigt werden wollen? Was können wir tun, um als Nutzer*innen aktiv der Bedrohung unserer Demokratien zu widerstehen, wie sie die On-Demand-Video-Streaming-Dienste als Unterhaltungsindustrie kommerziell fördern?

Die Welt, die Wallace in seinem Roman darstellt, und die Wirklichkeit der On-Demand-Video-Streaming-Dienste, die ich Ihnen vorgestellt habe, verbindet eines: der Zusammenhang von Individualismus, Technologie und Selbstentmündigung. Die Entwicklung des Individualismus wird in den nächsten Jahren immer nachhaltiger durch die Nutzung digitaler Medien bestimmt. Unsere Persönlichkeit wird immer lückenloser als direkte Folge unserer digitalen Abhängigkeit verändert. Das Motto dieser Entwicklung lautet: Mehr ist mehr. Und mehr bedeutet hier ganz individuell: noch mehr Raum zur Selbstdarstellung und dazu unbegrenzte Konsummöglichkeiten. Die Dauerpräsenz in den sozialen Netzwerken, in denen wir auf uns und unsere Ego-Interessen fokussiert sind, ist wie die zeitintensive Nutzung von On-Demand-Video-Streaming-Diensten auch in Zukunft prägend für unser Verständnis des Individualismus.

Wir sollten aufpassen, dass wir unsere demokratischen Ideen von Aufklärung, Mündigkeit und Selbstbestimmung nicht als veraltete Ideale, die dringend ein digitales Update brauchen, leichtfertig über Bord werfen. Erkennen wir die Gefahr: Das eigene Ich ist zum Fetisch geworden, an dem wir uns täglich abarbeiten. Wir sind dadurch ignorant und blind geworden – zu blind, um zu erkennen, was die Digitalwirtschaft durch unseren Narzissmus aus uns macht: Manipulationsware und Unterhaltungsjunkies. Undemokratisch und nur aufs eigene Ich und Bedürfnisbefriedigung abzielende Existenzen.

Soziale Netzwerke binden, ohne zu verbinden. Sie machen uns zu unbezahlten Mitarbeiter*innen von Großkonzernen. Und das sind wir ihnen wert: Unsere Zahl an Freund*innen, Follower*innen und Bewertungen entscheidet darüber, wer wir sind, sie bestimmt über unseren Wert. Beim Streaming kann man fast alles haben, aber man besitzt nichts. Man zahlt, hat aber nichts in der Hand. Wir vermehren damit nur den Besitz der Streaming-Unternehmen. Näher als unserem Smartphone sind wir keinem Menschen. Mehr Zuwendung als unser Smartphone bekommt niemand von uns. Und um Sex zu haben, muss man endlich nicht mehr reden, sondern nur in die richtige Richtung wischen.

Daraus folgen zumindest drei Konsequenzen: Erstens machen soziale Medien und Streaming-Dienste die Kund*innen zu König*innen und damit zu Sklav*innen ihrer Bedürfnisse; zweitens, dass wir als Sklav*innen unserer Bedürfnisse die Selbstoptimierung der Selbstaufklärung vorziehen; und drittens, dass wir durch unsere Konsumwollust die digitale Kontrollgesellschaft und den digitalen Überwachungskapitalismus geradezu herbeiwünschen, um uns digital wohlzufühlen und immer gut unterhalten zu werden.

Unterhaltung ist uns heute wichtiger als Aufklärung. Diese selbst gewählte digitale Unterhaltungsdiktatur und On-Demand-Entmündigungsregierung bedroht unsere Demokratie, weil wir die Zukunft zynischen »Gewinnoptimierern«[12] wie Netflix, Amazon Prime & Co. überlassen.[13] Und weder der Politik noch uns selbst zutrauen, eine besser auf uns abgestimmte Zukunftsvision zu ermöglichen. Demokratie funktioniert aber nun einmal nicht als personalisierte On-Demand-Option. Und ohne das Interesse der Streaming-Unternehmen an der Demokratie wird sich auch bei der Streaming-Wirtschaft nichts ändern. Warum auch, die Unternehmen dieses Wirtschaftszweigs befinden sich doch gegenwärtig in der besten aller möglichen Streaming-Welten.

DYSTOPIE **263**

Gefällt Ihnen diese Situation, liebe Leser*innen? Gibt es
für Sie wirklich noch die Möglichkeit, sich bewusst gegen die
Streaming-Dienste zu entscheiden? Wollen Sie das überhaupt? Vielleicht haben Sie schon zu sehr den Angriff auf
Ihren freien Willen, Ihre Privatsphäre und Ihre Selbstbestimmung, um glückliche Konsument*innen zu sein, akzeptiert
und arrangieren sich jetzt damit. Als Bürger*innen und Verbraucher*innen fördern Sie auf diesem Wege aber die scheinbar grenzenlose Machtkonzentration der Streaming-Unternehmen und der Digitalwirtschaft. Von einem unbewussten
Prozess kann hier keine Rede mehr sein. Eine Überwachungs-
ökonomie ist aber weder demokratisch noch menschlich. Die
Selbstentmündigung, die die Streaming-Dienste fördern, bedeutet für mich: Selbstaufgabe. Keine Sorge mehr um sich
selbst, sondern nur noch die Wahl eines betreuten Strea-
ming-Lebens. *Mindstate California.*

Es wäre leicht, wenn ich Ihnen jetzt sagen könnte, dass es
allein an Ihnen ist, zu entscheiden, in welcher Welt Sie leben
wollen. Und dass alle Veränderungen, also die der Streaming-Verhältnisse, nur durch einen individuellen Bildungs-
prozess möglich werden. Und dass ich Sie daher einfach nur
fragen könnte, ob Sie lieber selbstbestimmt oder unterhal-
tungsbetreut leben wollen. Und mit dieser Frage würde ich
wie selbstverständlich davon ausgehen, dass Sie sich natürlich
für die Selbstbestimmung entscheiden. Genau das reicht aber
aus meiner Sicht eben nicht mehr aus, um die Streaming-Verhältnisse, zumindest die in Deutschland, zu verändern.

Ihre Entscheidung, sich selbst und Ihren individuellen
Umgang mit den Streaming-Diensten zu verändern, ist dabei
von großer Bedeutung. Das wäre eine Entscheidung für eine
bessere digitale Zukunft. Aber ohne eine Veränderung auch
der deutschen Digital-Politik und des unternehmerischen
Handelns der Streaming-Dienste beziehungsweise ohne eine
demokratische Kooperation der Bürger*innen, also von Ihnen,

der Politik und der Streaming-Unternehmen, wird sich an den von mir stark kritisierten Streaming-Verhältnissen nichts ändern. Ganz im Gegenteil: Die von mir skizzierten Zustände werden sich noch demokratiegefährdender entwickeln. Netflix, Amazon Prime & Co.: keine Empfehlung von mir, um über eine bessere Gesellschaft nachzudenken. Digital ist eben nicht immer besser.

DANK

Ich möchte jedem einzelnen der hier genannten Menschen herzlich und ganz analog danken, weil sie alle auf ihre ganz individuelle Weise zum Gelingen meines Buches beigetragen haben. Professionell und persönlich. Kenntnisreich und kritisch. Engagiert und empathisch.

Meinem Agenten Dr. Martin Brinkmann bin ich sehr dankbar für unsere wertschätzende und inspirierende Zusammenarbeit. Er ist ein beeindruckender Ideenentwickler und ein kompetenter Berater.

Florian Fischer, dem Programmleiter Sachbuch des Droemer Verlags, danke ich sehr herzlich für sein Vertrauen in und seine Offenheit für mein Projekt.

Ein ganz großer Dank gebührt meiner Lektorin Dr. Caroline Draeger. Durch unsere gemeinsame Arbeit am Text genauso wie durch unsere inspirierenden und motivierenden Gespräche, aber auch durch ihr unermüdliches Engagement für die richtige Form ist *Streamland* zu dem Buch geworden, das Sie jetzt lesen.

Dem Presse- und Veranstaltungsteam des Droemer Verlags, das mich betreut, danke ich für die äußerst freundliche und kompetente Unterstützung: Dazu zählen Dr. Esther von Bruchhausen, Johannes Schermaul und Constanze Schwarz.

Meinen Freunden danke ich für unsere zahlreichen Gespräche über die digitalen Transformationen und ihre Folgen: Mit dem Filmwissenschaftler Prof. Dr. Marcus Stiglegger habe ich immer wieder konstruktiv kontrovers über die Bedeutung von On-Demand-Video-Streaming-Diensten für die Filmkunst gesprochen.

Mit dem Kulturwissenschaftler Prof. Dr. Holger Schulze habe ich äußerst anregend über unterschiedliche digitale Kulturen im Spannungsfeld von Utopie und Dystopie diskutiert. diskutiert.

Mit dem Medienwissenschaftler Prof. Dr. Thomas Wilke habe ich kontinuierlich über die Entwicklungen der internationalen Serienkulturen gesprochen.

Mit dem Schriftsteller und Journalisten Oliver Uschmann habe ich die individuellen, ethischen und politischen Dimensionen des digitalen Wandels in unseren langen WhatsApp-Dialogen immer wieder kritisch betrachtet.

Meinen Eltern Dr. Hans-Joachim Kleiner (1935 – 2006) und Ingrid Kleiner möchte ich besonders herzlich für ihre kontinuierliche Unterstützung meiner Arbeit danken. Sie haben mir ein haltungsvoll-kritisches Ethos mit auf den Weg gegeben. Und mich immer wieder ermutigt, die Konsensecke nicht zu einer Komfortzone zu machen, in der ich mich aus persönlichen oder professionellen Gründen wohlfühle.

ANMERKUNGEN

EINLEITUNG

1 Songtitel der Berliner Alternative Hip-Hop-Formation K.I.Z. ft. Hennig May, der sich auf dem gleichnamigen Album aus dem Jahr 2015 (Vertigo Records/ Universal) befindet.

2 Konkret gemeint sind hier die globale Erderwärmung; das vermeintliche Ende der Volksparteien in Deutschland; die sogenannte Flüchtlingskrise in Europa ab 2015; die konjunkturelle Abwärtsspirale in der deutschen Wirtschaft im Jahr 2019 sowie die daraus resultierende Forderung nach mehr Staatsausgaben; und das Erstarken der Neuen Rechten in Deutschland, vorangetrieben unter anderem durch Organisationen wie Pegida (Patriotische Europäer gegen die Islamisierung des Abendlandes) oder Parteien wie die AfD (Alternative für Deutschland), aber auch durch die große Zahl an rechtsextremen Straftaten. Ende 2019 gab es bereits über 12 000 von rechts motivierte Straftaten. Allein die Mordanschläge auf den Kasseler Regierungspräsidenten Walter Lübcke im Juni 2019, die Anschläge in Halle im Oktober 2019 und in Hanau im Februar 2020 veranschaulichen diese Situation auf schreckliche Weise.

3 Vgl. Bolz (1999: 77).

4 Baudrillard (1994: 108).

5 Im englischen Original heißt die Serie: »Pandemic. How to Prevent An Outbreak«.

6 Diese einfache Unterscheidung zwischen Identifizierung und Ablehnung bestimmt auch die Personenkonstellation bei der Wahrnehmung anderer Krisen. Ein berühmtes globales Krisenpaar, das hochgradig emotional besetzt ist, stellt die junge Klimaaktivistin Greta dar, die sich selbstlos gegen die mächtigen und unverantwortlichen Klimazerstörer dieser Welt positioniert; ihr Gegenpol ist Donald Trump, ihr Gegenspieler, wenn man so will. Krisen brauchen eben Gesichter, damit man leichter weiß, für oder gegen wen man ist. Diese Entscheidung wird häufig allerdings ohne konkrete Sachkenntnis getroffen.

7 Für mich lieferte der NDR-Podcast »Coronavirus-Update« mit dem führenden Virologen Deutschlands, Prof. Dr. Christian Drosten, dem Leiter der Virologie an der Berliner Charité, hingegen eine sehr gute mediale Informationsleistung, die für jedermann verständlich und sachlich über die Entwicklungen der Corona-Pandemie berichtete (https://www.youtube.com/playlist?list=PLkKON9te6p3OpxqDskVsxXOmhfW0uPi1H) [zuletzt aufgerufen am 15.03.2020].

8 Vgl. https://www.netflix.com [zuletzt aufgerufen am 14.03.2020].

9 HD steht für High Definition Television und bedeutet hochauflösendes Fernsehen. Gegenüber dem SDTV (Standard Definition Television) zeichnet sich das HDTV durch eine bedeutend bessere Auflösung aus und verschafft den Zuschauer*innen ein möglichst optimales Seherlebnis.

10 Das Musikvideo zum K.I.Z.-Song »Hurra die Welt geht unter« zeigt genau in diesem Sinne ein schönes Bild von der neuen Welt nach dem Ende der Welt, wie wir sie kennen. Diese Welt, die alte, ist im Song anscheinend vor zehn Jahren infolge eines Atomkrieges oder einer atomaren Katastrophe untergegangen. Jetzt sieht man die Band auf einem Floß auf dem Meer friedlich dahingleiten, die Sonne scheint, alles ist gräulich blau eingefärbt. So entsteht Endzeit-Romantik. Kontrastiert wird dieses Hauptmotiv mit einer Situation in einem verlassenen Atomschutzbunker, in der ein einsamer Mann, Henning May, der Sänger der bekannten Kölner Band AnnenMayKantereit, in ein Mikrofon singt, ohne eine Antwort zu bekommen. Das glorreiche Gleiten auf dem Meer erscheint im Vergleich dazu souveräner als die selbstabgeschiedene Schutzkulisse. Die Inszenierung der Selbstaufopferung der Aktiven in der Serie »Pandemie« findet auf einer vergleichbaren Ebene statt. Frei nach dem Motto: Lasst uns anpacken und solidarisch sein, dann sind wir alle gemeinsam stärker als der Virus.

11 Vgl. https://www.businessinsider.de/panorama/filme-serien/die-5-besten-filme-ueber-pandemien-die-ihr-laut-kritikern-auf-netflix-sehen-solltet/ [zuletzt gelesen am 14.03.2020]. Business Insider ist ein US-amerikanisches Unternehmen mit Firmensitz in New York, das darauf spezialisiert ist, Nachrichtenseiten im Internet zu betreiben. Es bietet globale Nachrichten und aktuelle Themen unter anderem aus der Wirtschaft, Politik, Technik oder Unterhaltung an.

12 Der Originaltitel lautet »Twelve Monkeys« und ist ein US-amerikanischer Science-Fiction-Film aus dem Jahr 1995, bei dem Terry Gilliam Regie führte.

13 Der Originaltitel lautet »28 Days Later« und ist ein britischer Endzeit-Horror-Thriller aus dem Jahr 2002, bei dem Danny Boyle Regie führte.

14 »I Am Legend« ist ein US-amerikanischer postapokalyptischer Horrorfilm aus dem Jahr 2007, bei dem Francis Lawrence Regie führte.

15 »Resident Evil« ist ein deutsch-britischer Science-Fiction-Action-Horrorfilm aus dem Jahr 2002, bei dem Paul W. S. Anderson Regie führte.

16 »Cargo« ist ein australischer Horrorfilm aus dem Jahr 2017, bei dem Ben Howling und Yolanda Ramke Regie führten.

17 Horkheimer/Adorno (1997: 141f.).

18 Vgl. Kleiner (2013) zur Medienbildung in Zombie-Serien.

19 Derrida (2000).

20 Derrida hat das atomare Wettrüsten und daraus entstehende Bedrohungspotenzial im Blick, das den Kalten Krieg kennzeichnete. Hiermit wird der Konflikt zwischen den Westmächten unter der Führung der Vereinigten Staaten von Amerika und dem Ostblock unter der Führung der Sowjetunion bezeichnet, der zwischen 1947 und 1989 ausgetragen wurde.

ANMERKUNGEN   269

BILDUNG

1   Vgl. Eco (2002: 162): »Es waren einmal die Massenmedien, sie waren böse, man weiß, und es gab einen Schuldigen.«

2   Vgl. zu diesem Grundwiderspruch Luhmann (1996: 9f.).

3   Und zwar in seinem Dialog »Phaidros« (vgl. Platon 2004).

4   Vgl. Kleiner (2006, 2010).

5   Deutschlandfunk – Breitband. Beitrag vom 16.12.2017. Digitale Sprachassistenten. Holger Schulze im Gespräch mit Vera Linz und Marcus Richter (https://www.deutschlandfunkkultur.de/digitale-sprachassistenten-maschinengefluester.1264.de.html?dram:article_id=406163, zuletzt aufgerufen am 25.02.2020).

6   Postman (2000).

7   Ebd.: 82; vgl. auch 23, 27, 36, 42, 66.

8   Ebd.: 198.

9   Der »Rockstar der Mathematik«, Daniel Jung (2020), entwirft in seinem Buch *Let's Rock Education* am Beispiel der Mathematik ein neues didaktisches Konzept, wie die digitale Bildung an Schulen durch kreative und zeitgemäße Lehrformate, die sich am Medienalltag der Schüler*innen orientieren, lernfördernd einsetzbar ist. Dieses Konzept erprobt er seit 2011 mit Mathe-Tutorials auf seinem YouTube-Kanal »Mathe by Daniel Jung« (https://www.youtube.com/channel/UCPtUzxTfdaxAmr4ie9bXZVA). Damit setzt er einen Gedanken um, den der italienische Schriftsteller und Philosoph Umberto Eco (2002: 160) bereits Anfang der 1980er-Jahre für den Medieneinsatz in Schulen formuliert hat: »Allerdings muss die Schule (und die Gesellschaft, und nicht allein für die Jugendlichen) auch lernen, neue Fertigkeiten im Umgang mit den Massenmedien zu lehren.«

10 Vgl. Kleiner (2020) S. 147–186.

11 Die Haltung von Judith spiegelt unter anderem die Ergebnisse der 18. Shell Jugendstudie (Shell Deutschland Holding 2019) wider, die die Lebenswelt der 12- bis 25-Jährigen in Deutschland untersucht, um dadurch ein Generationsbild zu zeichnen. Hierzu wurden 2572 Jugendliche unter anderem zu ihren Lebenslagen, Einstellungen, Haltungen, Wertorientierungen, Stimmungen und ihrem Sozialverhalten befragt. Die Shell Jugendstudie wird seit 1953 vom Mineralöl- und Erdgasunternehmen Shell herausgegeben, das unabhängige Institute und Wissenschaftler*innen alle vier Jahre damit beauftragt, eine aktuelle Jugendstudie durchzuführen. Die Ergebnisse des Mediennutzungsverhaltens sind aufschlussreich: »45% der Jugendlichen streamen in ihrer Freizeit häufig Videos (2015: 15%). Komplementär dazu hat das klassische Fernsehen an Bedeutung verloren (49% auf 33%). […] Das Lesen von Büchern […] ist Jugendlichen heute weniger wichtig als vor knapp 20 Jahren. […] Ein Drittel (33%) [der jugendlichen Internetnutzer – MSK] gehört zu den Unterhaltungs-Konsument*innen. Sie sind überdurchschnittlich aktiv in sozialen Medien und bei Unterhaltungsangeboten, aber zurückhaltend sowohl bei Infor-

mationsangeboten als auch mit eigenen Beiträgen. Mit täglich 4,0 Stunden sind sie etwas länger als der Durchschnitt im Netz« (ebd.: 29, 31).

12 Meine Evaluationen sind meistens positiv, wenn Sie sich das jetzt fragen sollten. Aber, ich werde immer auch als streng und fordernd eingeschätzt. Sie werden das bei der Lektüre merken, liebe Leser*innen. Es wird nicht immer leicht, und auch nicht alle Argumentationen werden sogleich an Beispielen veranschaulicht. Mir ist es wichtig, dass die Argumente im Vordergrund stehen, und manchmal lenken zu viele Beispiele genau von diesem Ziel ab.

13 Mit diesen Zeilen beginnt Peter Fox' Berlin-Liebeslied »Schwarz zu blau« aus dem Jahr 2008 – erschienen auf dem Album »Stadtaffee« (Downbeat Records/ Warner Music Group).

14 Mau (2017).

15 Songtitel der Hamburger Hip-Hop/Electropunk-Formation Deichkind aus dem Jahr 2015 – erschienen auf dem Album »Niveau weshalb warum« (Sultan Günther Musik).

16 Vgl. ergänzend zum Thema digitale Sucht Te Wildt (2015).

17 Das war der Werbespruch des Fitness- und Lifestyle-Unternehmens McFit für das Jahr 2014 (vgl. https://www.youtube.com/watch?v=TdXvjDD_c3I).

18 Horkheimer/Adorno (1997: 162).

19 Die Gestaltung seines eigenen Selbst in der Selbstoptimierung wird zur produktiven Aufgabe und führt zur Ausbildung eines »unternehmerische[n] Selbst« (Bröckling 2007): »Selbstoptimierung ist ein objektiver Prozess der Vermittlung von Macht und somit Abhängigkeit. Das Vertrackte daran ist, dass der Prozess zwar intern abläuft – wir verinnerlichen etwas; wir machen diesen Vorgang nur mit uns selbst aus; er erscheint als etwas hochgradig Individuelles –, dass er dafür objektive Voraussetzungen benötigt […]. Selbstoptimierung setzt den Konsum eines bunten Angebots von Dienstleistungen voraus, deren hoch spezialisierte Protagonisten uns überhaupt erst zur Selbstoptimierung verhelfen« (Klopotek 2016: 11f., 18).

20 Cheney-Lippold (2017).

21 Songtitel der experimentellen Berliner Industrial/Noise/Dark Ambient-Formation Einstürzende Neubauten aus dem Jahr 1996 vom gleichnamigen Album (Potomak/Indigo Records).

FERNSEHEN

1 Meine Begeisterung für die Bücher des französischen Historikers und Philosophen Michel Foucault inspiriert mich, Erfahrungsbücher zu schreiben: »Ich schreibe nur, weil ich noch nicht genau weiß, was ich von dem halten soll, was mich so sehr beschäftigt. […] Ich bin ein Experimentator in dem Sinne, dass ich schreibe, um mich selbst zu verändern und nicht mehr dasselbe zu denken wie zuvor. […] Was ich geschrieben habe, sind keine Rezepte, weder für mich

ANMERKUNGEN

271

noch für sonst jemand. Es sind bestenfalls Werkzeuge – und Träume« (Foucault 1997: 24f.).

2   Vgl. hierzu unter anderem die »18. Shell Jugendstudie« (Shell Deutschland Holding 2019) oder die »Jugend-Digitalstudie 2019« der Postbank.

3   Aktuelle Studien zeigen, dass das Durchschnittsalter der regelmäßigen Fernsehzuschauer*innen in Deutschland im Durchschnitt deutlich über 40 Jahre beiträgt. Bei den Öffentlich-Rechtlichen liegt das Durchschnittsalter bei gut 60 Jahren, bei den Privaten bei 45 bis 50 Jahren. Bei den jungen Zielgruppen der 14- bis 29-Jährigen dominiert hingegen nicht das Fernsehen, sondern das Streaming (vgl. unter anderem Zubayr/Gerhard 2109; Frees/Kupferschmitt/ Müller 2019).

4   Wenn ich vom Fernsehen spreche, dann muss ich zwangsläufig verallgemeinern, denn für mich sind ganz viele Dinge unter diesem Begriff zusammengefasst. Da sind die Institutionen wie Fernsehanstalten und Sender, aber auch die technischen Prozesse und Geräte, die Ausstrahlung, Übertragung und Empfang erst möglich machen. In erster Linie denkt man an den guten alten Fernsehapparat, heute nicht mehr ein großer Kasten, sondern eine schmale Bildschirmscheibe, gebogen oder nicht – und bis zu wandgroß. Dann gibt es aber auch noch die kulturellen Formen, um die es bei dem Begriff Fernsehen geht: Sendungen, Programme. Dazu gehören zudem die eher formalen Aspekte, zum Teil sogar in Gesetze gefasst, wie der Programmauftrag. Und dann gibt es noch die Fernseh-Persönlichkeiten (unter anderem Moderator*innen, Intendanten), und spreche ich vom Fernsehen, dann gehört die Geschichte des deutschen Fernsehens nach dem Ende des Zweiten Weltkrieges entscheidend zu den Grundlagen (vgl. Stauff 2014: 307).

5   Vgl. Reufsteck/Niggemeier (2005: 650).

6   Vgl. Foerster/Holz (1963: 64f.).

7   Das Unterhaltungsprogramm für Kinder war in dieser Zeit allerdings auf den Einkauf von amerikanischen und europäischen Produktionen angewiesen (vgl. Hickethier 1998: 233f.). Einige prominente Beispiele sind »Fury« (als Fernsehserie in den USA 1955–1960, NBC, deutsche Erstausstrahlung 05.10. 1958, ARD), die Geschichte des wilden Mustangs Fury, der mit dem Waisenjungen Joey Abenteuer erlebt. Zur Lösung dieser Abenteuer, aber auch von Alltagsproblemen, wird immer auf die konventionellen Werte- und Moralvorstellungen der Zeit zurückgegriffen. Beim Kinderfernsehen werden überhaupt häufig Tiere eingesetzt, damit in der Beziehung zwischen ihnen und den Kindern beziehungsweise Erwachsenen die wichtigen Gesellschaftswerte repräsentiert werden. Das ist auch bei der klugen Collie-Hündin Lassie der Fall (als Fernsehserie in den USA 1954–1973, CBS, deutsche Erstausstrahlung 21.06.1958, ARD), oder beim Delfin Flipper (als Fernsehserie in den USA 1964–1967, NBC, deutsche Erstausstrahlung 01.01.1966, ZDF). Im Zentrum dieser Kindersendungen steht der Zusammenhang von Helfen (zum Beispiel Menschen in Not) und Bekämpfen (etwa Verbrecher). Im Unterschied zu diesen eher wertkonservativen Kindersendungen, die vor allem angepasste Kin-

272 ANMERKUNGEN

der zeigten, gab es nur wenig Raum für Andersartigkeit und ein Abweichen von den Regeln der Erwachsenenwelt. Ein Gegenbeispiel, das sich die schwedische Schriftstellerin Astrid Lindgren ausdachte, ist Pippi Langstrumpf (als deutsch-schwedische Koproduktion 1968–1971, deutsche Erstausstrahlung am 31.10.1971, ARD). Sie steht, zusammen mit der Mädchenfigur Zora (»Die rote Zora und ihre Bande«, eine deutsch-schweizerisch-jugoslawische Koproduktion, schweizerische Erstausstrahlung am 27. August 1979) für Fernseh-Anarchie. Kinder, die sich die Welt so machen, wie sie wollen, und dabei die Erwachsenenwelt herausfordern, statt darüber nachzudenken, ob ihre Werte richtig sind. In diesen beiden Serien sind Kinder eigenständige Menschen.

8   Grimme (1952, zit. n. Hickethier 1998: 66). Adolf Grimme war der frühere Generaldirektor des Nordwestdeutschen Rundfunks (NWDR). Nach ihm ist der renommierteste deutsche Fernsehpreis benannt.

9   Zit. n. Hickethier (1998: 76).

10 VOX, seit 2006.

11 Anders (2002: 125f.).

12 Seine beiden großen Erfolgsshows im Fernsehen waren »Vergißmeinnicht« (ZDF, 1964–1970) und »Musik ist Trumpf« (ZDF, mit Frankenfeld 1975–1978). Die beiden Spielshows »Vergißmeinnicht« und »Der Goldene Schuss« (ZDF, 1964–1970) gehörten zu den populärsten Fernsehshows der 1960er-Jahre.

13 Zu den erfolgreichsten Fernsehsendungen von Kulenkampf gehörten »Wer gegen wen?« (ARD, 1953–1956) und die Quizshow »Einer wird gewinnen« (ARD, mit Kulenkampf 1964–1966, 1968–1969, 1979–1987).

14 ZDF, 1966–1970.

15 ZDF, 1971–1982.

16 ZDF, 1982–1983.

17 ZDF, 1982–1987.

18 ARD, 1983–1990. Stefanie Tücking war von 1986 bis 1987 die Moderatorin der Sendung.

19 ARD (2015).

20 Ebd.

21 Sein Unterhaltungspopulismus besitzt daher eine Tendenz zum *extremistischen Populismus*, der heutzutage unsere Demokratie bedroht. Ich beziehe mich hier auf eine aktuelle Unterscheidung, die der Journalist Heribert Prantl (2017: 14f.) vorschlägt: »Nicht der Populismus macht die Gesellschaft kaputt, sondern der populistische Extremismus. Der Populismus ist nur eine Art und Weise, für Politik zu werben. [...] Ein demokratischer Populist ist einer, der an Kopf und Herz appelliert; ein demokratischer Populist ist einer, der die Emotionen nicht den extremistischen Populisten überlässt. Ein demokratischer Populist verteidigt die Grundrechte und den Rechtsstaat gegen extremistische Verächter. Populistische Extremisten appellieren nicht an Herz und Verstand, sondern an niedrige Instinkte.« Das Privatfernsehen, allen voran die »Mediengruppe RTL«, wird entsprechend etwa immer wieder stark für

ANMERKUNGEN 273

die Reality-Formate, wie zum Beispiel »Der Bachelor«, das sogenannte Dschungelcamp »Ich bin ein Star. Holt mich hier raus!« oder »Temptation Island«, kritisiert, weil es in diesen Formaten nur um Schaulust, Tabubruch und die niedrigen Instinkte des Menschen geht.

22 Müller (2017: 21).

23 Ebd.: 22f.

24 Die Serie lief in den USA in den Jahren 1982–1986. Ab dem 28. August 1985 bei RTL plus.

25 1985–1991 bei RTL plus, 1992–1994 bei Sat1.

26 Die Serie lief in den USA in den Jahren 1989–2002.

27 Serien wie »Miami Vice« (USA, 1984–1989, NBC, deutsche Erstausstrahlung am 06.12.1986, ARD) mit den beiden modeltauglichen Rauschgiftermittlern Sonny Crocket und Ricardo Tubbs; der coole und unkonventionelle Privatdetektiv Thomas Magnum mit Wohnsitz Hawaii in »Magnum (USA, 1980–1988, CBS, deutsche Erstausstrahlung am 18.06.1984); oder der junge Johnny Depp als in Schulen ermittelnder Undercover-Polizist Tom Hanson in »21. Jump Street« (USA, 1987–1991, FOX, deutsche Erstausstrahlung 22.10.1990, RTL-plus) lösten in meiner Fernsehsozialisation immer mehr Faszination aus als die deutschen Serien, die ich in den 1980er- und frühen 1990er-Jahren gesehen habe. Sie wirkten zeitgemäßer, hatten ungewöhnliche Schauplätze, coolere Charaktere und spannendere Handlungen. In Deutschland liefen zur gleichen Zeit angestaubte und biedere Familien-, Arzt-, Anwalt- und Krimi-Serie, wie zum Beispiel »Drei Damen vom Grill« (1977–1991, SFB/SR/HR), »Auf Asche« (1978–1996, ARD), »Diese Drombuschs« (1983–1994, ZDF), »Der Fahnder« (1984–2001, ARD), »Lindenstraße« (1985–2020, ARD), »Die Schwarzwaldklinik« (1985–1988, ZDF) oder »Liebling Kreuzberg« (1986–1998, ARD).

28 1985–1991, RTLplus (heute RTL).

29 1978–1991, CBS, deutsche Erstausstrahlung am 30. Juni 1981, ARD.

30 1999–2015, PRO7.

31 2013–2019, ZDFneo.

32 An dieser Stelle möchte ich auch an »Kalkofes Mattscheibe« (2003–2008, PRO7; seit 2012 als »Kalkofes Mattscheibe Rekalked«, Tele5) oder »Switch – TV gnadenlos parodiert« (1997–2000, PRO7; Nachfolgesendung »Switch reloaded«, 2007–2012, PRO7) erinnern.

33 ZDF, seit 2009.

34 1990–1993 bei RTL plus.

35 Diese mediale Du-Ansprache ist aber weder eine Erfindung von VIVA oder des Privatfernsehens noch der digitalen Streaming-Dienste wie YouTube (»Broadcast Yourself«). Eines der berühmtesten Beispiele aus der Werbung ist das Bild »Uncle Sam« aus dem Jahr 1917, das vom US-amerikanischen Zeichner und Illustrator James Montgomery Flagg für die US-Streitkräfte gefertigt wurde. Der mit dem Slogan »I Want You For U.S. Army« auf die Betrachter*innen deutende »Uncle Sam« warb während des Ersten Weltkrieges für

die soldatische Verpflichtung als patriotischen Akt und wird bis heute zur Rekrutierung von Soldat*innen verwendet.

36 Seit 1981, ZDF.

37 Der Medienwissenschaftler Markus Stauff (2014: 313) fasst den Zusammenhang von Video und DVD, Fernsehen und Kino sowie digitalen Technologien pointiert zusammen: »Während bespielte Videokassetten fast ausschließlich Filme enthielten, wurden mit der DVD (seit 1997) auch ganze Fernsehserien zu einer einzigen verkäuflichen und sammelbaren Ware, die so eine erhebliche kulturelle Aufwertung erfuhr. Während die Videokassette prinzipiell noch ein linear organisiertes Medium darstellt (es kann vor- und zurückgespult, aber nicht direkt zu einer bestimmten Stelle gesprungen werden), stellt die DVD […] die erste umfassend digitalisierte audiovisuelle Konsumententechnologie dar: Sie erlaubt einen willkürlichen Zugriff auf bestimmte Stellen des Produkts (Kapitelwahl etc.) und löst darüber hinaus durch Zusatzmaterial (etwa durch »Making of«s), vor allem aber durch alternative Varianten ein- und desselben Produkts (verschiedene Sprachversionen, den »Editor's Cut« etc.) den Zusammenhang zwischen dem materiellen Produkt (der DVD-Scheibe) und dem dadurch zugänglichen kulturellen Text auf. Eine DVD fordert von den Nutzerinnen und Nutzern, dass sie Entscheidungen treffen, was sie sehen wollen, und dass sie selbst konfigurieren, wie sie etwas sehen wollen. Zudem verschränkt die DVD das Fernsehen nicht nur mit dem Kino (wie es die Videokassette schon getan hat), sondern mit der Computertechnologie: Filme und Fernsehprogramme werden mobil, können auf verschiedenen Endgeräten konsumiert und dadurch auch mit anderen Diensten (Games, Online-Angeboten) verbunden werden […] Hervorhebungen – MSK.«

38 Schröder (2018).

STREAMING

1 bartleby research 2015.

2 Vgl. https://media.netflix.com/en/about-netflix [zuletzt aufgerufen am 21.03. 2020].

3 https://media.netflix.com/en/about-netflix [zuletzt aufgerufen am 21.03. 2020].

4 https://www.zeit.de/kultur/film/2016-04/netflix-europa-marseille-serien-ted-sarandos-reed-hastings zuletzt aufgerufen am 22.03.2020].

5 Oehmke (2016: 118).

6 Ebd.

7 Zit. n. Lobato (2019: 2).

8 Vgl. hierzu ebd.

9 Vgl. https://media.netflix.com/en/about-netflix [zuletzt aufgerufen am 21.03. 2020].

ANMERKUNGEN 275

10 Vgl. http://www.carseywolf.ucsb.edu/wp-content/uploads/2018/02/Interview_ Ted-Sarandos.pdf) [zuletzt aufgerufen am 21.03.2020].

11 USA, 2013–2018, 6 Staffeln.

12 USA, 2013–2019, 7 Staffeln.

13 USA, seit 2016, 3. Staffeln.

14 USA 2015, Regie: Cary Joji Fukunaga.

15 Frankreich, 2016–2018, 2 Staffeln.

16 https://www.zeit.de/kultur/film/2016-04/netflix-europa-marseille-serien-ted-sarandos-reed-hastings [zuletzt aufgerufen am 20.03.2020]).

17 Mexiko, seit 2015, 3 Staffeln.

18 Spanien 2016, Regie: Roger Gual.

19 USA, 2011–2019, 8 Staffeln.

20 USA, 2014–2015, 2019, 3 Staffeln.

21 Auch hier sind es wieder die Algorithmen, die den Weg zur Produktion und zum Erfolg geebnet haben, wenn man Ted Sarandos fragt: »Wir nutzen die Daten, um effizient zu kaufen. Um besser entscheiden zu können, wie groß die Marktgröße für ein bestimmtes Projekt ist. Zum Beispiel »House of Cards«. Wir rechnen: Wie viele Fans von David Fincher gibt es? Wie viele von Kevin Spacey, Robin Wright? Wie viele lieben Polit-Dramen? Wie viele Shakespeare-artige Geschichten? Das alles wissen wir, und so können wir gute Prognosen abgeben« (https://www.zeit.de/kultur/film/2016-04/netflix-europa-marseille-serien-ted-sarandos-reed-hastings, zuletzt aufgerufen am 20.03. 2020).

22 Vgl. Carr (2013).

23 USA 2015–2017, 2. Staffeln.

24 Vgl. https://www.wsj.com/articles/netflix-the-monster-thats-eating-hollywood-1490370059 [zuletzt aufgerufen am 20.05.2020].

25 England 2016, Regie: Orlando von Einsiedel.

26 USA 2017, Regie: Bryan Fogel.

27 Mexiko/USA 2018, Regie: Alfonso Cuarón.

28 Spanien seit 2017, 3 Staffeln. Der deutsche Titel lautet: »Haus des Geldes«.

29 Italien 2017, 2 Staffeln. Der Titel in Deutschland lautet: »Suburra: Blood on Rome«.

30 Deutschland seit 2017, 2 Staffeln.

31 Jordanien seit 2019, 1 Staffel.

32 Thailand seit 2019, 1 Staffel.

33 GB seit 2011, 5 Staffeln.

34 USA seit 2017, 3 Staffeln.

35 USA seit 2018, 4 Staffeln.

36 Für Oehmke (2016: 118) stellt das Sundance-Festival 2016 hierfür die entscheidende Zäsur dar: »Beim diesjährigen Sundance-Festival, der weltweit wichtigsten Messe für Independentfilme, waren erstmals nicht mehr die Hollywoodstudios die größten Einkäufer, sondern Netflix' Ted Sarandos und eben Roy Price, der sechs Filme für Amazon erwarb […]. Netflix kaufte eben-

falls sechs Filme. In den Jahren zuvor hatten sie die Bieterschlachten gegen die Studios noch verloren.«

37 Pinkerton (2019).

38 USA 2019, Regie: Martin Scorsese.

39 Vgl. https://de.statista.com/themen/1840/netflix/ [zuletzt aufgerufen am 19.03.2020].

40 https://de.statista.com/statistik/daten/studie/196629/umfrage/umsatz-von-netflix-quartalszahlen/ [zuletzt aufgerufen am 22.03.2020].

41 https://de.statista.com/statistik/daten/studie/217485/umfrage/marktwert-der-groessten-internet-firmen-weltweit/ [zuletzt aufgerufen am 22.03.2019].

42 Vgl. http://www.carseywolf.ucsb.edu/wp-content/uploads/2018/02/Interview_Ted-Sarandos.pdf [zuletzt aufgerufen am 22.03.2020].

43 Vgl. Alexander (2016: 81ff.).

44 Oehmke (2016: 118).

45 Sarandos (2014: 144).

46 Diese Rubriken sind unter anderem: Startseite, Serien, Filme, Neustes, Meine Liste, Mit dem Profil von … weiterschauen, Weil Ihnen »…« gefallen hat, Derzeit beliebt, Top10 in Deutschland, Neuerscheinungen, Netflix Originale, Deutsche Serien und so weiter.

47 Horkheimer/Adorno (1997: 204).

48 Daher braucht auch der Amazon-Online-Handel die Idee einer virtuellen Gemeinschaft. Diese wird durch den Hinweis »Kunden, die diesen Artikel gekauft haben, kauften auch …«, durch die Bewertungen der Amazon-Nutzer*innen und durch das Produkt-Ranking angezeigt.

49 Der gerade schon erwähnte Ted Sarandos hat diesen Zusammenhang früh erkannt und darauf die Entwicklungsstrategie von Netflix aufgebaut: »I think audiences have lost that emotional investment in content because television can no longer provide them access in the way they want it, or in a way that matches current lifestyles. Restoring that sense of connection is the biggest shift in the economy of entertainment« (http://www.carseywolf.ucsb.edu/wp-content/uploads/2018/02/Interview_Ted-Sarandos.pdf, zuletzt aufgerufen am 22.03.2020).

50 Diese Anonymität wird teilweise sozial aufgebrochen – etwa durch Alltagsgespräche mit Bekannten, Freunden, Kolleg*innen oder der Familie. Aber auch durch unterschiedliche Gesprächsanlässe in sozialen Netzwerken, wie zum Beispiel in Fan-Blogs zu Serien. Allerdings bleibt die Reichweite dieser sozialen Gespräche mit Blick auf die großen Abonnent*innen-Zahlen sehr eingeschränkt.

51 Vgl. https://www.netflixparty.com [zuletzt aufgerufen am 19.03.2020]. In der Selbstbeschreibung von Netflix steht dazu: »A new way to watch Netflix together. Netflix Party is a new way to watch Netflix with your friends online. Netflix Party synchronizes video playback and adds group chat to your favorite Netflix shows. Join over 500,000 people and use Netflix Party to link up with friends and host long distance movie nights and TV watch parties today!«

ANMERKUNGEN 277

52 Die Berliner Gesundheitssenatorin Dilek Kalayci fand hierfür deutliche Worte: »Das ist leider so, vor allem manche der jungen Menschen verhalten sich
sehr unvernünftig. Ich wiederhole es immer wieder: Es ist nicht die Zeit für
Partys! Weder in Klubs noch in Parks. […]. Unter manchen jungen Leuten
herrscht nach wie vor eine Haltung nach dem Motto: ‚Dann infizieren wir uns
halt, weil es für uns mit einem leichten Krankheitsverlauf dann auch vorbei
ist.‘ Nur garantieren kann ihnen das niemand! Und es geht auch um die Gemeinschaft, insbesondere um die eigene Oma, um ältere Menschen in der
Nachbarschaft, die angesteckt werden können und deren Corona-Verlauf
tödlich sein kann« (Vgl. https://www.tag24.de/technik/internet/wegen-coro-
na-netflix-baut-streaming-dienst-um-fuer-partys-1462875, zuletzt aufgerufen am 19.03.2020).

53 Vgl. https://www.spiegel.de/politik/deutschland/corona-krise-in-berlin-dilek-
kalayci-nicht-die-zeit-fuer-partys-a-74af9133-6c1b-4836-89b1-7fcca449d
08c [zuletzt aufgerufen am 20.03.2020].

54 Bourdieu (1998: 33, 10, 22f.).

55 Die Nürnberger Gesellschaft für Konsumforschung (GfK) ermittelt in
Deutschland die Einschaltquoten im Auftrag der Arbeitsgemeinschaft der
Fernsehforschung (AGF). Dazu hat die GfK ein eigenes Messgerät entwickelt,
das sogenannte GfK-Meter. Dieses wird am Fernseher oder Receiver angeschlossen und hält sekündlich fest, welches Programm gerade angesehen
wird. »In Deutschland sind 5.540 Haushalte, in denen knapp 13.000 Personen
leben, an der Messung der Einschaltquoten beteiligt.« Vgl. für eine ausführli-
che und kritische Darstellung der Einschaltquotenmessung: https://kunden-
sicht.de/magazin/wie-funktioniert-die-ermittlung-der-einschaltquo-
ten-im-tv.html [zuletzt aufgerufen am 21.03.2020].

56 Vgl. zur Kritik am intransparenten Umgang mit den Netflix-Nutzungszahlen
unter anderem: https://www.theguardian.com/culture/2019/oct/22/netflix-
most-watched-tv-shows-films-figures [zuletzt aufgerufen am 22.03.2020].

57 Bei Netflix gibt es bisher drei unterschiedliche Abonnements: Das Basis-Abo
kostet monatlich 7,99 Euro. Hiermit können die Nutzer*innen das Netflix-
Angebot auf einem Gerät in SD-Qualität sehen. Das Standard-Abo kostet
monatlich 11,99 Euro. Hiermit können die Nutzer*innen das Netflix-Angebot
auf zwei Geräten in HD-Qualität sehen. Das Premium-Abo kostet monatlich
15,99 Euro. Hiermit können die Nutzer*innen das Netflix-Angebot auf vier
Geräten in HD- und Ultra-HD-Qualität sehen. Es besteht aber auch noch die
Möglichkeit, Netflix für 30 Tage kostenlos zu testen. Am Ende der Testphase
kann man auch das Abo-Modell nochmals wechseln oder kündigen. Diese
Angaben sind auf dem Stand von März 2020.

58 Vgl. Tzuo (2019: 54): »Sie [die neuen Serien – MSK] tragen entscheidend
dazu bei, die Kundenakquisitionskosten zu senken (weil mehr Abonnenten
unterschreiben) und den Subscriber Lifetime Value zu erhöhen (da mehr
Abonnenten länger bleiben). Netflix weiß exakt, wie lange es dauert, bis ein
Abonnent anfängt, Gewinn abzuwerfen.«

59 Ebd.: 7.

60 http://www.carseywolf.ucsb.edu/wp-content/uploads/2018/02/Interview_
Ted-Sarandos.pdf [zuletzt aufgerufen am 21.03.2020].

61 Tzuo (2019: 21). Auch in der Frühphase der »Subskriptions-Wirtschaft« war,
wie Tzuo (ebd.: 9) betont, Netflix ein Vorreiter: »Die ersten Anzeichen konnte
man bereits vor zehn Jahren [d.i. 2008 – MSK] beobachten. Damals ver-
schickte Netflix noch immer monatlich DVDs per Post, aber schon das reich-
te, um Blockbuster [eine große US-amerikanische Videothekenkette – MSK]
das Wasser abzugraben und unsere Art und Weise, Medien zu konsumieren,
zu verändern. Das Zeitalter des Online-Streamings stand kurz bevor (Reed
Hastings nannte das Unternehmen nicht umsonst *Net*flix) [Hervorhebungen
im Original – MSK].«

62 Ebd.: 137.

63 https://www.deutschlandfunkkultur.de/konferenz-in-muenchen-netflix-
chef-wir-leben-in-einer-abruf.1013.de.html?dram:article_id=343008 [zuletzt
aufgerufen am 21.03.2020].

64 Ebd.: 25.

65 Dieser Begriff stammt aus dem Computerspielbereich und wird von der Generation Judith häufig verwendet, um herausfordernde Aufgaben zu benennen, die langes Durchhaltevermögen und viele eigene Entscheidungen erfor-
dern. Der Endgegner ist ein besonders starker Gegner, den man besiegen
muss, um am Ende eines Spielabschnitts weiterzukommen. Im Generations-
song »Kids (2 Finger an den Kopf) (auf: Zum Glück in die Zukunft 2, 2014,
Four Music)« des deutschen Rappers Marteria heißt es entsprechend: »Keiner
spielt mehr bis zum ›Endboss‹, alle geben auf.« Die Generation Konsole hatte
zumindest noch den verschwenderischen Eifer, Spiele zu Ende zu bringen.
Egal wie lange es dauert. Die Generation Judith zockt zwar auch noch gerne.
Wichtiger ist aber, dass alles immer extrem benutzerfreundlich und unmittelbar verständlich ist, damit die jeweiligen Bedürfnisse möglichst sofort befriedigt werden können.

66 »So habe der Verkehr über IP-Netze um fast 40 Prozent zugenommen, während die Mobilfunknutzung bei den Sprachdiensten um etwa 50 Prozent sowie rund 25 Prozent bei den Daten zugenommen hat. Auch der Verkehr von
Instant-Messaging-Tools wie WhatsApp habe sich in den vergangenen Tagen
verfünffacht« (https://www.computerbild.de/artikel/cb-News-Streaming-Co-
rona-Krise-Schweiz-Netflix-Abschaltung-25441877.html, zuletzt aufgerufen
am 19.03.2020).

67 Home-Office, Skypen, Streamen, Spielen und vieles mehr – ohne Ende. Das
war für mich der erste Zeitpunkt, an dem die Rede von einer digitalen Gesellschaft wirklich alltäglich erlebbar und ansichtig wurde.

68 Vgl. https://web.de/magazine/news/coronavirus/netflix-drosselt-datenueber-
mittlung-europa-corona-krise-34533978 [zuletzt aufgerufen am 20.03. 2020].

69 Vgl. https://www.computerbild.de/artikel/cb-News-Streaming-Corona-Krise-
Schweiz-Netflix-Abschaltung-25441877.html [zuletzt aufgerufen am 19.03.
2020].

ANMERKUNGEN

70 Vgl. https://deadline.com/2020/03/stranger-things-shuts-down-netflix-halts-film-scripted-tv-production-coronavirus-1202882758/ [zuletzt aufgerufen am 20.03.2020].

71 https://utopia.de/ratgeber/streaming-dienste-klima-netflix-co2/ [zuletzt aufgerufen am 25.03.2020]. Die Klimaschädlichkeit von Streaming veranschaulichen unter anderem diese Zahlen: »Allein im Jahr 2018 habe Video-Streaming mehr als 300 Millionen Tonnen CO_2-Äquivalente verursacht. [...] Zwei andere Zahlen machen das Ausmaß deutlich: Streaming verursache ein ganzes Prozent der globalen CO_2-Emissionen beziehungsweise 20 Prozent aller Treibhausgase, die von Digitaltechnik verursacht werden. [...] 34 Prozent Video-on-Demand-Services: Seiten wie Amazon Prime und Netflix verursachten über 100 Millionen Tonnen CO_2-Äquivalent [...].« Über Netzwerke, Kabel und Mobilfunk werden die Daten, die in großen Serverzentren lagern, an die Endgeräte geschickt, und alle beteiligten Geräte, Sendevorrichtungen und Speicher brauchen Strom, dessen Produktion wiederum Ressourcen verbraucht und fast immer CO_2 freisetzt.

72 Vgl. https://meedia.de/2019/06/06/volkssport-streaming-netflix-prime-video-co-wachsen-in-deutschland-laut-gfk-rasant/ [zuletzt aufgerufen am 25.03. 2020].

73 Das gilt ebenso für unsere permanente Handynutzung.

74 USA 2020, 1 Staffel.

75 Bereits 2008 führt Amazon in Deutschland die sogenannte »frustfreie Verpackung« ein. Wissen Sie, was das ist oder haben Sie schon einmal bei Ihrem Amazon-Einkauf darauf geachtet? Nein? Dann lassen Sie uns bei Amazon nachlesen: »Amazon.de arbeitet mit Herstellern zusammen, so dass die einzelnen Produkte gleich nach der Herstellung mit Amazon Frustfreier Verpackung versehen werden. Somit wird die Gesamtmenge des verwendeten Verpackungsmaterials reduziert. Die Amazon Frustfreie Verpackung ist wiederverwertbar und frei von überflüssigem Packmaterial. Die Artikel in unseren Amazon Frustfreien Verpackungen sind genau die gleichen wie in einer herkömmlichen Verpackung. Artikel mit Amazon Frustfreier Verpackung können meist in ihrer eigenen Verpackung ohne zusätzlichen Karton an Sie verschickt werden.« (https://www.amazon.de/gp/help/customer/display.html?nodeId=201910210, zuletzt aufgerufen am 25.03.2020).

76 Das Jahresabonnement der Amazon Prime-Mitgliedschaft kostet im März 2020 in Deutschland 69 Euro. Das entspricht einem Monatsbeitrag von 5,75 Euro. Amazon bietet aber auch die Möglichkeit an, ein Prime-Monatsabonnement zu buchen, das zwar mit 7,99 Euro pro Monat teurer, aber dafür monatlich kündbar ist. Zudem gibt es eine 30-Tage-Prime-Probemitgliedschaft für Neukunden, die den Service erst mal testen wollen. Hinzu kommen noch ein Studenten- und Azubi-Abonnement, das den Zugang zum Streaming-Angebot Prime Video, zum E-Book-Dienst Prime Reading sowie zum Premiumversand von bestellten Artikeln ein Jahr lang kostenlos zur Verfügung stellt. Sollten sich die Studierenden und Auszubildenden anschließend für ein Jahresabonnement von Amazon Prime entscheiden, kostet das nur 34 Euro. Das

Abo-Modell von Amazon ist im Vergleich zu Netflix damit vielschichtiger. Und bietet dadurch auch viel mehr Möglichkeiten, Abonnent*innen zu gewinnen und Kund*innen-Beziehungen herzustellen. Das liegt daran, dass Amazon vieles in einem ist: unter anderem ein Einzelhandelsunternehmen, ein Unternehmensmarktplatz für Partnerunternehmen, ein Technologieunternehmen und der Streaming-Dienst. Im Amazon Prime-Abonnement ist der Zugang zu fünf exklusiven Services enthalten: Prime Video, Prime Music, Gratis Versand mit unterschiedlich schnellen Lieferzeiten (zum Beispiel innerhalb von 2 Stunden, am gleichen Tag, am nächsten Tag oder das Teilen der Versandkostenvorteile mit mehreren Personen), Prime Reading und Prime Twitch.

77 Vgl. https://www.welt.de/wirtschaft/webwelt/plus196335717/Amazon-17-Millionen-Prime-Kunden-und-die-Folgen-fuer-den-Handel.html [zuletzt aufgerufen am 31.03.2020].

78 Vgl. https://www.destatis.de/DE/Themen/Gesellschaft-Umwelt/Bevoelkerung/Bevoelkerungsstand/_inhalt.html [zuletzt aufgerufen am 31.03.2020].

79 Galloway (2020: 25).

80 https://www.welt.de/wirtschaft/webwelt/plus196335717/Amazon-17-Millionen-Prime-Kunden-und-die-Folgen-fuer-den-Handel.html [zuletzt aufgerufen am 31.03.2020].

81 Vgl. Stone (2019: unter anderem 214–217, 298–299) und Galloway (2020: 57f.).

82 Vgl. https://www.aboutamazon.de/über-amazon/unsere-geschichte-was-aus-einer-garagen-idee-werden-kann [zuletzt aufgerufen am 31.03.2020].

83 Vgl. Galloway (2020: 51).

84 Die Idee dazu hat Jeff Bezos mit dem Investor David E. Shaw entwickelt, als er Mitarbeiter in seinem Finanzunternehmen D.E. Shaw & Co. war. Wer sich für die Geschichte von Amazon und Jeff Bezos interessiert, dem empfehle ich das Buch »der allesverkäufer. Jeff Bezos und das Imperium von Amazon« von Brad Stone (2019). Diese Geschichte stärkt meine These, dass in der Unternehmensgeschichte von Amazon die Einführung des Prime-Services von entscheidender Bedeutung war, aber Prime Video nur einen, wenn auch sehr erfolgreichen, Zusatzservice darstellt. Dadurch kann die Frage letztlich nicht beantwortet werden, ob Prime Video auch dann noch der stärkste Konkurrent von Netflix wäre, wenn es den Prime Service nicht dazu geben würde.

85 Vgl. https://www.aboutamazon.de/über-amazon/unsere-geschichte-was-aus-einer-garagen-idee-werden-kann [zuletzt aufgerufen am 31.03.2020].

86 Vgl. https://www.aboutamazon.de/über-amazon/Was-ist-Amazon [zuletzt aufgerufen am 31.03.2020].

87 https://de.statista.com/statistik/daten/studie/197099/umfrage/nettoumsatz-von-amazoncom-quartalszahlen/ [zuletzt aufgerufen am 31.03.2020].

88 Vgl. https://www.boersenblatt.net/2020-02-03-artikel-amazon_deutschland_macht_rund_drei_milliarden_euro_mehr-jahresbilanz_2019_des_online-haendlers.1803347.html [zuletzt aufgerufen am 31.03.2020].

ANMERKUNGEN

281

89 Ebd.

90 Zit. n. Stone (2019: 19). Jeff Bezos im Gespräch mit Brad Stone.

91 Stone (2019: 216).

92 Vgl. https://www.aboutamazon.de/über-amazon/unsere-geschichte-was-aus-einer-garagen-idee-werden-kann [zuletzt aufgerufen am 31.03.2020].

93 Ebd.

94 Galloway (2020: 50).

95 Vgl. https://www.stern.de/wirtschaft/job/amazon-am-pranger--urin-flaschen-statt-pinkel-pausen-7945642.html [zuletzt aufgerufen am 31.03.2020]. Vgl. mit Blick auf England den Erfahrungsbericht des britischen Journalisten James Bloodworth (2019), der sechs Monate in einem Amazon-Lager arbeitete. Vgl. mit Blick auf Deutschland etwa auch den Dokumentarfilm »Ausgeliefert! Leiharbeiter bei Amazon« aus dem Jahr 2013, der von der ARD ausgestrahlt wurde. Regie führten hierbei Diana Löbl und Peter Onneken.

96 Vgl. https://de.statista.com/statistik/daten/studie/297593/umfrage/mitarbeiter-von-amazon-weltweit/ [zuletzt aufgerufen am 31.03.2020].

97 Vgl. https://www.handelsblatt.com/unternehmen/handel-konsumgueter/onlinehandel-amazon-schafft-tausende-neuer-arbeitsplaetze-in-deutschland/24587724.html?ticket=ST-1120075-tsevRzChtId41R1vskhg-ap5 [zuletzt aufgerufen am 31.03.2020].

98 Vgl. zum Beispiel https://www.heise.de/newsticker/meldung/Amazon-Proteste-wegen-schlechter-Arbeitsbedingungen-und-Loehne-in-den-USA-4602394.html [zuletzt aufgerufen am 31.03.2020].

99 Galloway (2020: 39).

100 Vgl. https://www.faz.net/aktuell/wirtschaft/digitec/studie-so-bewerten-mitarbeiter-den-arbeitgeber-amazon-15726368.html [zuletzt aufgerufen am 31.03.2020].

101 Vgl. https://www.youtube.com/watch?v=arpH11xsFWY [zuletzt aufgerufen am 31.03.2020].

102 Interessiert Sie die Selbstdarstellung von Amazon, dann können Sie diese hier nachlesen: https://www.aboutamazon.de/?utm_source=gateway&utm_medium=footer [zuletzt aufgerufen am 31.03.2020].

103 Vgl. https://de.statista.com/statistik/daten/studie/6003/umfrage/die-wertvollsten-marken-weltweit/ [zuletzt aufgerufen am 31.03.2020].

104 https://www.boersenblatt.net/2020-02-03-artikel-amazon_deutschland_macht_rund_drei_milliarden_euro_mehr-jahresbilanz_2019_des_online-haendlers.1803347.html [zuletzt aufgerufen am 31.03.2020].

105 Das US-amerikanische Wirtschaftsmagazin Forbes, das seit 1917 erscheint, veröffentlicht diese Liste seit 1987 jährlich. Aufgenommen werden Personen, deren geschätztes Privatvermögen mehr als 1 Milliarde US-Dollar beträgt. Ausgenommen werden von dieser Liste Diktatoren und Mitglieder von Königshäusern. Vgl. https://www.forbes.com/billionaires/#452c617e251c [zuletzt aufgerufen am 31.03.2020].

106 https://www.handelsblatt.com/technik/thespark/forbes-liste-2020-das-sind-

die-reichsten-menschen-der-welt/19546632.html?ticket=ST-532530-pQ7l-j30pQ1ZlVT6sxXuU-ap5 [zuletzt aufgerufen am 31.03.2020].

107 Galloway (2020: 8).

108 Zit. n. Stone (2019: 6). Rede von Absolvent*innen der Princeton University, eine Privatuniversität im US-Bundesstaat New Jersey, am 30. Mai 2010.

109 USA 2016, Regie: Barry Jenkins.

110 Großbritannien 2016–2019, 2 Staffeln.

111 USA seit 2017, 3 Staffeln.

112 https://www.cnbc.com/2019/03/08/amazon-prime-video-feature.html [zuletzt aufgerufen am 01.04.2020].

113 Vgl. https://www.futurezone.de/streaming/article226632577/Netflix-ist-kein-Vorbild-Amazon-Prime-Video-will-dem-Streaming-Rivalen-nicht-alles-nachmachen.html [zuletzt aufgerufen am 01.04.2020].

114 Vgl. https://www.hollywoodreporter.com/news/netflix-invest-173-billion-content-2020-analyst-estimates-1270435 [zuletzt aufgerufen am 01.04.2020].

115 Vgl. https://www.amazon-watchblog.de/prime/2015-kein-spotify-amazon-music-55-millionen-nutzer.html [zuletzt aufgerufen am 04.04.2020].

116 Vgl. https://t3n.de/news/musikstreaming-amazon-music-hat-1244782/ [zuletzt aufgerufen am 04.04.2020]).

117 Apple bietet schon seit 2003 Filme und Serien zum Verkauf und Verleih auf seiner iTunes-Plattform an. Gefüllt war iTunes mit fremden Filmen und Serien, aber nicht mit Eigenproduktionen.

118 Mau (2017: 26).

119 Vgl. https://www.iphone-ticker.de/apple-tv-schon-33-millionen-us-abonnenten-152662/ [zuletzt aufgerufen am 04.04.2020].

120 Genauso wie es immer der Fall bei den Präsentationen der neuen Apple-Produkte durch den Mitfirmengründer Steve Jobs war: Die Inszenierungen dieser Veranstaltungen sollten den Eindruck von Zauberei und Magie erzeugen. Vgl. etwa mit Blick auf das MacBook Air: https://www.youtube.com/watch?v=OIV6peKMj9M [zuletzt aufgerufen am 04.04.2020]. Oder die Präsentation des iPhone 1: https://www.youtube.com/watch?v=x7qPAY9JqE4 [zuletzt aufgerufen am 04.04.2020].

121 Vgl. Mau (2017: 23ff.).

122 https://de.statista.com/statistik/daten/studie/39388/umfrage/umsatz-von-apple-seit-2004/ [zuletzt aufgerufen am 01.04.2020].

123 https://de.statista.com/statistik/daten/studie/6003/umfrage/die-wertvollsten-marken-weltweit/ [zuletzt aufgerufen am 01.04.2020].

124 Vgl. https://www.focus.de/digital/handy/iphone/nach-umsatzrekord-iphone-tablet-apple-watch-das-erwartet-uns-in-diesem-jahr-von-apple_id_1162 6415.html [zuletzt aufgerufen am 03.04.2020].

125 Vgl. https://de.statista.com/statistik/daten/studie/193108/umfrage/umsatz-der-walt-disney-company-seit-2006/ [zuletzt aufgerufen am 01.04.2020].

126 Vgl. https://de.statista.com/statistik/daten/studie/6003/umfrage/die-wertvollsten-marken-weltweit/ [zuletzt aufgerufen am 01.04.2020].

ANMERKUNGEN 283

127 Vgl. https://de.statista.com/statistik/daten/studie/36247/umfrage/boersen-wert-der-weltgroessten-medienkonzerne/ [zuletzt aufgerufen am 01.04.2020].

128 Wer sich für das Apple-Design interessiert, dem empfehle ich unter anderem die Textsammlung von Grätz/Schulze (2011) und die Biografie von Kahney (2014) über den ehemaligen Chef-Designer von Apple, Jony Ive.

129 Vgl. https://www.tagesschau.de/wirtschaft/apple-streaming-107.html [zuletzt aufgerufen am 02.04.2020].

130 Ähnlich war es übrigens bei Netflix: Über viele Jahre hat man sich das gut besetzte Image eines DVD-Versenders – eines Filmexperten also – erarbeiten können. Als man dann das Videostreaming einführte, herrschte bei der Kundschaft viel Offenheit dafür. Im Vergleich dazu ist die Marke Apple nochmals weitaus positiver besetzt.

131 Der Text zum Slogan lautet im Werbeclip: »Here's to the crazy ones. The misfits. The rebels. The troublemakers. The round pegs in the square holes. The ones who see things differently. They're not fond of rules. And they have no respect for the status quo. You can quote them, disagree with them, glorify or vilify them. But the only thing you can't do is ignore them. Because they change things. They push the human race forward. And while some may see them as the crazy ones, we see genius. Because the people who are crazy enough to think they can change the world, are the ones who do.« Sollten Sie die Werbung noch nicht kennen, empfehle ich Ihnen, sich diese anzusehen: https://www.youtube.com/watch?v=5sMBhDv4sik [zuletzt aufgerufen am 03.04.2020]. Als Beispiele für ein weltveränderndes Andersdenken werden im Werbeclip zahlreiche Prominente gezeigt, in deren Tradition sich Apple sieht. Zu den gezeigten Prominenten zählten unter anderem Alfred Hitchcock, Pablo Picasso, Mahatma Gandhi, Thomas Edison, Joan Baez oder Frank Sinatra.

132 Nach dem Tod von Steve Jobs im Jahr 2011 war es damit vorbei. Der neue Apple-Chef Tim Cook besitzt keine vergleichbare messianische Strahlkraft. Zum Gegenstand eines Personenkultes wird er somit auch nicht. Allerdings ist er sehr erfolgreich. So wird etwa unter seiner Leitung das iPhone zum erfolgreichsten Produkt aller Zeiten und Apple steigt zum ersten Billionen-Dollar-Unternehmen der Welt auf (vgl. Kahney 2019).

133 Vgl. Isaacson (2011).

134 Galloway (2020: 10, 87).

135 Der große Einfluss, den Apple auf die Konsumwelt nimmt, verbunden mit der Marktmacht des Unternehmens, brachte immer wieder die Kritik auf, dass zumindest die in den USA geltende Rechtsprechung für Apple flexibilisiert wird, etwa mit Blick auf das Thema Steuern. Und durch das Speichern von Milliarden von Kreditkarten kennt Apple die Produkt-Vorlieben seiner Kund*innen sehr genau und kann damit planen (vgl. Galloway 2020: 77f., 216). Das sind nur zwei Beispiele von vielen, die veranschaulichen, womit Apple in die Kritik gerät.

136 Vgl. https://www.heise.de/ct/artikel/Erste-Erfahrungen-mit-dem-Streaming-dienst-Apple-TV 4590973.html [zuletzt aufgerufen am 02.04.2020].

137 USA 2019, 1. Staffel.

138 https://www.apple.com/de/apple-tv-plus/ [zuletzt aufgerufen am 02.04.2020].

139 Vgl. https://www.apple.com/de/apple-tv-plus/ [zuletzt aufgerufen am 02.04.2020]. Und hier taucht auch wieder die Du-Ansprache auf, die wir schon mit Blick auf das Privatfernsehen im 2. Kapitel und die neuen Studienprogramme im Kapitel 2 kennengelernt haben, aber auch als Ansprache in den sozialen Medien und bei anderen Streaming-Anbietern wie etwa YouTube mit seinem Slogan »Broadcast yourself«.

140 »Sechs Milliarden Dollar will Apple nun jedes Jahr für die Produktion neuer Stoffe ausgeben« (https://www.br.de/nachrichten/netzwelt/neuer-streaming-dienst-apple-einmal-billig,RgZByaC, zuletzt aufgerufen am 02.04.2020).

141 Die monatliche Abo-Gebühr beläuft sich auf 6,99 Euro. Das Jahresabonnement kostet 69,99 Euro.

142 https://www.disneyplus.com/de-de/ [zuletzt aufgerufen am 02.04.2020].

143 Vgl. Schütte (2019: 95).

144 https://www.tagesschau.de/wirtschaft/Streaming-Dienste-103.html [zuletzt aufgerufen am 02.04.2020].

145 Schütte (2019: 94f.).

146 https://www.tagesspiegel.de/gesellschaft/medien/alternativen-zu-amazon-und-netflix-streaming-fuer-die-nische/20203880.html [zuletzt aufgerufen am 02.04.2020]. Vgl. für einen Überblick auch: https://www.sueddeutsche.de/kultur/streaming-netflix-alternativen-filmtipps-kino-video-on-demand-1.4317484 [zuletzt aufgerufen am 02.04.2020].

147 Der Anbieter erläutert seinen Namen wie folgt: »MU•BI [mōō'bē] *Adjektiv, Verb, Nomen.* 1. Ein Online-Kino, indem du Autorenfilme entdecken, schauen und diskutieren kannst. 2. Eine Stadt in Nigeria« (https://mubi.com/de/vision, zuletzt aufgerufen am 02.04.2020).

148 Es gibt zwei unterschiedliche Abo-Preise: 9,99 Euro für das Monatsabonnement und 7,99 Euro monatlich für ein Jahresabonnement, das 95,88 Euro beträgt. Im Vergleich zu den großen Anbietern und mit Blick auf die begrenzte Auswahl ist der Abo-Preis doch recht hoch. Aber auch hierbei gilt: Qualität hat eben seinen Preis.

149 USA/Frankreich 2019, Regie: Danielle Lessovitz.

150 Vgl. https://deadline.com/2018/10/martin-scorseses-transgender-port-authority-dunkirk-fionn-whitehead-mubi-1202485981/ [zuletzt aufgerufen am 02.04.2020].

151 http://beta.blickpunktfilm.de/details/437961 [zuletzt aufgerufen am 02.04.2020].

152 https://mubi.com/de/about [zuletzt aufgerufen am 02.04.2020]. Durch das 30-Tage-Modell fiel es leichter, an Lizenzen für den deutschen Markt zu kommen. »Mit dem größeren Repertoire kamen jedoch auch lizenzrechtliche Probleme. Da Mubi ein weltweites Angebot war, entstand bald ein Wust aus Hunderten von länderspezifischen Lizenzverträgen. Zudem drängten immer mehr größere VoD-Anbieter auf den Markt, von denen sich Mubi nicht mehr

ANMERKUNGEN
285

absetzte. Da entstand die Idee, das Angebot radikal zu reduzieren und mit Dependancen in den verschiedenen Märkten das bis heute bestehende 30-Film-Angebot einzuführen. Einfacherer Zugang zu Lizenzen für den deutschen Markt« (http://beta.blickpunktfilm.de/details/339444, zuletzt aufgerufen am 02.04.2020).

153 https://mubi.com/de/notebook [zuletzt aufgerufen am 04.04.2020].

154 https://mubi.com/de/films [zuletzt aufgerufen am 04.04.2020].

155 https://play.google.com/store/apps/details?id=com.mubi&hl=de [zuletzt aufgerufen am 04.04.2020].

156 https://mubi.com/de/vision [zuletzt aufgerufen am 04.04.2020].

157 Gegründet wurde alleskino von den Filmproduzenten Hans W. Geißendörfer und Joachim von Vietinghoff sowie vom Potsdamer Medienunternehmer Andreas Vogel.

158 Die Preisgestaltung ist durch diesen engen nationalen Themenfokus kostengünstiger als die vom internationalen Anbieter Mubi. Wer ein Jahresabonnement bucht, der zahlt 4,99 Euro monatlich. Es besteht aber auch die Möglichkeit, nur ein Monatsabonnement zu buchen, das dann 7,99 Euro kostet. Auch ein Halbjahresabonnement kann für 5,99 Euro monatlich abgeschlossen werden. Bei alleskino wird nicht von einem Abonnement gesprochen, sondern von der Mitgliedschaft in einem Filmclub. Filme können aber auch als Einzelabruf gestreamt werden. Hier variieren die Preise zwischen 1 und 5 Euro.

159 https://www.alleskino.de [zuletzt aufgerufen am 04.04.2020].

KRITIK

1 Australien 1979, Regie: George Miller. Die meisten von Ihnen erinnern sich wahrscheinlich eher an dieses aktuelle Remake: »Mad Max – Fury Road« (USA/Australien 2015, Regie: George Miller).

2 Deutschland, seit 2017, 2 Staffeln.

3 Bach (2019) betont entsprechend mit Blick auf die erste Staffel von »Dark«: »Weltweit wurde in Foren zu Multiversen, der Wurmloch-Theorie, Konsistenz- und Bootstrap-Paradoxien debattiert, also unter anderem zu jenen Phänomenen, die zu Komplikationen führen könnten, wenn die Menschheit tatsächlich zum Reisen durch die Zeit aufbräche. Was nun im Netz passiert, dürfte spannend werden. ›Dark‹ zwei ist angelegt wie ein Masterquiz für Fortgeschrittene. Wer mitkommen will, muss höllisch aufpassen, abgeholt wird der Zuschauer dieses Mal nicht. Vielmehr führen die Show-Runner von ›Dark‹, Baran bo Odar, der auch Regie führte, und seine Co-Autorin Jantje Friese das Publikum permanent hinters Licht.«

4 Bezeichnenderweise fand die Premiere von »Dark« im September 2017 beim »42. Toronto Film Festival« statt. Die Serie wurde auf Deutsch und zudem mit Synchronfassungen sowie Untertiteln zur Verfügung gestellt. In Deutschland hatte die Serie, wie die Marktforschergruppe Goldmedia ermittelte, zum Start

der ersten Staffel im Dezember 2017 bereits knapp 3 Millionen Zuschauer*innen. »Dark« wurde sehr schnell mit der US-amerikanischen Science-Fiction-
Mystery-Erfolgsserie »Stranger Things« (USA, seit 2016, 3 Staffeln) verglichen, die auch in den 1980er-Jahren spielt (vgl. https://www.wuv.de/medien/
dark_entwickelt_sich_zum_deutschen_netflix_hit, zuletzt aufgerufen am
11.04.2020). Diesen Erfolg steigerte die zweite Staffel nochmals deutlich. Zum
Start im Juni 2019 konnte die Serie bereits über 5 Millionen Zuschauer*innen
aufweisen. Sie war in dieser Zeit die meist gesehene Serie in Deutschland (vgl.
http://www.quotenmeter.de/n/110367/dark-entfacht-seine-faszination-neu,
zuletzt aufgerufen am 11.04.2020).

5   Deutschland/Österreich/Schweiz 1974–1998, ZDF, 281 Episoden. Vgl. als kritische Würdigung etwa: https://www.spiegel.de/spiegel/print/d-8840715.html
[zuletzt aufgerufen am 10.04.2020].

6   Als nach dem Tod von Horst Tappert im Jahr 2008 herauskam, dass er zur
Zeit des Nationalsozialismus spätestens seit 1943 als Panzergrenadier Mitglied der Waffen-SS war, wenngleich die Gründe für seinen Beitritt ungeklärt
sind, bekam dieser internationale Erfolg einen Beigeschmack (vgl. https://
www.spiegel.de/kultur/tv/derrick-darsteller-horst-tappert-war-in-der-waf-
fen-ss-a-896696.html, zuletzt aufgerufen am 11.04.2020). Das Bild des Serien-
Kommissars als guter Deutscher war durch den biografischen Hintergrund
des Schauspielers als Mittäter der Nazi-Verbrechen nicht mehr aufrechtzuer-
halten.

7   Vgl. https://www.stern.de/kultur/tv/dark--darum-schauen-viele-amerikaner-
die-serie-auf-deutsch-mit-untertiteln-7795322.html [zuletzt aufgerufen am
11.04.2020].

8   Dazu passend gibt es in der Serie auch einen okkulten Geheimbund, dessen
Leitspruch »Sic Mundus Creatus Est« (»So ist die Welt erschaffen.«) lautet
und der ein schicksalsgläubiges Denken verkörpert beziehungsweise fördert.

9   Horkheimer/Adorno (1997: 141). Die *Theorie* der Kulturindustrie, die vor allem aus der Erfahrung mit der Massenkulturentwicklung in den 1930er- und
1940er-Jahren in Deutschland, besonders aber mit dem kapitalistischen Me-
diensystem in den USA resultiert, ist die Grundlage der Medien- und Kulturkritik der beiden Philosophen. Der Begriff bezieht sich aber nicht nur auf die
massenmedial vermittelte populäre Massenkultur, sondern umfasst alle Institutionen und Netzwerke der Kulturvermittlung (zum Beispiel Theater, Muse-
en, Freizeit- und Unterhaltungsindustrie, Sportveranstaltungen) in der Gesellschaft. Die Kulturwaren sind von zentraler Bedeutung für den Prozess der
Wirklichkeitsaneignung und Sinnvermittlung sowie für die Bewusstseinsbil-
dung der Menschen. Die Institutionen der Kulturindustrie sollen das Bewusstsein der Konsument*innen ausschließlich auf das Bestehende festlegen,
deren Bedürfnisse nach politischer Teilhabe und Selbstbestimmung, nach
Bildung und Aufklärung unterdrücken sowie ihre Unterwerfung unter die
systembeherrschende Macht und die Anpassung an die von ihr definierte
Ordnung fördern. Mit ihrer Kritik an der von ihnen als monopolistisch wahr-

ANMERKUNGEN 287

genommenen populären Massenkultur, möchten sie einen Beitrag leisten, um populäre Medien- und Kulturprodukte als Massenbetrug aufzudecken und der daraus resultierenden Formung des Menschen zu einem uniformierten Massenmenschen entgegenwirken. Horkheimer und Adorno waren elitäre Kulturkritiker, die kein Verständnis für den Eigensinn der populären Kulturen ihrer Zeit hatten. Sie hielten an einem sehr engen Kulturbegriff fest, bei dem Kultur und Bildung unmittelbar zusammengehören. Kultur ist aus dieser Perspektive von Horkheimer und Adorno widerständig, weil sich Kultur nicht vom Markt oder von politischen Ideologen vereinnahmen lässt, sondern grundsätzlich die Kritik am Bestehenden artikuliert.

10   Ebd.

11   Deutschland 2015, 2018, 2 Staffeln. Die erste Staffel wurde als »Deutschland 83« veröffentlicht, die zweite Staffel als »Deutschland 86«.

12   Nico Hofmann, Geschäftsführer der Produktionsfirma Ufa Fiction sagte zu diesem Erfolg: »[D]ieser Abend in New York ist eine riesengroße Wertschätzung für die Qualität des deutschen Fernsehens in der Welt. Darauf hatten wir lange gehofft.« Deutsche High-End-Fiction-Produktionen würden international wahrgenommen und konkurrenzfähig sein. Hofmann sprach von einer Trendwende bei den internationalen Erfolgsaussichten deutscher Filme und Serien: »Wir lösen jetzt ein bisschen die Skandinavier ab« (https://www.tagesspiegel.de/gesellschaft/medien/drei-international-emmy-awards-deutsch-tv-loest-derrick-tv-ab/14875580.html, zuletzt aufgerufen am 10.04.2020).

13   Horkheimer/Adorno (1997).

14   »Er bezieht sich auf die Standarisierung der Sache selbst – etwa die jedem Kinobesucher geläufige der Western – und auf die Rationalisierung der Verbreitungstechniken, nicht aber streng auf den Produktionsvorgang« (Adorno 1997b: 339).

15   Adorno (1997b: 343).

16   Vgl. https://dark.netflix.io/de/ [zuletzt aufgerufen am 11.04.2020].

17   Vgl. https://www.zeit.de/kultur/film/2019-06/dark-staffel-2-netflix-serie-rezension [zuletzt aufgerufen am 10.04.2020].

18   Horkheimer/Adorno (1997: 161).

19   Vgl. https://www.zeit.de/kultur/film/2019-06/dark-staffel-2-netflix-serie-rezension [zuletzt aufgerufen am 10.04.2020].

20   Der Autor bezieht sich hier auf die Studie »Das Zeitalters des Überwachungskapitalismus« von Shoshana Zuboff (2018), indem sie beschreibt, wie aus dem digitalen Traum von Freiheit und Gleichberechtigung, ein kommerzielles Ausbeutungsprojekt der Überwachung und Kontrolle der Menschen geworden ist. Diesen Begriff werde ich gleich nochmals aufgreifen und genauer erläutern.

21   Zuboff (2018: 23).

22   Adorno (1997b: 345).

23   Diese digital erzeugten Ich-Schleifen sind dafür verantwortlich, dass ich immer nur mit mir selbst beschäftigt bin, und alles, was ich digital mache, ver-

weist daher immer nur auf mich zurück. Selbsterkenntnis wird durch digitalen Selbstkonsum ersetzt. Aus der Selbstbildung wird die digitale Selbstverdummung. Die (Selbst-)Aufklärung ist dem digitalen Narzissmus immer unterlegen.

24 Die Erfolgszahlen für das erste Quartal 2020 von Netflix Inc., die der Streaming-Gigant im April 2020 veröffentlicht hat, sprechen allerdings dafür, dass das selbstbestimmte Verlassen der Streaming-Gefängnisse genauso unwahrscheinlich ist, wie das Formulieren von Forderungen der Abonnent*innen nach demokratischeren Streaming-Bedingungen. Das Unternehmen Netflix Inc. verzeichnet erneut ein fulminantes Wachstum. So gewinnt Netflix weltweit knapp 16 Millionen neue Abonnent*innen und wird in Europa noch marktbestimmender. Das Unternehmen erwartete hingegen nur 7 Millionen neue Abonnent*innen. Im Vergleich zum Vorjahr bedeutet das ein Plus von ungefähr 23 Prozent. Der Umsatz steigerte sich im ersten Quartal 2020 im Vergleich zum Vorjahreszeitraum um knapp 28 Prozent auf 5,77 Milliarden US-Dollar. Das Unternehmen räumt allerdings ein, dass dieser unerwartet hohe Anstieg der Abonnent*innen-Zahlen mit der Corona-bedingten häuslichen Quarantäne zusammenhängt und durch die bevorstehenden Lockerungen wieder etwas zurückgehen wird. Vgl. unter anderem https://www.it-times. de/news/netflix-gewinnt-weltweit-16-millionen-neue-abonnenten-und-erobert-europa-135136/ [zuletzt aufgerufen am 25.04.2020].

25 Ich folge hier der Verwendung des Begriffs Digitalwirtschaft durch Srnicek (2018: 10f.): »[M]it Digitalwirtschaft [sind] die Unternehmen gemeint […], die bei ihren Geschäftsmodellen zunehmend auf Informationstechnologie, Daten und das Internet setzen. […] Zweitens wird die digitale Technologie zunehmend systemrelevant, ganz ähnlich wie der Finanzsektor. Weil die Infrastruktur der Digitalwirtschaft die zeitgenössische Wirtschaft immer mehr durchdringt, hätte ihr Zusammenbruch wirtschaftlich verheerende Folgen. Schließlich wird die Digitalwirtschaft wegen ihrer Dynamik als Ideal dargestellt, das den heutigen Kapitalismus insgesamt legitimieren kann. Die Digitalwirtschaft wird zu einem hegemonialen Modell […].«

26 Und auch Sie haben Facebook anschließend nicht abgestraft, indem sie Ihren Facebook-Account gelöscht haben. Insofern sind Sie, ob Sie sich das jetzt eingestehen möchten oder nicht, mit dem demokratiegefährdenden Potenzial von Facebook einverstanden, solange Sie nicht persönlich vom Datenmissbrauch betroffen sind. Vorausgesetzt, Sie bekommen von Facebook das, was Sie wollen: also Raum zur Selbstdarstellung und persönlichen Vernetzung. Brauchen Sie dazu wirklich Facebook? Warum sind Sie so abhängig von Facebook? Und denken, wie alle anderen Nutzer*innen, dass ein Leben ohne Facebook zum Verlust von Handlungsräumen, Gemeinschaftserfahrungen, Informationen und Interaktionsmöglichkeiten, also letztlich zur sozialen Isolation führen könnte? Die Macht, die Facebook über Sie und alle, die Facebook nutzen, besitzt, wird genau hier deutlich. Lieber ein digitales Leben mit Überwachung, Manipulation und Ausbeutung als das Nachdenken über ein selbst

ANMERKUNGEN 289

kontrolliertes digitales Leben. Das erfordert eben zu viel (Selbst-)Aufklärung, (Selbst-)Anstrengung und eigene Aktivität. Konsum und Weitermachen mit den vertrauten Alltagsroutinen ist schlicht einfacher und angenehmer.

27 Precht (2018: 51).

28 Vgl. https://front.moveon.org/about/ (zuletzt aufgerufen am 20.04.2020).

29 Pariser (2017: 24).

30 »Zuerst einmal sitzen wir allein in unserer Filter Bubble. […] Zweitens ist die Filter Bubble unsichtbar. […] Google sagt Ihnen […] nicht, für welche Person es Sie hält und warum es Ihnen die Ergebnisse zeigt, die Sie auf dem Bildschirm sehen. […] Und schließlich entscheidet man nicht selbst, in eine Filter Bubble zu treten. […] Bei personalisierten Filtern ist die Entscheidung nicht möglich, denn hier wird für den Nutzer entschieden« (Ebd.: 17f.).

31 Thoreau (2019/1854).

32 Kern (2016).

33 Srnicek (2018: 102).

34 Srnicek (ebd.: 123) weist entsprechend darauf hin, dass die demokratische Rückgewinnung von Kontrolle nur durch die beständige Kooperation zwischen den Unternehmen der Digitalwirtschaft, den Nutzer*innen und der Politik möglich wird: »Unterdessen verleiht neue Software den Menschen mehr Kontrolle, welche Daten sie preisgeben wollen, und Staaten weltweit erlassen Bestimmungen, die regeln, welche Daten im Netz gesammelt werden dürfen.«

35 Ein Cyborg, das heißt ein kybernetischer Organismus, ist ein Mischwesen aus lebendigem Organismus und Maschine. Als Cyborg werden darüber hinaus auch Menschen bezeichnet, deren Körper dauerhaft durch künstliche Bauteile ergänzt wird. Ein Herzschrittmacher wäre hierfür ein Beispiel. Also eine technisch veränderte künstliche Lebensform. Die Figur des Cyborgs ist in der Populärkultur stark verbreitet, so zum Beispiel in den Romanen der »Newromancer«-Trilogie (»Newromancer« 1984, »Biochips« 1986, »Mona Lisa Overdrive« 1988) von William Gibson (2014), auf den auch die Idee des Internets zurückgeht, oder in populären Filmen wie den »Star-Trek« (bisher 1979–2016)- und »Star Wars« (bisher 1977–2019)-Reihen.

36 Precht (2017: 69) bringt diesen Zusammenhang auf den Punkt, ohne dabei aber direkt über Streaming-Dienste zu sprechen: »Wozu Urteilskraft, wenn Algorithmen und diejenigen, denen sie gehören, mich besser kennen als ich mich selbst? […] ›Mündig‹ sind nicht meine Vernunft, mein sogenannter Wille und mein Wissen um mich selbst. Viel mündiger, weil kundiger, ist die Summe meines Verhaltens, in Algorithmen erfasst, erzählt es mir nicht nur, was ich getan habe und wer ich bin, sondern auch, was ich als Nächstes tun werde.« Es ist daher eine vollkommen naive Fehleinschätzung zu glauben, dass durch die Digitalisierung automatisch ein Mehr an Demokratie, Freiheit oder Selbstbestimmung entsteht.

37 Ich empfehle Ihnen hierzu nachdrücklich die Lektüre des äußerst lehrreichen und gut verständlichen Buches »Ein Algorithmus hat kein Taktgefühl. Wo

künstliche Intelligenz sich irrt, warum uns das betrifft und was wir dagegen tun können«, das die Informatikprofessorin Katharina Zweig (2019) verfasst hat. In diesem Buch vermittelt sie einen kenntnisreichen und kritischen Einblick in die Bedeutung von Künstlicher Intelligenz und Algorithmen in unterschiedlichen Alltagsbereichen. Auch hier ist es wiederum interessant, dass Streaming-Dienste von ihr nur gestreift und nicht eingehend diskutiert werden.

38 Als dritte Single-Auskopplung aus ihrem internationalen Erfolgsalbum Album »Jagged Little Pill« (Warner Bros. Records, Warner), das 1995 veröffentlicht wurde.

39 »An old man turned ninety-eight / He won the lottery and died the next day« (Alanis Morissette, »Ironic«, 1996).

40 »It's a free ride when you've already paid« (Alanis Morissette, »Ironic«, 1996).

41 Abgesehen natürlich von den Kosten für die Infrastruktur und die technischen Geräte, die man besitzen muss, um Zugriff auf das Internet zu haben.

42 Die beiden Philosophen Max Horkheimer und Theodor W. Adorno (1997: 184) würde das nicht verwundern. In ihrer Kritik an der Kulturindustrie, auf die ich zuvor bereits eingegangen sind, halten sie bereits in den 1940er-Jahren zum Verhältnis von Produkt und Preis fest: »Den Konsumenten ist nichts mehr teuer. Dabei ahnen sie doch, daß Ihnen um so weniger etwas geschenkt wird, je weniger es kostet.« Mit Blick auf die Digitalwirtschaft unserer Zeit und den Gratisdienstleistungen im Internet hat sich die Situation nicht grundsätzlich geändert, sondern noch deutlich gesteigert.

43 https://www.netflix.com/title/81002391 [zuletzt aufgerufen am 27.04.2020]. Der Originaltitel lautet: »Broken«.

44 Ebd. [zuletzt aufgerufen am 27.04.2020].

45 https://www.netflix.com/watch/81063113?trackId=14277282&tctx=0%2C0%2Ce3fb09f7-48a7-4d76-9419-f2cef573fd68-22979655%2C%2C [zuletzt aufgerufen am 29.04.2020].

46 Trentmann (2017: 915) betont, dass es, aus einer historischen Perspektive, nicht die eine Konsumgesellschaft gibt, sondern eine Vielzahl von Konsumgesellschaften, die sich deutlich voneinander unterscheiden: »Viele Beobachter sprechen von der Konsumgesellschaft im Singular. Diese Gewohnheit reicht ins frühe 20. Jahrhundert zurück, als der Begriff mit den Vereinigten Staaten und dem amerikanischen Lebensstil mit seinem damals unvergleichbaren Niveau des materiellen Komforts und der Konsumausgaben identifiziert wurde. In Wirklichkeit hat die Konsumgesellschaft eine Vielzahl von Gestalten angenommen und ist auf unterschiedlichen Wegen entstanden. Was diese Ausformungen unterscheidet, ist nicht der materielle Stoffwechsel als solcher, sondern die Höhe des Konsumniveaus, das sie geschaffen, finanziert und verteilt haben.«

47 Ebd.: 14.

48 Vgl. hierzu unter anderem Hutter (2015).

49 https://www.bbc.com/news/entertainment-arts-34723515 [zuletzt aufgerufen am 29.04.2020].

50 https://www.researchgate.net/publication/319418016_The_impact_of_binge_

ANMERKUNGEN

291

watching_on_memory_and_perceived_comprehension [zuletzt aufgerufen am 29.04.2020].

51 »Konsum ist zum bestimmenden Merkmal unseres Lebens geworden. [...] In der reichen Welt – und in zunehmenden Maß auch in der sich entwickelnden – werden Identität, Politik, Wirtschaft und Umwelt grundlegend von dem bestimmt, was und wie wir konsumieren. Geschmack, Erscheinung und Lebensstil definieren, wer wir sind (oder sein wollen) und wie uns andere sehen« (Trentmann 2017: 11f.).

52 Der Wahlslogan wurde am oberen Rand des Plakats in knallig pinker und gelber Schrift platziert, die abwechselnd mit gelber und pinker Farbe unterlegt war. Am unteren Rand des Plakats befand sich der Parteiname in den Farben Blau und Gelb, die Abkürzung des Parteinamens der Freien Demokraten, also das Kürzel FDP, wurde zudem mit einer pinken Texthervorhebungsfarbe unterlegt.

53 Wilkens (2017).

54 Welzer (2017: 114).

55 Ebd.: 133.

56 Mit dem Begriff der Verblödung beziehe ich mich auf die essayistische Kritik an den sogenannten »Blödmaschinen«, die Markus Metz und Georg Seeßlen (2011) im Geiste der Kritischen Theorie als Weiterentwicklung der Theorie der Kulturindustrie von Horkheimer und Adorno (1997) vorstellen, um die »Fabrikation der Stupidität«, die von den Medien und der Politik betrieben wird, zu analysieren. In einem Interview beschreibt Seeßlen den Unterschied zwischen Dummheit und Blödheit wie folgt: »Ohne Dummheit kann es überhaupt kein Leben geben! Deswegen ist es, glaube ich, sehr wichtig zwischen Dummheit und Blödheit zu unterscheiden. Dumm bin ich wie jeder andere Mensch auch und jedes Nachdenken, jedes Denken, jedes Bewusstsein fängt damit an, dass man merkt, wie dumm man ist – und wie blöd gemacht. Diese beiden Sachen darf man wirklich nicht in einen Topf schmeißen. Die Blödheit ist etwas, das man sich erwirbt – und zwar in der gesellschaftlichen Praxis. Und gegen die Blödheit kann man ankämpfen. Jeder Mensch hat die Fähigkeit – wenn es auch manchmal ein bisschen anstrengend ist – sich gegen seine Verblödung zur Wehr zu setzen« (https://schoener-denken.de/blog/georg-seesslen-interview-bloedmaschinen, zuletzt aufgerufen am 02.05.2020). Für Metz und Seeßlen (2011: 321) ist von entscheidender Bedeutung, auch hier treffen sich unsere Überlegungen, dass das »Wesen [...] der Blödmaschine nicht die Blödheit selbst ist, sondern das Einverständnis« mit ihr. Genauso wie wir beim Streaming unsere Unterhaltungsbedürfnisse über unsere Selbstbestimmung und Selbstkontrolle stellen.

57 Ich greife hier eine Idee von Pariser (2017: 239f.) auf.

58 Precht (2018: 186f.) [Hervorhebung im Original].

59 Wilkens (2017:b). Vgl. hierzu auch vom gleichen Autor seinen klugen und unterhaltsamen Wegweiser durch den digitalen Alltag und die Abgründe der Digitalisierung: »Analog ist das neue Bio« (Wilkens 2017a).

60 Vgl. te Wildt (2016).

61 Sennett (2005: 128).

62 Das Dilemma besteht darin, dass unsere Wahlfreiheit die Grundlage unserer Demokratie ist. Zugleich ist unsere Konsumfreiheit die Voraussetzung für den Wohlstand. Die liberale Wirtschaftshaltung lautet daher: Die Märkte befriedigen die Bedürfnisse der Menschen, indem sie ihnen geben, was sie wollen. Jede/r hat das Recht, die eigene Konsumwahl zu treffen, ohne sich dafür rechtfertigen zu müssen (vgl. Trentmann 2017: 917ff.). Die Konsument*innen werden dabei aber auch immer wieder zur Manipulationsware, indem ihre Bedürfnisse verantwortungslos ausgebeutet und manipuliert werden. Die Streaming-Unternehmen sind dafür, wie ich im 3. Kapitel gezeigt habe, ein Musterbeispiel.

63 Wilkens (2017b).

64 Vgl. zu Facebook Levy (2020) und Galloway (2020).

65 Vgl. https://www.tagesschau.de/ausland/facebook-ausweitung-skandal-101.html [zuletzt aufgerufen am 03.05.2020].

66 Vgl. https://www.tagesschau.de/ausland/facebook-ausweitung-skandal-101.html [zuletzt aufgerufen am 03.05.2020].

67 Vgl. https://www.tagesspiegel.de/politik/affaere-um-cambridge-analytica-facebook-sieht-sich-im-datenskandal-selbst-als-opfer/21094730.html [zuletzt aufgerufen am 03.05.2020].

68 https://www.gesetze-im-internet.de/netzdg/BJNR335210017.html [zuletzt aufgerufen am 03.05.2020].

69 Precht (2018: 215).

70 Der Kulturwissenschaftler Harald Welzer (2017: 226) hält eine plausible Erklärung hierfür bereit: »Man kann auch die regressive Welt des Digitalen über weite Strecken als Verführung zur Entlastung von Freiheit betrachten – Sie müssen ja heute nicht einmal mehr entscheiden, welche Musik Sie für Ihre Joggingrunde am Morgen aussuchen, das macht Spotify für Sie.«

71 Vgl. https://www.fdp.de/medien-internet-und-netzpolitik_es-geht-um-mehr-als-den-schutz-der-privatsphaere [zuletzt aufgerufen am 03.05.2020].

72 Ebd.

73 Vgl. https://www.sueddeutsche.de/digital/eu-und-facebook-natuerlich-wollen-wir-uns-ein-stueck-dieser-macht-zurueckholen-1.3947278 [zuletzt aufgerufen am 03.05.2020].

74 Vgl. https://trends.google.de/trends/?geo=DE [zuletzt aufgerufen am 08.05.2020].

75 Eine sicherere Alternativ zu Google ist zum Beispiel »DuckDuckGo«: https://duckduckgo.com [zuletzt aufgerufen am 08.05.2020]. Hier werden unter anderem die persönlichen Daten nicht gespeichert. Es gibt keine zielgerichtete Werbung. Und Suchanfragen werden nicht gespeichert.

76 Der Journalist Adrian Lobe (2019: 226) betont daher zurecht, dass »Algorithmen […] etwas zur Verhandlungsmasse [machen], was nicht verhandelbar ist: unsere Privatsphäre. Das verschiebt die Grenzen des politischen Systems, weil […] kein parlamentarisches Korrektiv zur Seite gestellt wird.«

ANMERKUNGEN 293

77 Ein Zitat aus dem dystopischen Roman »Qualityland« von Marc-Uwe Kling
(2019: 23). Der Roman spielt in einer unbestimmten Zukunft und in einem
Land, dass nach einer gigantischen globalen Wirtschaftskrise gegründet wurde. Der Name dieses Landes lautet ganz Produkt-orientiert »QualityLand«.
Der weltgrößte Streaming-Dienst heißt hier übrigens »Todo – Alles für alle!«
(ebd.: 114). Und ein Androide mit dem Namen John of Us ist der Präsident-
schaftskandidat der sogenannten »Fortschrittspartei«. In diesem Land wird
alles durch die algorithmisch bestimmte Personalisierung bestimmt: »Das
System errechnet für jeden Kunden eigenständig, was er will und wann er es
will. Schon der erste Slogan von ›The Shop‹ lautet: ›Wir wissen, was Du willst‹.
Inzwischen bestreitet das keiner mehr« (ebd.: 18). »The Shop« ist der weltgrößte Versandhandel, der Produkte auch ohne Bestellung verschickt, weil
seine Algorithmen schon vor den Kunden wissen, was diese brauchen. Der
Firmengründer heißt Henryk Ingenieur. Sie denken jetzt bestimmt zurecht an
Amazon und Jeff Bezos als Vorbild für beides. Die Romanhandlung kreist
daher immer wieder um die Frage, ob ich noch mir gehöre, wenn meine Daten nicht mehr mein Eigentum sind. Welche Konsequenzen es hat, wenn meine Daten und damit ich selbst als digitale Person den privaten Digitalunternehmen gehöre? Wollen wir ein vollkommen smartes Leben, in dem Algorithmen für uns entscheiden, oder wollen wir das nicht? Haben wir überhaupt
die Möglichkeit, uns noch zu entscheiden oder einzubringen? Um es mit
Kling zu sagen: »Im Qualityland lautet die Antwort auf alle Fragen: OK«
(Klappentext). Ich hoffe, dass das alles andere als OK für Sie ist!

78 »Wer den Code kontrolliert, hat die Macht. […] Nicht die Freiheit des Bürgers
steht am Anfang, sondern die Freiheit der Programmierer […]. […] Der
Code spannt einen Möglichkeitsraum, in dem der Bürger sich bewegen kann,
erst auf. Je stärker der Alltag codiert wird, desto mehr schrumpft der Frei-
heitsraum und desto mehr hängt die Ausübung von Freiheitsrechten vom
Programmcode ab« (Lobe 2019: 42, 52).

79 Dazu bemerkt der Internetpionier Jaron Lanier (2014: 24): »Damit der
Mensch den Verlust der Freiheit widerspruchslos akzeptiert, muss man diesen Verlust anfangs wie ein Schnäppchen wirken lassen. Den Verbrauchern
werden ›kostenlose‹ Dienste angeboten (etwa Suchmaschinen und soziale
Netzwerke), wenn sie sich dafür ausspionieren lassen. Die einzige ›Macht‹, die
der Verbraucher hat, besteht darin, nach einem besseren Angebot Ausschau
zu halten.«

80 Welzer (2017: 200).

81 Precht (2018: 57).

82 »Der Staat ist in ihren Augen eine alte Hardware, die ein neues Software-Up-
date benötige. Google-Gründer Larry Page beklagte 2013 auf der hauseigenen
Entwicklerkonferenz, dass er nicht das richtige ›Interface‹ für die Regierungen finde. ›Wir verändern uns schnell, aber manche unserer Institutionen wie
einige Gesetze gehen diesen Veränderungsprozess nicht mit. Die Gesetze
können nicht richtig sein, wenn sie 50 Jahre alt sind.‹ Das klang wie ein […]
Diktum, dem Staat die Legitimation abzusprechen« (Lobe 2019: 41).

83 Vgl Pariser (2017: 253).

84 Ich folge hier der Definition zum Data Mining, die die Informatikprofessorin Katharina Zweig (2019: 314) vorschlägt: »Unter Data Mining versteht man das Analysieren von großen Datenmengen. Die Ergebnisse werden meistens genutzt, um (Geschäfts-)Prozesse zu optimieren. Das ist nicht immer einfach und wie im Bergbau: Es muss oft viel (Daten-)Schutt bewegt werden, um ein bisschen Gold zu finden.«

85 https://about.google/intl/de/ [zuletzt aufgerufen am 08.05.2020].

86 Lobe (2019: 14).

87 Lehner (2017: 269).

88 Lobe (2019: 61).

89 Ich verwende hier einen Begriff von Lobe (2019: 20) zur Beschreibung des Internets, den er allerdings ausschließlich auf Facebook bezieht.

90 Der britische Autor und Künstler James Bridle (2019: 15ff.) weist darauf hin, dass im Internet ein neuer politischer Raum entstanden ist, der durch die Metapher der Cloud beschrieben wird: »Heute ist die Wolke – die Cloud – die zentrale Metapher des Internets: ein globales System enormer Macht und Energie […]. […] Die Cloud ist etwas, das wir die ganze Zeit erleben, ohne wirklich zu verstehen, was sie ist oder wie sie funktioniert. Wir üben uns darin, ihr zu vertrauen, ohne die geringste Vorstellung davon, was wir ihr anvertrauen und was das ist, dem wir uns da anvertrauen. […] Die Cloud ist eine neuartige Industrie, sie ist eine gierige Industrie. […] In der Cloud werden viele der vormals gewichtigen Gebäude der Bürgersphäre absorbiert: die Orte, wo wir einkaufen, Bankgeschäfte tätigen, uns treffen, Bücher ausleihen und unsere Stimme abgeben. So versteckt, werden sie weniger sichtbar und sind weniger der Kritik, der Nachprüfung, der Bewahrung und der Regulierung unterworfen. […] Die Cloud formt sich zu Geografien der Macht und des Einflusses, und sie dient dazu, beides zu verstärken. Die Cloud ist eine Machtbeziehung, und die meisten Menschen sind dabei nicht obenauf.«

91 Ein Gegenbeispiel hierzu ist für mich der durch die Edward Snowden-Enthüllungen ausgelöste NSA-Skandal.

92 Lobe (2019: 21).

93 Lanier (2014: 270).

94 »Am 15. Dezember 1983 fällte das Gericht sein abschließendes Urteil, das heute als Meilenstein in der Geschichte des Datenschutzes gilt. Im sogenannten ›Volkszählungsurteil‹ etablierte das Bundesverfassungsgericht erstmals das ›Recht auf informationelle Selbstbestimmung‹. Die Verfassungsrichter und Verfassungsrichterinnen leiteten das Recht aus den beiden ersten Artikeln des Grundgesetzes (allgemeines Persönlichkeitsrecht) ab: der Menschenwürde und dem Grundrecht auf freie Entfaltung der Persönlichkeit. Damit gewährte das Bundesverfassungsgericht jedem Menschen grundsätzlich das Recht, selbst darüber entscheiden zu dürfen, wer Daten von ihm erhebt, speichert, verwendet und weitergibt. Eingeschränkt werden darf dieses Recht laut Urteil nur zugunsten eines überwiegenden Allgemeininteresses« (https://

ANMERKUNGEN

www.bpb.de/politik/hintergrund-aktuell/248750/volkszaehlung-1987-22-05-2017, zuletzt aufgerufen am 08.05.2020).

95 Lobe (2019: 57).

96 Vgl. https://de.statista.com/statistik/daten/studie/805920/umfrage/anzahl-der-internetnutzer-weltweit/ [zuletzt aufgerufen am 08.05.2020].

97 Vgl. https://www.presseportal.de/pm/24571/4474860 [zuletzt aufgerufen am 08.05.2020].

98 »Es geht bei allen technokratischen Herrschaftsformen darum, das Politische aus dem politischen Prozess zu destillieren: Politik auf eine reine mathematische Operation zu reduzieren. Ein mathematischer Wert ist im Gegensatz zu einem politischen Wert nicht verhandelbar – und mithin nicht politisierungsfähig. Eine *Politik ohne Politik* ist der Prototyp einer smarten Diktatur […]. […] Das Politische wird zu Tode technisiert. […] Wo alles determiniert ist, ist nichts veränderbar« (Lobe 2019: 212).

99 Barbrook/Cameron (2017: 165, 171).

100 Seit es Google Trends gibt wird darüber diskutiert, ob durch dieses Tool zur Auswertung von Suchanfragen zukünftige Entwicklungen, auf die man sich dadurch bereits zum Zeitpunkt der Suchanfragen präventiv vorbereiten kann, etwa eine neue Grippe-Welle, verändert werden können. Kann sogar die Gesellschaft mithilfe von Google Trends die Zukunft verändern? Vgl. dazu unter anderem: https://www.deutschlandfunknova.de/beitrag/kurzarbeit-wegen-corona-prognose-mithilfe-von-google-trends [zuletzt aufgerufen am 08.05.2020].

101 Ich beziehe mich mit dieser Formulierung auf die Science-Fiction-Filmkomödie »Zurück in die Zukunft I–III« (Original: Back to the Future, USA 1985, 1989, 1990, Regie: Robert Zemeckis).

102 https://trends.google.de/trends/trendingsearches/daily?geo=DE [zuletzt aufgerufen am 08.05.2020].

103 Sie kennen »Capital Bra« noch nicht? Ich habe schon so viel über Empfehlungsmanagement gesprochen, daher erlauben Sie mir diese Empfehlung zu »Capital Bra«: https://www.youtube.com/watch?v=KU2fTHXgKG0 [zuletzt aufgerufen am 08.05.2020]. Vorsicht: Eigenwerbung! Und auch nochmals Vorsicht: Das Video könnte Ihre Perspektive in Bezug auf »Capital Bra« beeinflussen.

104 Ich denke unter anderem an »Brave New World« (1988/1932) von Aldous Huxely; die »Newromancer«-Trilogie (1984/1986/1988) von William Gibson, der darin den Begriff Cyberspace prägt; der Roman »Do Androids Dream of Electric Sheep?« (2010/1968) von Philip K. Dick, der die Vorlage zum legendären Film »Blade Runner« (1982) des Regisseurs Ridley Scott war; aber auch an die Kurzgeschichte »I, Robot« (2015/1950) von Isaac Asimov, die in einer freien Adaption 2004 unter der Regie von Alex Proyas verfilmt wurde.

105 https://trends.google.de/trends/explore?geo=DE&q=netflix,demokratie [zuletzt aufgerufen am 08.05.2020]. Meine Suche bezieht sich nur auf die Kategorie »Suchbegriff«, nicht auf andere wie zum Beispiel »Unternehmen« oder »Thema«.

106 https://trends.google.de/trends/explore?geo=DE&q=amazon,demokratie [zuletzt aufgerufen am 08.05.2020]. Meine Suche bezieht sich nur auf die Kategorie »Suchbegriff«, nicht auf andere wie zum Beispiel »Unternehmen« oder »Thema«. Zum Zusammenhang von »Amazon Prime Video« und »Demokratie« gab es hingegen mehr Suchfragenaktivität: https://trends.google.de/trends/explore?geo=DE&q=amazon%20prime%20video,demokratie

107 https://trends.google.de/trends/explore?geo=DE&q=apple,demokratie [zuletzt aufgerufen am 08.05.2020]. Meine Suche bezieht sich nur auf die Kategorie »Suchbegriff«, nicht auf andere wie zum Beispiel »Unternehmen« oder »Thema«. Zum Zusammenhang von »Apple TV+« und »Demokratie« gab es hingegen mehr Suchfragenaktivität: https://trends.google.de/trends/explore?-geo=DE&q=Apple%20TV%2B,demokratie [zuletzt aufgerufen am 08.05.2020].

108 https://trends.google.de/trends/explore?geo=DE&q=disney,demokratie [zuletzt aufgerufen am 08.05.2020]. Meine Suche bezieht sich nur auf die Kategorie »Suchbegriff«, nicht auf andere wie zum Beispiel »Unternehmen« oder »Thema«.

DYSTOPIE

1 Wallace (2011/1996).

2 »Im Kampf um die Vorherrschaft im Internet sind alle außer den Bürgern bestens organisiert« (Pariser 2017: 253).

3 Im Original heißt diese neue Organisation »Organisation Of North American Nations«. Daher die Abkürzung »O.N.A.N.«.

4 Pariser (2017: 241) schlägt hierzu einen Vermittler zwischen Politik, Verbraucherschutz, Kund*innen und den Unternehmen der Digitalwirtschaft vor: »Die Ernennung eines unabhängigen Ombudsmanns und mehr Einblicke in ihre leistungsstarken Filteralgorithmen wären ein bedeutender erster Schritt. Transparenz bedeutet nicht nur, dass das Innenleben eines Systems dem Blick der Öffentlichkeit geöffnet wird. […] [Es geht darum] […], dass der einzelne Nutzer intuitiv versteht, wie das System funktioniert. Dies ist eine notwendige Voraussetzung dafür, dass Menschen diese Werkzeuge benutzen und kontrollieren – damit nicht die Werkzeuge uns benutzen und kontrollieren.« Das ist, um diese Überlegungen auf mein Thema zu beziehen, ein sehr konstruktiver Vorschlag, durch den die Streaming-Nutzer*innen bedeutend selbstbestimmter entscheiden könnten, ob sie ein Streaming-Abonnement abschließen. Die Politik hätte dadurch eine objektivere Grundlage, um über die Frage der Regulierung zu entscheiden. Und die Streaming-Unternehmen müssten ihre Geschäftsgeheimnisse nicht veröffentlichen. Allerdings sehe ich vor dem Hintergrund meiner Beobachtungen aktuell keine Chance, dass die Streaming-Unternehmen bereit wären, mit einem Ombudsmann zusammenzuarbeiten, solange sie dazu nicht rechtlich gezwungen werden.

ANMERKUNGEN 297

5 Der Digitalexperte Nick Srnicek (2018: 126) beschreibt die demokratische Bedeutung von Kartellverfahren wie folgt: »Hingegen hat der Staat die Macht, die Plattformen zu kontrollieren. Kartellverfahren können Monopole aufbrechen, lokale Regulierungen können ausbeuterische schlanke Plattformen bremsen oder sogar ausschalten, staatliche Behörden können neue Vorschriften zum Datenschutz machen, und koordiniertes Vorgehen gegen Steuervermeidung kann Kapital in die öffentliche Hand zurückführen.«

6 Vgl. Lanier (2014: 263ff.).

7 Der Begriff Filterblase, den Pariser (2011) mit Blick auf das Internet vorgeschlagen hat und den ich im 4. Kapitel diskutiert habe, wird im Roman nicht verwendet. Ich finde ihn an dieser Stelle aber sehr passend, um den Fernsehkonsum in der »O.N.A.N.« zu beschreiben.

8 Schon in den 1990er-Jahren konnte sich Wallace also ganz genau vorstellen, dass in der nahen Zukunft das Thema der Selbstoptimierung, über das ich im 2. Kapitel gesprochen habe, zum Motor unserer heutigen Turboindividualisierung wird.

9 Kämmerlings (2009).

10 Graf (2009).

11 Ebd.

12 Precht (2018:11).

13 Aber, wer von uns braucht heute noch Literatur, wenn es Netflix gibt. Das sehen Sie doch genauso, oder? Die Serien, die Netflix zeigt, sind mittlerweile die neuen Romane. Und, wenn Sie tatsächlich noch zu den altbackenen Leser*innen gehören, vielleicht sogar auch den Roman »Unendlicher Spaß« gelesen haben, dann verraten Sie mir bitte, an welche prominente Netflix-Serie Sie bei der Lektüre gedacht haben? Ich denke unmittelbar an die düstere und bedrängende britische Science Fiction-Serie »Black Mirror« (seit 2011, 5 Staffeln) von Charlton »Charlie« Brooker. In einem Interview erklärt er die Grundidee der Serie: Die Technik und die modernen Medien sind eine Droge. Die Serie zeigt die Nebenwirkungen: für den Einzelnen und die Gesellschaft. In jeder Episode schwanken die Figuren und Zuschauer*innen zwischen Vergnügen und Unbehagen. Technologien und Medien sind, darauf deutet der Serien-Titel »Black Mirror« hin, die schwarzen Spiegel, in die wir täglich schauen: die Fernseh-, Computer- oder Smartphone-Bildschirme (vgl. https://www.theguardian.com/technology/2011/dec/01/charlie-brooker-dark-side-gadget-addiction-black-mirror, zuletzt aufgerufen am 17.05.2020). Und die Serie wird für die Zuschauer*innen zu einem Spiegel, in dem sie ihr eigenes Medienverhalten und ihre Technologienutzung betrachten können. Der Spiegel, den uns die Serie immer wieder vorhält, zeigt uns ein durchgehend dystopisches Bild: die zu große Macht der Technologie und der Medien über unser Leben und Erleben, aber auch über unser Denken und Handeln. Die Auswirkungen auf den Menschen und die Gesellschaft sind daher größtenteils negativ und zerstörerisch.

LITERATUR

Adorno, Theodor W. (1997a): »Gesellschaft«. In: Ders.: *Gesammelte Schriften 8: Soziologische Schriften I*. Frankfurt/M., S. 9–19.

Adorno, Theodor W. (1997b): »Résumé über Kulturindustrie«. In: Ders.: *Gesammelte Schriften 10.1: Kulturkritik und Gesellschaft I: Prismen. Ohne Leitbild*. Frankfurt/M., S. 337–345.

Alexander, Neta (2016): »Catered to Your Future Self: Netflix's Predictive Personalization and the Mathematization of Taste«. In: Kevin McDonald/Daniel Smith-Rowsey (Hrsg.): *The Netflix Effect: Technology and Entertainment in the Twenty-First Century*. New York, S. 81–97.

Anders, Günther (2002/1956): »Die Welt als Phantom und Matrize. Philosophische Betrachtungen über Rundfunk und Fernsehen«. In: Ders.: *Die Antiquiertheit des Menschen. Bd. 1: Über die Seele im Zeitalter der zweiten industriellen Revolution*. München, S. 97–211.

Asimov, Isaac (2015): *Ich, der Roboter: Erzählungen*. München.

Bach, Jana Janika (2019): »Serie ›Dark‹ bei Netflix: Was heute noch absurd klingt, könnte morgen schon Realität sein«. In: *Neue Züricher Zeitung* (15.07.2019). Website: https://www.nzz.ch/feuilleton/netflix-serie-dark-gehts-zur-hoelle-oder-ins-paradies-ld. 1494490 [zuletzt aufgerufen am 15.04.2020].

Barbrook, Richard/Cameron, Andy (2017): »Die kalifornische Ideologie«. In: Tilman Baumgärtel (Hrsg.): *Texte zur Theorie des Internets*. Ditzingen, S. 150–180.

bartleby research (2015): *Netflix Is The World's Leading Internet Television Network*. Website: https://www.bartleby.com/essay/Netflix-Is-The-Worlds-Leading-Internet-Television-F3Z7QVQ5G 3D5 (zuletzt aufgerufen am 21.03.2020).

Baudrillard, Jean (1994): *Die Illusion des Endes oder Der Streik der Ereignisse*, Berlin.

LITERATUR   **299**

Bolz, Norbert (1999): *Die Konformisten des Andersseins. Ende der Kritik*, München.

Bourdieu, Pierre (1998): *Über das Fernsehen*. Frankfurt/M.

Bridle, James (2019): *New Dark Age. Der Sieg der Technologie und das Ende der Zukunft*. München.

Bröckling, Ulrich (2007): *Das unternehmerische Selbst. Soziologie einer Subjektivierungsform*. Frankfurt/M.

Carr, David (2013): »Giving Viewers What They Want«. In: *The New York Times* (v. 25.02.2013). Website: www.nytimes.com/2013/02/25/business/media/for-house-of-cards-using-big-data-to-guarantee-its-popularity.html. [zuletzt aufgerufen am 20.03.2020].

Cheney-Lippold, John (2019): *We Are Data. Algorithms and the Making of our Digital Selves*. New York.

Derrida, Jacques (2000): *Apokalypse*. Wien.

Dick, Philip K. (2010): *Do Androids Dream of Electric Sheep?* London.

Eco, Umberto (2002): »Die Multiplizierung der Medien«. In: Ders.: *Über Gott und die Welt. Essays und Glossen*. München, S. 157–162.

Graf, Guido (2009): »Depression und Unterhaltung sind ein und dasselbe. David Foster Wallace auf Deutsch«. In: FR.de (v. 21.08.2009). Website: https://www.fr.de/kultur/literatur/depression-unterhaltung-sind-dasselbe-11493509.html [zuletzt aufgerufen am 15.05.2020].

Foerster, Oskar/Holz, Hans Joachim (1963): *Fernsehen für Kinder und Jugendliche*. München.

Foucault, Michel (1997): *Der Mensch ist ein Erfahrungstier. Gespräch mit Ducio Trombadori*. Frankfurt/M.

Frees, Beate/Kupferschmitt, Thomas/Müller, Thorsten (2019): »ARD/ZDF-Massenkommunikation Trends 2019: Non-lineare Mediennutzung nimmt zu«. In: *Media Perspektiven*, 7–8, S. 314–333.

Galloway, Scott (2020): *The Four. Die geheime DNA von Amazon, Apple, Facebook und Google*. Kulmbach.

Gibson, William (2014): *Die Neuromancer-Trilogie*. München.

Grätz, Ina/Schulze, Sabine (Hrsg.) (2011): *Apple Design*. Ostfildern.

Haupts, Tobias (2014): *Die Videothek. Zur Geschichte und medialen Praxis einer kulturellen Institution*. Bielefeld.

Hickethier, Knut (1998): *Geschichte des deutschen Fernsehens unter Mitarbeit von Peter Hoff*. Stuttgart/Weimar.

Horkheimer, Max/Adorno, Theodor W. (1997): »Kulturindustrie. Aufklärung als Massenbetrug«. In: Theodor W. Adorno, *Gesammelte Schriften. Bd. 3: Dialektik der Aufklärung. Philosophische Fragmente*. Frankfurt/M., S. 141–191.

Hutter, Michael (2015): *The Rise of the Joyful Economy: Artistic Invention and Economic Growth from Brunelleschi to Murakami*. Abingdon.

Huxley, Aldous (1988): *Brave New World*. London.

Isaacson, Walter (2011): *Steve Jobs: Die autorisierte Biografie des Apple-Gründers*. München.

Jung, Daniel (2020): *Let's Rock Education. Was Schule heute lernen muss*. München.

Kahney, Leander (2014): *Jony Ive: Das Apple-Design-Genie*. Kulmbach.

Kahney, Leander (2019): *Tim Cook: Das Genie, das Apples Erfolgsstory fortschreibt*. Kulmbach.

Kämmerlings, Richard (2009): »Medusa in der Selbsthilfegruppe. David Foster Wallace: Unendlicher Spaß«. In: *FAZ.NET* (v. 22.08. 2009). Website: https://www.faz.net/aktuell/feuilleton/buecher/rezensionen/belletristik/david-foster-wallace-unendlicher-spass-medusa-in-der-selbsthilfegruppe-1842147-p4.html [zuletzt aufgerufen am 16.05.2020].

Kern, Björn (2016): *Das Beste, was wir tun können, ist nichts*. Frankfurt/M.

Kleiner, Marcus S. (2006): *Medien-Heterotopien. Diskursräume einer gesellschaftskritischen Medientheorie*. Bielefeld.

Kleiner, Marcus S. (Hrsg.) (2010): *Grundlagentexte zur sozialwissenschaftlichen Medienkritik*. Wiesbaden.

Kling, Marc-Uwe (2019): *QualityLand*. Roman. Berlin.

Klopotek, Felix (2016): »On Time Run. Immer unterwegs, niemals ankommen, auf dem Weg durch die Zonen der Selbstoptimierung«. In: Ders./Peter Scheiffele (Hrsg.): *Zonen der Selbstoptimierung. Berichte aus der Leistungsgesellschaft*. Berlin, S. 9–34.

Lanier, Jaron (2014): *Wem gehört die Zukunft? Du bist nicht der Kunde der Internetkonzerne. Du bist ihr Produkt*. Hamburg.

LITERATUR **301**

Lehner, Nikolaus (2017): *Targeting und Trivialität: Algorithmische Kontrolltechnologien und moderne Lebensführung.* Münster.

Levy, Steven (2020): *Facebook – Weltmacht am Abgrund. Der unzensierte Blick auf den Tech-Giganten.* München.

Lobe, Adrian (2019): *Speichern und Strafen: Die Gesellschaft im Datengefängnis.* München.

Lobato, Ramon (2019): *Netflix Nations. The Geography of Digital Distribution.* New York.

Luhmann, Niklas (1996): *Die Realität der Massenmedien.* Opladen.

Mau, Steffen (2017): *Das metrische Wir. Über die Quantifizierung des Sozialen.* Frankfurt/M.

Metz, Markus/Seeßlen, Georg (2011): *Blödmaschinen: Die Fabrikation der Stupidität.* Frankfurt/M.

Müller, Jan-Werner (2017): *Was ist Populismus? Ein Essay.* Frankfurt/M.

Oehmke, Philipp (2016): »Ein Film für alle Fälle.« In: *Der Spiegel,* 15/2016, S. 116–120.

Pariser, Eli (2012): *Filter Bubble: Wie wir im Internet entmündigt werden.* München.

Pinkerton, Nick (2019): »The streaming giants are erasing cinema's history«. *The Guardian* (v. 12.12.2019). Website: https://www.theguardian.com/commentisfree/2019/dec/12/streaming-giants-cinema-history-sites-netflix?CMP=share_btn_fb (zuletzt aufgerufen am 22.03.2020).

https://www.srf.ch/sendungen/medientalk/medientalk-der-streaming-war [zuletzt aufgerufen am 19.03.2020].

Platon (2004): »Phaidros«. In: Ders.: *Sämtliche Werke. Bd. 2.: Lysis, Symposium, Phaidon, Kleitophon, Politeia, Phaidros.* Reinbek, S. 539–609.

Postman, Neil (1992): *Wir amüsieren uns zu Tode. Urteilsbildung im Zeitalter der Unterhaltungsindustrie.* Frankfurt/M.

Prantl, Heribert (2017): *Gebrauchsanweisung für Populisten. Wie man dem neuen Extremismus das Wasser abgräbt.* Salzburg/München.

Precht, Richard David (2018): *Jäger, Hirten, Kritiker. Eine Utopie für die digitale Gesellschaft.* München.

Reufsteck, Michael/Niggemeier, Stefan (2005): *Das Fernsehlexikon.*

Alles über 7000 Sendungen von Ally McBeal bis zur ZDF Hitpara-de. München.

Sarandos, Ted (2014): »Ted Sarandos, Chief Content Officer, Netflix«. In: Michael Curtin/Jennifer Holt/Kevin Sanson (Hrsg.): *Distribution Revolution. Conversations about the Digital Future of Film and Television*. Oakland, Ca., S. 132–145.

Schröder, Hermann-Dieter (2018): DPA-Interview im Artikel »Videotheken schließen reihenweise«. In: *SZ.de* (v. 24.10.2018). Website: https://www.sueddeutsche.de/wirtschaft/einzelhandel-videotheken-schliessen-reihenweise-dpa.urn-newsml-dpa-com-20090101-181023-99-495057 (zuletzt aufgerufen am 29.12. 2019).

Schütte, Oliver (2019): *Die Netflix-Revolution. Wie Streaming unser Leben verändert*. Zürich.

Sennett, Richard (2005): *Der flexible Mensch. Die Kultur des neuen Kapitalismus*. Berlin.

Shell Deutschland Holding (Hrsg.) (2019): *Jugend 2019. Eine Generation meldet sich zu Wort*. Konzeption & Koordination: Mathias Albert, Klaus Hurrelmann, Gudrun Quenzel & Kantar. Weinheim/Basel.

Srnicek, Nick (2018): *Plattform-Kapitalismus*. Hamburg.

Stauff, Markus (2014): »Fernsehen/Video/DVD«. In: Jens Schröter (Hrsg.): *Handbuch Medienwissenschaft*. Stuttgart/Weimar, S. 307–315.

Stone, Brad (2019): *Der Allesverkäufer. Jeff Bezos und das Imperium von Amazon*. Frankfurt/New York.

Te Wildt, Bert (2015): *Digital Junkies. Internetabhängigkeit und ihre Folgen für uns und unsere Kinder*. München.

Thoreau, Henry David (2019): *Walden. Ein Leben mit der Natur*. München.

Trentmann, Frank (2017): *Herrschaft der Dinge. Die Geschichte des Konsums vom 15. Jahrhundert bis heute*. München.

Tzuo, Tien (2019): *Das Abo-Zeitalter. Warum das Abo-Modell die Zukunft Ihres Unternehmens ist – und was Sie dafür tun müssen*. Kulmbach.

Wallace, David Foster (2011): *Unendlicher Spaß*. Roman. Reinbek bei Hamburg.

LITERATUR

Welzer, Harald (2017): *Die smarte Diktatur. Der Angriff auf unsere Freiheit.* Frankfurt/M.

Wilkens, André (2017a): *Analog ist das neue Bio. Ein Plädoyer für eine menschliche digitale Welt.* Frankfurt/M.

Wilkens, André (2017b): »Denken first, digital second«. In: *taz* (v. 22.09.2017). Website: https://taz.de/Debatte-FDP-Digitalkampagne/!5449680/ [zuletzt aufgerufen am 01.05.2020].

Zubayr, Camille/Gerhard, Heinz (2019): »Tendenzen im Zuschauerverhalten«. In: *Media Perspektiven*, 3, S. 90–106.

Zuboff, Shoshana (2018): *Das Zeitalter des Überwachungskapitalismus.* Frankfurt/M./New York.

Zweig, Katharina (2019): *Ein Algorithmus hat kein Taktgefühl. Wo künstliche Intelligenz sich irrt, warum uns das betrifft und was wir dagegen tun können.* München.